# Origine des mots

DANS LA SÉRIE *LES GRANDS LIBRIO*

*Anglais*, Librio n° 830
*Expression française*, Librio n° 832
*Langue française*, Librio n° 835
*Mathématiques*, Librio n° 836
*Mythologie*, Librio n° 877
*XX<sup>e</sup> siècle*, Librio n° 878
*Espagnol*, Librio n° 879
*La culture est un jeu*, Librio n° 881
*Première Guerre mondiale*, Librio n° 891
*Histoire des religions*, Librio n° 892
*Histoire de l'art*, Librio n° 927
*Italien*, Librio n° 934
*Les dimensions fantastiques*, Librio n° 968
*La langue française est un jeu*, Librio n° 970
*Littérature française*, Librio n° 993
*Histoire mondiale*, Librio n° 994

Collectif

# Origine des mots

*La cuisse de Jupiter*, Bernard Klein © E.J.L., 2006
*Dico du franglais*, Jean-Bernard Piat © E.J.L., 2009
*Les expressions qui ont fait l'histoire*, Bernard Klein © E.J.L., 2008
*Les mots sont un jeu*, Pierre Jaskarzec © E.J.L., 2010
© E.J.L., 2011, pour la présente édition

# Sommaire

**Première partie**
La cuisse de Jupiter
par Bernard Klein

*Introduction* .................................................... 9
1. Le calendrier romain et notre temps .................. 11
2. 300 proverbes et expressions hérités du latin
   et du grec ....................................................... 13
3. Quelques mots transposés du latin .................... 80
*Index des principaux noms propres* ..................... 87
*Bibliographie* .................................................... 91

**Deuxième partie**
Le dico du franglais
par Jean-Bernard Piat

*Avant-propos* .................................................... 97
*Liste des abréviations et symboles* ...................... 101
1. Anglicismes francisés « en profondeur » ............. 103
2. Calques et leurs (éventuels) équivalents français ... 106
3. Les réemprunts : gallicismes anglicisés avec retour à
   l'envoyeur ....................................................... 124
4. Anglicismes purs et simples et leurs équivalents
   français .......................................................... 130
5. Faux anglicismes et leurs équivalents anglais ...... 177

**Troisième partie**
Les expressions qui ont fait l'histoire
par Bernard Klein

*Introduction* .................................................... 193
Dictionnaire des expressions qui ont fait l'histoire ... 195

*Index des expressions qui ont fait l'histoire* .................... 253
*Index des noms propres* ............................................. 255

## QUATRIÈME PARTIE
Les mots sont un jeu
par Pierre Jaskarzec

*Introduction* ........................................................ 259

1. Histoires de mots – Origine et formation des mots français ......................................................... 261
2. Sens dessus dessous – Les relations lexicales ............. 272
3. Ayez bon genre ! – Le genre des mots ......................... 284
4. À proprement parler – Impropriétés, confusions, anglicismes ..................................................... 294
5. Vous pouvez répéter ? – Les mots recherchés ............. 305
6. Jadis et naguère – Les mots d'autrefois ...................... 314
7. Arrêt sur image – Les expressions ............................. 324

*Lexique* ............................................................. 335
*Index des mots et locutions traités dans l'ouvrage* ........ 343
*Bibliographie* ..................................................... 347

PREMIÈRE PARTIE
# La cuisse de Jupiter
*300 proverbes et expressions hérités
du latin et du grec*

par Bernard Klein

# Introduction

Chaque mot a une histoire et l'histoire inspire souvent la formation des mots. C'est ainsi que dans notre langue de tous les jours, nous utilisons, parfois, des mots, des locutions, des expressions venues de l'Antiquité grecque et romaine. Ils ont parcouru les siècles, parfois sans trop de changement, parfois en prenant de nouveaux sens. Notre culture est ainsi formée d'héritages sans cesse transformés et réemployés. Cette culture dite longtemps « classique » est finalement encore très vivante : les expressions telles que « le nez de Cléopâtre », « riche comme Crésus » ou « *in vino veritas* » nous sont familières. Et qui n'a jamais employé les mots de « mégère » ou de « vandale » ? Et, au moins dans son enfance, qui n'a pas proféré la formule magique « abracadabra ! ».

Dans le cadre de cet ouvrage, nous voudrions offrir au lecteur une petite *odyssée* dans le temps, afin de (re)découvrir l'Antiquité gréco-romaine à travers des expressions, des mots, des locutions et quelques citations, le plus souvent courantes, mais dont on a parfois oublié le sens originel. Il ne s'agira pas de faire de l'étymologie, mais de remonter aux sources, mythologiques, historiques ou littéraires de l'Antiquité. En somme, garder la mémoire et « rendre à César ce qui est à César », c'est-à-dire en revenir aux Grecs et aux Romains. Parfois aussi à tous ceux qu'ils ont fait rêver ou réfléchir, au Moyen Âge, à la Renaissance ou à l'époque classique.

Nous n'hésitons pas, ainsi, à « enfourcher Pégase » et nous espérons que ce petit livre sera une invitation, non à tomber « dans les bras de Morphée » – du moins pas tout de suite – mais à relire les auteurs anciens, et sans renvoyer cette lecture « aux calendes grecques »...

Nous formulons le vœu que chacun fasse sien le « *carpe diem* » du poète Horace, se laisse aller aux chimères du rêve et de l'imagination, sans oublier la clarté de la raison. Chacun se reliera ainsi par la mémoire à ces ancêtres de notre culture.

Bernard KLEIN

# 1
# Le calendrier romain et notre temps

Et, avant de commencer notre voyage, rappelons-nous que, chaque jour, nous évoquons les dieux romains en prononçant les noms des mois et des jours.

**Les noms des mois**

**Janvier** : *Ianuarius*, le mois du dieu Janus, dieu au double visage, des passages et des portes.
**Février** : *Februarius*, le mois de Februus, la purification.
**Mars** : *Martius*, le mois de Mars, le dieu de la guerre, mais aussi dieu agraire ; jusqu'au milieu du IIe siècle av. J.-C., l'année romaine commençait en mars, qui correspondait au moment d'entrer en guerre.
**Avril** : *Aprilis*, peut-être le mois d'Apru, une forme étrusque de la déesse Aphrodite (Vénus pour les Romains).
**Mai** : *Maius*, peut-être le mois de Maia, fille de Faunus, incarnant le printemps.
**Juin** : *Junius*, le mois de Junon.
**Juillet** : *Julius*, le mois de Jules (César).
**Août** : *Augustus*, le mois d'Auguste.
**Septembre** : *September*, le 7e mois.
**Octobre** : *October*, le 8e mois.
**Novembre** : *November*, le 9e mois.
**Décembre** : *December*, le 10e mois.

I. LA CUISSE DE JUPITER

## Les noms des jours de la semaine

**Lundi** : le jour de la Lune.
**Mardi** : le jour de Mars.
**Mercredi** : le jour de Mercure.
**Jeudi** : le jour de Jupiter (*Iovis* en latin).
**Vendredi** : le jour de Vénus.
**Samedi** : le jour du shabbat (du latin tardif : *sambati dies*), comme en italien (*sabato*) ou en allemand (*Samstag*), mais encore le jour de Saturne, en anglais (*Saturday*).
**Dimanche** : le jour du Seigneur (dérivé de *dies dominicus*), comme en italien (*domenica*), mais encore le jour du Soleil, en anglais (*Sunday*) et en allemand (*Sonntag*).

# 2
# 300 proverbes et expressions hérités du latin et du grec

*abracadabra !*
Formule magique au sens obscur… mais peut-être efficace !

> *Litt.* La première mention de cette célébrissime formule magique se trouve chez un auteur romain, Quintus Serenus Sammonicus (début du IIIe siècle). Il écrivit un traité de médecine en vers, inspiré de Pline l'Ancien. Dans le passage concernant les soins à apporter à quelqu'un qui souffre d'une « hémitritée » (une fièvre demi-tierce), il recommande de porter une amulette comportant la formule « abracadabra ». Celle-ci est d'origine discutée et vient sans doute de l'araméen ou de l'hébreu. À cette époque, et depuis assez longtemps, médecine et magie étaient souvent confondues. Le poème de Sammonicus fut très lu au Moyen Âge, ce qui explique le succès de la formule.

*acta est fabula*
La pièce est jouée.

> *Hist.* Selon Suétone, ce seraient les mots prononcés par l'empereur Auguste juste avant de mourir, par soulagement, ironie ou souhait d'être applaudi après un si long règne. La formule servait à signifier aux spectateurs que la pièce de théâtre était achevée. Elle est employée en français pour dire que quelque chose est définitivement accompli et qu'on ne peut plus revenir en arrière pour le modifier : aux autres de critiquer ou d'applaudir.

I. LA CUISSE DE JUPITER

**adonis, un**
Un jeune homme de grande beauté.

> *Myth.* Adonis est un dieu d'origine orientale que les Grecs intégrèrent dans leurs mythes. Pour la punir d'avoir négligé son culte, Aphrodite avait inspiré à Myrrha, la fille du roi de Chypre, un amour incestueux pour son père. La prenant pour une autre, le père passa quelques nuits avec elle. Lorsqu'il découvrit la vérité, il voulut la tuer, mais les dieux la sauvèrent en la changeant en arbre à myrrhe. Or Myrrha était enceinte de son père : son fils Adonis naquit ainsi de l'arbre qu'elle était devenue. Il était tellement beau que les déesses Aphrodite, la déesse du désir amoureux, et Perséphone, la déesse des enfers, s'éprirent de lui et se disputèrent à son propos : Zeus décida que les deux déesses se le partageraient pendant l'année, chacune une saison. Une autre légende raconte qu'Adonis fut tué par un sanglier : de son sang répandu à terre naquirent des roses, et des larmes d'Aphrodite, des anémones. On comprend qu'un tel dieu, lié à la beauté et à la victoire sur la mort ait eu tant de succès.

*alea jacta est !*
Le sort en est jeté !

> *Hist.* Cette exclamation fut prononcée par César, en janvier 1949 av. J.-C., au moment de franchir le Rubicon[1]. Après l'échec de plusieurs mois de négociations avec le sénat de Rome et avoir longuement hésité (selon sa propre version), il décida d'imposer par les armes ce qu'il estimait être son droit. Il déclenchait donc une guerre civile très risquée, car le Sénat s'appuyait sur son rival Pompée et semblait avoir l'avantage. C'est César qui finalement l'emporta. La formule, qui signifie plus précisément « que les dés soient jetés », s'emploie lorsque, après avoir hésité longuement, on s'en remet au sort en risquant le tout pour le tout.

**aller (ou tomber) de Charybde en Scylla**
S'écarter d'un danger pour en trouver un autre.

> *Myth.* Charybde et Scylla sont deux monstres marins féminins. Charybde, fille de Poséidon et de Gaia, boit puis régur-

---

1. Les astérisques (*) renvoient à d'autres entrées de l'ouvrage.

gite l'eau de mer trois fois par jour ; Scylla, dotée de douze pieds et de six têtes aux bouches garnies d'une triple rangée de dents, dévore les poissons mais aussi les marins des navires qui s'approchent trop près de sa grotte. On situe souvent ces deux dangers au détroit de Messine, connu pour la violence de ses remous (Charybde) et de ses rochers (Scylla). Homère raconte dans l'*Odyssée* (XII, 251-259) comment Ulysse évite Charybde mais se dirige alors vers Scylla qui dévore quelques-uns de ses compagnons. L'expression elle-même vient du poète latin Horace.

**amour lesbien, un**
L'amour d'une femme pour une femme.

> *Hist.* Si les Grecs ont beaucoup parlé de l'amour entre hommes, ou plus exactement de la pédérastie, c'est-à-dire l'amour d'un homme fait pour un jeune homme, ils évoquent peu celui des femmes entre elles. Il est vrai que la civilisation grecque est quelque peu misogyne... L'île de Lesbos vit naître Sapho (fin VIIe siècle – début du VIe siècle av. J.-C.). Elle fut une grande poétesse grecque, mais ses œuvres ne sont que très partiellement conservées. Après un temps d'exil en Sicile, elle revint dans sa patrie et anima un cercle de femmes et de jeunes filles. Dans l'un de ses poèmes, qui est un hymne à Aphrodite, elle demande à la déesse de la délivrer d'un amour malheureux pour une jeune fille. Dans un autre, en des termes très touchants, elle évoque les sentiments qui la brûlent à la seule vue d'une jeune fille qui passe. C'est l'un de ses collègues poètes de la fin du VIe siècle qui fut le premier à évoquer l'île de Lesbos comme celle de l'amour « lesbien », c'est-à-dire entre femmes, auquel on donne aussi le nom de « saphique », d'après celui de la poétesse.

**amour platonique, un**
Un amour qui a un caractère purement idéal ou sentimental.

> *Litt.* L'adjectif est formé d'après le nom du philosophe grec Platon. Ce rétrécissement d'une philosophie beaucoup plus ample à la sphère de l'amour n'est pas sans justification. Platon est le premier à avoir amplement développé une réflexion sur l'amour. Dans son *Banquet*, il fait parler Socrate qui explique ce qu'il a lui-même appris de la prêtresse Diotime. Tout homme doit honorer l'amour, qui est

I. LA CUISSE DE JUPITER

un désir d'immortalité, mais il y a plusieurs degrés successifs dans l'amour, depuis le désir physique jusqu'au degré suprême qui est l'amour du Bien. L'amour platonique est ainsi un amour de la sagesse. Dans le langage courant, cette dimension philosophique est quelque peu oubliée : est qualifiée de platonique une relation amoureuse sans rapports physiques, purement sentimentale. On inverse même l'idée de Platon, puisque l'on dit souvent qu'un amour « reste » platonique, suggérant par là qu'il lui manque quelque chose.

**amphitryon, un**
Hôte chez qui l'on dîne.

*Myth., litt.* Amphitryon est le nom du roi de Tirynthe dont Zeus reprit les traits, pour séduire son épouse Alcmène qui, ainsi, le trompe involontairement. Le thème fut repris dans une comédie de Plaute, chez qui Jupiter (équivalent latin de Zeus) prend l'apparence d'Amphitryon, et Mercure celle de Sosie, le valet d'Amphitryon. Plaute inspira au XVIIe siècle Rotrou puis Molière. C'est ce dernier qui lui donne le sens actuel d'amphitryon : après une série de quiproquos, il fait dire à Sosie que le « véritable Amphitryon est l'Amphitryon où l'on dîne », c'est-à-dire Jupiter qui offre à dîner pour se faire pardonner.

**aphrodisiaque, un**
Un excitant aux plaisirs physiques de l'amour.

*Hist.* Le mot, dérivé d'Aphrodite, la mère d'Éros, est un hommage à la déesse grecque de l'amour, plus précisément celle qui suscite le désir amoureux. Aphrodite est née de l'écume (en grec : *aphros*) et de la semence d'Ouranos, puis se rendit à Cythère* ou bien à Chypre. Selon un autre mythe, elle est la fille de Zeus et de Dioné, le double féminin de Zeus. La dimension érotique du culte d'Aphrodite se développe surtout à l'époque hellénistique, sans doute sous l'influence orientale. Dans certains sanctuaires consacrés à Aphrodite, comme à Corinthe ou au sanctuaire d'Éryx en Sicile, se pratiquait la prostitution sacrée : des courtisanes y vendaient leurs charmes et c'était une source de revenus pour le sanctuaire. Les Anciens n'ignoraient pas les aphrodisiaques, sans leur donner précisément ce nom. Ainsi Pline l'Ancien (*Histoire naturelle*, XXXII, 139) en décrit quelques-uns qui nous semblent bien étranges : selon lui « la chair d'escargots de rivière, conservée dans du sel et administrée dans du vin », « le foie d'une grenouille attachée dans de la peau de grue » ou une « une molaire de crocodile attachée au bras » excitent le désir amoureux.

**apollon, un**
Un beau jeune homme.

*Myth.* Apollon est, chez les Grecs, un dieu archer qui envoie ou qui éloigne la peste, ou un dieu jouant de la lyre, donc un dieu de la musique et de l'inspiration poétique, ou encore un dieu de la lumière solaire. Il n'a donc rien à voir, *a priori**, avec la beauté ni avec l'amour inspiré par la beauté... Certes c'est un séducteur comme beaucoup d'autres dieux, mais si Apollon est associé à l'idée de beauté, c'est qu'il était représenté en jeune homme, sans barbe (contrairement aux autres dieux) et avec de longs cheveux bouclés. Il correspondait ainsi à l'idéal grec de la beauté masculine du jeune homme encore imberbe mais déjà athlétique, telle qu'elle se dégage par exemple des statues de jeunes hommes de l'époque archaïque, au sourire énigmatique (les *kouroi*).

**Apollon du Belvédère**
Un jeune homme beau comme une statue.

*Hist.* L'Apollon du Belvédère est une statue d'Apollon*, copie romaine d'une statue grecque du IV$^e$ siècle, qui fut retrouvée à Rome à la Renaissance. Exposée par le pape Jules II au palais du Belvédère au Vatican (actuel musée), elle est devenue aussi célèbre que le dieu lui-même, d'où l'expression un Apollon du Belvédère pour désigner un bel homme, courante en français depuis le XIX$^e$ siècle. L'expression a une légère teinte ironique puisque cette statue se laisse admirer par des milliers de visiteurs. Elle est utilisée souvent négativement : « Je ne suis pas un Apollon du Belvédère, mais... »

**aréopage, un**
Une assemblée de personnes illustres et très compétentes.

*Hist.* L'Aréopage était à Athènes le nom d'une colline (la colline d'Arès) puis celui du conseil qui s'y réunissait. Très important au temps de la royauté puis au moment où l'aristocratie dirigeait la Cité, il perdit de son pouvoir à l'époque classique quand Athènes devint une cité démocratique. Il n'avait alors que quelques compétences judiciaires en particulier dans le domaine religieux. Il gardait toutefois un certain prestige, car il était formé des anciens magistrats qui avaient dirigé la Cité. L'Aréopage subsistait au temps de l'Empire romain et avait retrouvé une certaine importance. Sa notoriété, qui explique son sens actuel, vient en fait du séjour à Athènes de l'apôtre chrétien Paul, dont la prédication suscitait une certaine agitation dans la ville. Selon les *Actes des Apôtres* (17, 16 et suiv.), il fut emmené par les philosophes athéniens devant l'Aréopage pour y exposer sa doctrine. Les chrétiens s'imaginèrent ensuite cet épisode comme une sorte de discussion savante entre Paul et les philosophes. En réalité, Paul fut sans aucun doute traîné devant l'Aréopage pour être jugé et il n'y avait probablement aucun philosophe dans le conseil. Cette vision fut encore renforcée du fait qu'un membre de l'Aréopage, Denys, se convertit au christianisme et fut ensuite confondu avec d'autres Denys, écrivains célèbres.

**argent n'a pas d'odeur, l'**
Peu importe la provenance de l'argent gagné, même si les moyens employés sont déshonorants ou honteux, voire malhonnêtes.

*Hist.* Vespasien (69-79) fut l'un des empereurs les plus aimés des Romains. On ne lui reprochait guère que son amour de l'argent, qui se traduisait notamment par l'alourdissement de la pression fiscale. Il est vrai que les caisses de l'État étaient vides à cause des dépenses « abracadabrantesques » de l'empereur Néron, à qui il avait succédé après une période de guerre civile. Selon Suétone (*Vespasien*, 23), son fils Titus lui reprocha un jour d'avoir imaginé une taxe sur l'urine, qui était recueillie par les teinturiers pour blanchir les tissus. Quand Vespasien eut touché les premiers revenus de cette taxe, il mit sous le nez de Titus une pièce et lui demanda si l'odeur le gênait. Comme Titus lui répondit que non, Vespasien lui dit : « Pourtant, elle sort de l'urine ! » À cause de cette anecdote, le nom de l'empereur fut donné aux premiers urinoirs publics aménagés à Paris au début du XIX$^e$ siècle, les « vespasiennes ».

## 2. 300 proverbes et expressions hérités du latin et du grec

*ars longa, vita brevis*
L'art est long, la vie est courte.

> *Litt.* Cette citation, devenue proverbiale, est la traduction latine, à travers Sénèque, du premier aphorisme d'Hippocrate. Sénèque écrit au début de son traité *De la brièveté de la vie* (I, 1) que la plupart des hommes se plaignent d'une vie « qui délaisse les hommes, au moment où ils s'apprêtaient à vivre ». Même les plus illustres des hommes le déplorent, poursuit-il ; ainsi le « prince de la médecine », c'est-à-dire Hippocrate, s'est exclamé : « la vie est brève, l'art est long », et même Aristote se plaint que certains animaux vivent plus longtemps que les hommes. Ce n'est pas l'avis de Sénèque, pour qui la plupart des hommes perdent leur temps dans de vaines activités. En fait Hippocrate ne s'est pas plaint en soi de la brièveté de la vie : son aphorisme veut dire que la science et sa pratique (*ars*) réclament beaucoup de temps et que la durée d'une simple vie humaine ne suffit pas à les maîtriser parfaitement. On peut aussi le comprendre comme l'espoir qu'un savant prenne le relais d'un autre pour faire progresser le savoir.

*asinus asinum fricat*
L'âne frotte l'âne.

> *Litt.* Ce proverbe latin est attesté seulement depuis le Moyen Âge, mais l'idée en était déjà contenue chez Varron, un savant romain de l'Antiquité qui, lui, s'en était pris aux mulets : « Ce sont deux mulets qui se chatouillent » (*mutuum muli scabunt*). Tout comme les ânes « se frottent » mutuellement, c'est-à-dire, au sens figuré, « se flattent », ce proverbe s'applique à deux personnes qui se font réciproquement des éloges, en réalité excessifs, ridicules et sans grand fondement. Qui se ressemble s'assemble...

**atlas, un**
Un recueil de cartes géographiques.

> *Myth.* Atlas était l'un des Titans et le gardien des colonnes qui soutiennent le ciel. Après la victoire des dieux olympiens sur les Titans, il fut condamné par Zeus à porter lui-même le ciel, que les Anciens se figuraient comme une sphère. Atlas ne fut délivré de cette tâche titanesque\* qu'une seule fois, et seulement un court moment, par

## I. LA CUISSE DE JUPITER

Hercule quand ce dernier était à la recherche des pommes des Hespérides. La figure d'Atlas portant le globe céleste fut représentée à partir du XVIe siècle sur les recueils de cartes, et on finit par leur donner son nom.

### *audentes fortuna juvat*
La fortune sourit aux audacieux.

*Litt.* C'est un hémistiche de Virgile (*Énéide*, X, 284) passé en proverbe. Il est également employé sous des formes légèrement différentes par Ovide (*Fastes*, II, 781, et *Métamorphoses*, X, 586) chez qui la divinité (*deus*) accompagne la fortune. Il signifie que les hommes audacieux et entreprenants, à la guerre comme en amour, sont favorisés par la chance qui est le sens de « fortune » chez les Romains. On peut l'utiliser comme une constatation, en cas de succès, ou une incitation à l'audace. Cette confiance en l'homme qui saisit sa chance fait penser à l'adage beaucoup plus récent : « Aide-toi et le Ciel t'aidera ».

### *ave Caesar, morituri te salutant*
Salut César, ceux qui vont mourir te saluent.

*Hist.* Cette formule de salutation de l'empereur romain, contrairement à ce que l'on croit souvent, n'est pas celle que prononçaient habituellement les gladiateurs avant de combattre dans l'amphithéâtre, puisque les gladiateurs n'étaient pas tous destinés à mourir dans l'arène, loin de là : il n'y aurait eu aucun vainqueur au combat ! Et puis cela aurait coûté bien trop cher à celui qui offrait les jeux, fût-ce l'empereur... Enfin, le public romain aimait à faire gracier un gladiateur vaincu, s'il avait bien combattu. En fait, l'historien Suétone nous raconte que c'est au début d'un spectacle de combat naval sur un lac que les combattants saluèrent ainsi l'empereur Claude, lui donnant d'ailleurs le titre d'*imperator* (empereur) et non de César. Il aurait alors répondu : « peut-être pas ! ». Les combattants, estimant qu'il leur avait fait grâce, refusèrent alors tout bonnement de se battre. L'empereur eut le plus grand mal à les y obliger : il quitta sa place et courut autour du lac, alternant menaces et encouragements. L'anecdote ridiculisant l'empereur eut beaucoup de succès. De nos jours, on l'emploie quand on veut exprimer l'idée que l'on se résigne

2. 300 proverbes et expressions hérités du latin et du grec

à un combat perdu d'avance, quel que soit le courage dont on peut faire preuve, en somme « aller à l'abattoir ».

**avoir les yeux d'Argus**
Avoir des yeux qui voient tout.

> *Myth.* Argus, nom latinisé du grec Argos, était un berger particulièrement apte à la surveillance. En effet, il avait le corps entier recouvert d'yeux qui lui permettaient de tout voir, et, c'est encore mieux, tout le temps : pendant que la moitié de ses yeux dormait, l'autre moitié veillait... La déesse Héra lui confia la garde de Io, belle jeune fille transformée en vache, pour empêcher Zeus, éprise d'elle, de venir la retrouver. Agacé, Zeus finit par faire tuer Argus par Hermès, et Héra déposa ses yeux sur la queue du paon. Argus est encore présent en français dans l'expression « être coté à l'argus » : le nom d'Argus est d'abord devenu en français un homme qui voit tout, un espion puis un informateur, d'où le sens pris pour qualifier la presse, « qui voit tout » (ou qui le prétend), puis, en particulier, la presse automobile publiant les prix négociables des voitures d'occasion.

**bacchanale, une**
Une fête bruyante tournant à la débauche.

> *Hist., myth.* Le mot vient du latin *Bacchanalia* (toujours au pluriel), nom latin donné aux rites religieux célébrés en l'honneur du dieu Bacchus (*Bacchos*), assimilé à Dionysos. Les Bacchanales étaient secrètes et consistaient en des rites d'initiation, c'est-à-dire des mystères : ceux de Bacchus étaient nommés *orgiai* en grec, d'où le mot orgie. Or Bacchus-Dionysos était le dieu du vin et les mythes le concernant le montrent entouré d'un cortège de ménades (ou bacchantes) échevelées et délirantes. Son culte semblait inquiétant aux Romains un peu prudes, d'autant que les rites, accompagnés de musiques et de danses qui mimaient le mythe, réunissaient hommes et femmes, libres et esclaves, jeunes et vieux. C'est ainsi qu'éclata, en 186 av. J.-C., un scandale en Italie : les autorités romaines accusèrent les adeptes du culte de Bacchus des pires turpitudes, réelles ou imaginaires, et en firent exécuter un grand nombre.

Depuis, le sens de Bacchanales et d'orgie a gardé le sens d'une fête débridée de tous les sens.

**barbare, un**
Un homme de civilisation inférieure, cruel, inhumain.

*Hist.* Chez les Grecs, tous ceux qui ne parlaient pas le grec étaient qualifiés de barbares. Le mot lui-même est une onomatopée (*bar-bar*) soulignant le caractère inintelligible des langues étrangères. Les Romains reprirent le mot et l'idée, même s'ils avaient longtemps passé eux-mêmes pour barbares aux yeux des Grecs. Les peuples barbares étaient donc tous ceux ne parlant ni le grec, ni le latin, et jugés ainsi comme étant de civilisation inférieure.

**béotien, un**
Nom propre devenu nom commun. Une personne peu cultivée aux goûts grossiers.

*Hist.* Les Béotiens sont les habitants de la Béotie en Grèce, dont la cité la plus connue est celle de Thèbes. Ils doivent leur réputation de lourdauds à leurs voisins, les Athéniens, qui se prenaient volontiers pour le sel de la terre. Ils passaient aussi pour avoir des mœurs simples et rustiques. Pourtant le mont Hélicon, l'une des retraites des Muses, est situé en Béotie et on compte parmi les Béotiens de grands poètes, tels Hésiode et Pindare, et même une grande poétesse, Corinne. Malgré cela, leur nom est resté attaché à cette réputation imméritée. L'expression « je ne suis qu'un béotien en cette matière » est employée en français pour dire que l'on n'est pas un expert dans un domaine particulier.

***bis repetita placent***
Les choses redemandées plaisent.

*Litt.* Cet aphorisme dérive d'un vers de l'*Art poétique* (v. 365) d'Horace. Il y compare la poésie à la peinture et y affirme que telle œuvre ne plaira qu'une fois, alors qu'une autre, même répétée dix fois, plaira toujours.

**boîte de Pandore, une**
Une source d'une infinité de malheurs et de catastrophes.

*Myth.* Pour se venger de Prométhée qui l'avait trompé, Zeus décida de punir les hommes qui vivaient heureux, sans travailler et sans connaître la maladie. Il décida donc de créer la première femme mortelle... Elle fut modelée dans de l'argile par Héphaïstos, et Athéna lui insuffla la vie. Elle fut pourvue par les autres dieux de tous les charmes possibles, d'où son nom de *Pandora*, « qui a tous les dons », mais Hermès lui apprit l'art du mensonge et la perfidie.

Pandore reçut aussi comme cadeau une jarre fermée (et non une boîte) contenant tous les maux que les hommes avaient ignorés jusqu'ici. Elle fut envoyée non à Prométhée (« le prévoyant »), mais à son frère Épiméthée (« celui qui pense après coup »), un vrai tête en l'air. Malgré l'avertissement de son frère de refuser tout don de Zeus, Épiméthée, séduit par la belle Pandore, l'accueillit avec sa jarre et l'épousa. Elle ouvrit alors, par méchanceté, la jarre d'où s'échappèrent les souffrances et les maladies qui s'abattirent sur l'humanité. Seule l'espérance resta à l'intérieur, car, sur l'ordre de Zeus, elle en avait refermé le couvercle. Telle est la version d'Hésiode, et depuis Pandore est la figure de la femme créée pour le malheur des hommes.

Une autre version du mythe épargne davantage Pandore, mais les conséquences malheureuses sont presque les mêmes. Pandore aurait ouvert par inadvertance la jarre où étaient enfermés tous les biens et les joies, qui se seraient envolés vers l'Olympe, ainsi perdus pour les hommes. Et il ne leur resta plus que l'Espérance.

Plus tard, on ne parlait plus de la jarre de Pandore mais de sa boîte, probablement à cause de l'histoire de la boîte de Psyché : Psyché devait aller aux Enfers chercher une boîte enfermant la beauté de Perséphone et la ramener, mais surtout ne pas l'ouvrir. Sa curiosité prit le dessus et elle l'ouvrit : au lieu de la beauté, ce fut un sommeil de mort qui s'en échappa. Pandore, la perfide, et Psyché, la curieuse, ainsi réunies font penser à l'Ève de la Bible, elle aussi créée pour le malheur de l'humanité... En français, « ouvrir la boîte de Pandore » ne concerne plus la femme en tant que telle : c'est, par exemple, soulever un problème, une question qui fâche ou un secret de famille, qu'il aurait mieux valu laisser de côté.

I. LA CUISSE DE JUPITER

**bucolique**
Champêtre, pastoral.

> *Litt.* La poésie bucolique était un genre littéraire grec et romain. Sa dénomination vient du mot grec *boukolos* (bouvier), parce que les personnages mis en scène étaient souvent des bouviers ou des bergers, dans le cadre d'une campagne sauvage, mais idéalisée. En français, on qualifie un paysage de bucolique pour souligner son caractère naturel, paisible, vierge de toute construction humaine. La présence de vaches ou de moutons n'est plus une nécessité, car nous avons presque oublié le sens étymologique du mot.

*carpe diem*
Cueille le jour.

> *Litt.* Ces deux mots sont tirés d'un court poème d'Horace (*Odes* I, XI, 8) et sont une invitation à profiter de chaque instant de la vie. Le poème, teinté de mélancolie, est consacré au temps qui fuit et à la mort qui approche. Il s'adresse à Leuconoé, dont le nom est celui d'une fille de Minyas qui, ayant préféré rester chez elle à filer la laine au lieu de participer aux fêtes du culte de Dionysos, le dieu du vin, en fut punie par ce dernier : elle et ses sœurs furent transformées en chauves-souris. Le poème s'achève ainsi : « Pendant que nous parlons, le temps envieux s'enfuit. Cueille le jour, et crois le moins possible au lendemain » (*Dum loquimur, fugerit inuida aetas : carpe diem, quam minimum credula postero*).

**cerbère, un**
Un gardien hargneux et inflexible.

> *Myth.* Cerbère est le chien monstrueux, gardien de l'entrée des Enfers, la demeure d'Hadès. Doté de ses trois têtes (ou même cinquante selon d'autres versions) et d'une crinière de serpents, il était particulièrement redoutable et avait la charge d'empêcher les morts de ressortir des Enfers. Quelques rares héros, tel Orphée allant chercher son Eurydice, ont pu tromper sa vigilance et seul Hercule réussit à le capturer. On traite de « véritable cerbère » un gardien d'immeuble difficile à amadouer.

## 2. 300 proverbes et expressions hérités du latin et du grec

**césar, un**
Un empereur.

> *Hist.* Le nom de Caesar, celui de Jules César (Caius Julius Caesar) fut porté par son fils adoptif, Auguste, qui fonda le régime impérial et la dynastie des Julio-Claudiens. Auguste et tous ses successeurs portèrent ce nom très prestigieux. Peu à peu, ce qui n'était qu'un nom de famille devint l'équivalent d'un titre. À partir de la dynastie des Flaviens, la titulature impériale commençait toujours par *Imperator Caesar* (Empereur César) suivi des noms personnels de l'empereur et du nom d'Auguste, lui aussi devenu un titre. César devint donc synonyme d'empereur en français comme en d'autres langues : en Allemagne empereur se dit *Kaiser* et en Russie *Tsar*, tous deux dérivés de *Caesar*.

**chant des sirènes, le**
Un pouvoir d'attraction irrésistible mais dangereux.

> *Myth.* Chez Homère, les deux Sirènes vivaient sur une île proche de Charybde et Scylla. Elles avaient pour triste habitude d'attirer invinciblement, par leur chant mélodieux et séducteur, les marins qui, dirigeant leur navire vers elles, heurtaient des écueils, sombraient et y trouvaient la mort. Ulysse échappa à ce danger, averti par la magicienne Circé, en demandant à ses compagnons de se boucher les oreilles : lui-même les garda ouvertes mais il s'attacha au mât pour ne pas aller vers elles. Dans des récits postérieurs à Homère, les Sirènes étaient des monstres féminins, selon les uns mi-femmes mi-oiseaux, selon les autres mi-femmes mi-poissons. Plus tard, sans doute pour mieux accorder la beauté de leur voix à celle de leur corps, les Grecs en firent de belles femmes. En français, le chant des sirènes qualifie toujours leur pouvoir d'attraction, mais on en oublie parfois le caractère dangereux... On a ainsi appelé « sirène » les alarmes qui, en principe, avertissent d'un danger, contrairement à ce que faisaient les Sirènes de la mythologie.

**cheval de Troie, un**
Un piège qui introduit l'ennemi dans la place.

> *Myth.* Le fameux stratagème imaginé par les Grecs pour prendre Troie n'est pas raconté dans l'*Iliade* mais évoqué

dans l'*Odyssée* et dans l'*Énéide* de Virgile. Les Grecs, lassés d'assiéger Troie depuis dix ans, fabriquèrent un cheval de bois géant, y cachèrent une petite troupe de guerriers (dont Ulysse) et quittèrent la ville, abandonnant le cheval sur la plage et laissant à proximité l'un des leurs se faire passer pour un traître. Ce dernier persuada les Troyens que le cheval était une offrande à Athéna, et, que, s'ils le faisaient entrer dans Troie, leur ville serait éternellement imprenable. Malgré les avertissements de Laocoon (« *timeo Danaos\** »), les Troyens le crurent. L'ennemi était ainsi introduit dans la place. Troie fut prise. L'image du cheval de Troie est souvent utilisée pour dénoncer l'introduction dans un pays de gens apparemment inoffensifs susceptibles d'être des ennemis, ou dans un contexte moins guerrier, accepter de recevoir dans une entreprise l'équipe d'une entreprise concurrente... En informatique, un cheval de Troie désigne un programme (parfois un virus) caché dans un autre, introduit dans un ordinateur à l'insu de son utilisateur.

**chimère, une**
Une illusion, un fantasme, une création imaginaire.

*Myth.* La Chimère (du grec *Chimaira*) est, selon Hésiode, la fille de l'hydre de Lerne (un serpent à neuf têtes) et du lion de Némée, et la sœur de la Sphinx. Chez Homère, elle a un corps de chèvre avec une tête de lion et une queue de serpent, alors que chez Hésiode elle est un peu plus compliquée : elle a trois têtes (de lion, de serpent et de chèvre) et son corps se partage aussi entre ces trois animaux. La Chimère était particulièrement redoutable car elle vomissait des flammes et dévorait les hommes. Le héros Bellérophon, enfourché sur Pégase, réussit à la tuer. C'est finalement la forme de la Chimère qui a inspiré le sens du mot en français : ce monstre à la composition étrange semble sorti tout droit des cauchemars ou de l'imagination.

**complexe d'Œdipe**
Attachement excessif d'un fils pour sa mère, ou d'une fille pour son père.

*Myth., litt.* L'inventeur de l'expression est Freud, le père de la psychanalyse, qui qualifiait ainsi l'attirance d'un fils pour sa mère, accompagné du désir de tuer son père. S'il choisit ce nom, c'est qu'Œdipe, l'un des personnages les plus célèbres de la mythologie grecque, épousa sa mère et tua son père. Cependant, il ne commit ces actes ni volontairement, ni par pulsion involontaire. Œdipe était victime de son destin et de la punition des dieux d'une faute commise par son père Laïos. Ce Laïos, roi de Thèbes, avait enlevé le fils de son hôte : le dieu Apollon l'avertit, pour le punir, que s'il avait un fils, celui-ci le tuerait. Or, il eut un fils avec son épouse Jocaste. Se souvenant de l'oracle, Laïos ordonna de l'abandonner dans la montagne après lui avoir transpercé les pieds avec un clou. Le nourrisson fut sauvé par un berger qui le confia au roi et à la reine de Corinthe. Ceux-ci lui donnèrent le nom d'Œdipe (en grec : « pieds enflés ») et, comme ils n'avaient pas d'enfants, l'adoptèrent aussitôt. Une fois jeune homme, comme on disait de lui qu'il était de naissance douteuse, il consulta l'oracle d'Apollon à Delphes qui lui donna comme réponse qu'il tuerait son père et épouserait sa mère. Effrayé, il décida de ne plus retourner à Corinthe pour empêcher, croyait-il, l'oracle de se réaliser. Un jour, il rencontra un voyageur, inconnu de lui, qui lui refusait le passage à un carrefour : ils se disputèrent et Œdipe le tua. C'était Laïos, son père par le sang. Il poursuivit alors son chemin et arriva plus tard à Thèbes, qui était alors victime de la Sphinx, ce fameux monstre qui tuait ceux qui ne pouvaient pas répondre à sa question.

**Connais-toi toi-même !**

*Litt.* C'est la traduction de la célèbre maxime grecque « *gnôthi seauton* ». Elle était inscrite sur le fronton du temple d'Apollon à Delphes. Sa traduction en latin est : « *nosce te ipsum* ». Platon l'évoque dans son *Charmide*. Le problème soulevé est la définition de la sagesse : il est nécessaire de bien connaître la nature de chaque chose. C'est pourquoi « le sage seul se connaîtra lui-même et sera seul capable de juger et ce qu'il sait et ce qu'il ne sait pas ».

**coryphée, un**

*Litt.* Chef ou personne qui se distingue dans une profession, une société, un parti, etc.
En grec, le mot *koruphaios* signifie « celui qui est au sommet ». C'était en particulier le titre donné au chef du chœur au théâtre.

I. LA CUISSE DE JUPITER

**cynique**
Qui exprime brutalement et ouvertement des opinions anticonformistes ou contraires à la morale commune (substantif : le cynisme).

*Hist., litt.* L'adjectif « cynique » vient de la latinisation du mot grec *kuôn*, qui signifie « chien ». C'est ainsi que l'on désignait l'une des écoles philosophiques grecques, l'école « cynique ». Selon les Anciens, ce nom un peu étrange viendrait du surnom de « chien » donné à son plus célèbre représentant, Diogène. L'autre origine possible vient du fait que le fondateur de l'école, Antisthène, enseignait dans un gymnase nommé le Cynosarge. Mais la première version est plus attrayante.
Diogène (IVe siècle av. J.-C.) s'était débarrassé de toutes les conventions humaines et vivait de manière bizarre : il logeait ainsi, à Athènes, dans un « tonneau » (en fait une jarre à vin). Diogène Laërce, un auteur de biographies des philosophes, raconte qu'un jour, au cours d'un repas, on avait jeté à Diogène des os à manger ; il se leva alors et alla uriner sur les convives. Ce comportement, de même qu'une certaine agressivité, explique sans doute son surnom de chien. On attribue à Diogène un grand nombre de gestes et de paroles frappantes, illustrant sa philosophie. Un jour Diogène entra dans une demeure magnifique, richement meublée, et son hôte lui interdit d'y cracher. Il se racla alors la gorge et cracha à la figure de son hôte en lui disant : « Je n'ai pas trouvé d'autre endroit convenable [pour cracher]. » Une autre fois, comme on lui avait demandé quel était son vin préféré, il répondit : « celui des autres ». Il fut aussi l'auteur d'une formule encore employée maintenant : « Ôte-toi de mon soleil\* ». Le sens philosophique de cynique s'est un peu perdu dans le français courant : quelqu'un de cynique est à la fois brutal, immoral, sans scrupules et ne s'en cache pas.

***debellare superbos***
Dompter les orgueilleux.

*Hist.* Cette locution latine est la fin d'un vers de Virgile (*Énéide* VI, 853), qui commence par « *Parcere subjectis* » (épargner les vaincus). Dans ce passage, Anchise évoque à son fils Énée, venu le retrouver aux Enfers, l'avenir glorieux des Romains et de ses descendants. Il s'agit en quelque sorte du programme politique de Rome : être clémente à l'égard de ceux qui se soumettent et ne tolérer aucune résistance. Le vers, devenu proverbial, sert souvent à justifier ou à qualifier une politique impériale, mêlant conciliation et fermeté.

**dédale, un**
Un chemin ou un plan compliqué (synonyme de labyrinthe).

*Myth.* Dédale est le nom d'un inventeur légendaire ; le nom lui-même signifie en grec « habile artisan » (*daida los*) et on racontait que les statues qu'il créait pouvaient bouger toutes seules. C'est lui qui construisit en Crète pour le roi Minos le fameux labyrinthe dont personne ne pouvait trouver la sortie, un véritable « dédale », donc... Comme Minos l'empêchait de repartir, ainsi que son fils Icare, Dédale fabriqua des ailes faites de plumes collées à la cire. Icare ivre de pouvoir voler s'approcha trop près du soleil : la cire fondit, il tomba et se noya dans la mer. Dédale se vengea ensuite : Minos mourut ébouillanté dans une baignoire qu'il avait inventée.

**delenda est Carthago !**
Il faut détruire Carthage !

*Hist.* C'est par ces mots que Caton l'Ancien ou le Censeur (234-149 av. J.-C.) terminait tous ses discours au sénat de Rome quel qu'en fût le sujet. Pourquoi cette idée fixe ? Carthage avait été un danger mortel pour Rome soixante-dix ans plus tôt : le général carthaginois Hannibal avait alors porté la guerre en Italie en 218 av. J.-C. puis battu les Romains dans des batailles mémorables. Il avait fallu à Rome dix-sept années de guerre pour en venir à bout. Enfin victorieuse, Rome imposait à Carthage en 201 av. J.-C. un traité, aux clauses très sévères, qui en faisait une puissance mineure. Mais une cinquantaine d'années plus tard, Caton séjourna à Carthage, à l'occasion d'une mission diplomatique, et l'avait trouvée très, ou plutôt trop prospère : selon lui, Carthage constituait une menace à éliminer. D'autres Romains n'étaient pas de cet avis, mais il obtint gain de cause : Rome se prépara à la guerre, l'année même de la mort de Caton. Carthage fut prise et entièrement détruite par les Romains en 146 av. J.-C. Les historiens d'aujourd'hui, comme ceux de l'Antiquité, débattent toujours pour

## I. LA CUISSE DE JUPITER

savoir si la menace que pouvait représenter Carthage pour Rome était réelle ou imaginaire, mais penchent plutôt pour la seconde hypothèse. La formule de Caton est encore utilisée à l'époque contemporaine quand on débat sur la nécessité d'une guerre préventive, par exemple contre l'Allemagne nazie en 1938 ou, actuellement, la question de la légitimité de la guerre des États-Unis contre l'Irak. Le problème est, bien sûr, de savoir si la menace est telle qu'elle justifie de faire la guerre sans avoir été attaqué. Caton est toujours d'actualité...

**délices de Capoue (se laisser aller aux)**
Préférer se reposer dans le luxe et les plaisirs plutôt que de se consacrer à la guerre ou aux affaires importantes.

*Hist.* Le grand général carthaginois Hannibal, après avoir battu à plates coutures les Romains lors de deux batailles rangées (Trasimène en 217 av. J.-C. puis Cannes en 216 av. J.-C.), renonça à prendre Rome, car la ville était bien fortifiée. En fait, il ne disposait pas d'assez de troupes pour l'assiéger efficacement et préféra détacher de l'alliance de Rome les peuples et les cités de l'Italie du Sud. Il y parvint partiellement : Capoue, la principale ville de la riche Campanie, se rallia à Hannibal, qui y séjourna longuement. Comme cette ville était célèbre pour sa richesse et son luxe, on accusa, injustement, Hannibal de préférer les plaisirs à la guerre. Il est vrai que sa stratégie finit par échouer : Capoue fut reprise et durement châtiée par les Romains et Hannibal fut contraint de quitter l'Italie. Il finit par être battu en Afrique à la bataille de Zama, en 202 av. J.-C.

*desinit in piscem*
Cela finit en queue de poisson.

*Litt.* Cette locution latine est une adaptation d'un passage de l'*Art poétique* (v. 4) d'Horace, où il compare la mauvaise poésie au buste d'une belle femme qui se terminerait par une queue de poisson. Sans doute Horace n'aurait-il jamais été charmé par une sirène... Quoi qu'il en soit, la citation s'applique à tout ce qui paraît bien commencer et s'achève de manière décevante.

## 2. 300 proverbes et expressions hérités du latin et du grec

***deus ex machina***
Un dieu descendant au moyen d'une machine (au théâtre).
Une solution miracle ; un coup de théâtre.

> *Hist.* Dans le théâtre grec et latin, les dieux intervenaient souvent à un moment critique de la pièce, pour résoudre une situation inextricable et amener le dénouement. Ce dieu descendait forcément du ciel puisque les dieux séjournaient dans l'Olympe. Pour rendre l'effet plus spectaculaire, les Grecs et les Romains utilisaient une « machine », c'est-à-dire un système de grue à poulie, pour faire descendre l'acteur, le tout accompagné d'un grondement de tonnerre artificiel. Comme, parfois, cette apparition tournait à la « grosse ficelle » et privilégiait l'aspect spectaculaire, un *deus ex machina* finit par s'appliquer aussi à une solution peu vraisemblable.

***divide et impera***
Diviser pour régner.

> *Hist., litt.* Cette maxime politique n'a vraisemblablement d'antique que sa formulation en latin, qui a du reste plusieurs variantes (*divide ut imperes*). On en attribue souvent la paternité à Machiavel, le célèbre auteur italien de la Renaissance, qui écrivit *Le Prince* et un *Art de la guerre*. Elle peut s'appliquer à bon nombre de situations de l'Antiquité : par exemple, Philippe de Macédoine, qui profita et suscita des divisions intérieures des cités grecques au IVe siècle av. J.-C. pour asseoir sa domination sur la Grèce.

**draconien**
D'une excessive sévérité.

> *Hist.* Dracon est un législateur qui reçut comme mission de rédiger les lois des Athéniens en 621 av. J.-C. pour mettre de l'ordre dans la Cité. Or, sous ses lois, presque tous les crimes et délits étaient punis de la peine de mort, ce qui explique sa réputation de sévérité. Pourtant cette rigueur « draconienne » était tout de même un progrès, puisque des lois écrites se substituaient à une justice coutumière contrôlée par l'aristocratie. La législation de Dracon était ensuite devenue légendaire pour les Athéniens eux-mêmes. On ne connaît d'ailleurs aucune loi de Dracon dans le détail, car elles furent toutes abrogées, sauf une, par Solon, au

I. LA CUISSE DE JUPITER

début du V$^e$ siècle av. J.-C. Les lois de Dracon servirent finalement de repoussoir pour mieux mettre en valeur la législation postérieure, plus humaine. En français, on qualifie de draconiennes des mesures ou une législation très ou trop strictes.

### égérie, une
Nom propre devenu commun : une inspiratrice et une conseillère.

*Hist., myth.* Égérie était une divinité des eaux, à laquelle les Romains rendaient un culte au bois des Camènes, qui sont des nymphes d'une source qui se trouve près de la porte Capène au sud de la ville. Selon la légende que rapporte Tite-Live (*Histoire de Rome*, I, 19 et 21), le roi Numa Pompilius (715-673 av. J.-C.) se rendait dans ces lieux, la nuit, pour y converser avec Égérie, en compagnie des Camènes. Elle lui inspirait ses lois et l'art de la politique, du moins c'est ce qu'il faisait croire, nous dit Tite-Live, très incrédule. Ce roi pacifique passait, à Rome, pour avoir été le fondateur d'une grande partie de leurs institutions religieuses et aussi de leur calendrier. Depuis, une égérie est une inspiratrice, souvent secrète, des hommes politiques.

### embarquer pour Cythère (s')
S'engager dans une relation amoureuse ou avoir un rendez-vous amoureux.

*Myth.* Cythère est une île située au sud du Péloponnèse. Selon l'un des mythes grecs, c'est là que la déesse Aphrodite, née de l'écume de mer (l'écume en grec : *aphros*), aurait abordé la première fois après sa naissance. C'est donc l'île de l'Amour : en cela elle concurrence l'île de Chypre qui revendique la même légende. L'embarquement pour Cythère, qui est aussi le titre d'un célèbre tableau de Watteau, est donc un délicieux départ, prometteur d'amour et de plaisirs amoureux.

### endormir sur ses lauriers (s')
Se contenter d'un premier succès.

*Hist., litt.* Le laurier était, en Grèce comme à Rome, une plante dont on tressait des couronnes, symboles de victoire.

## 2. 300 proverbes et expressions hérités du latin et du grec

C'est ainsi que les généraux romains vainqueurs, ainsi que leurs soldats, étaient couronnés lors de la cérémonie du triomphe. En français, les lauriers sont toujours associés à l'idée de succès, y compris dans les examens puisque « lauréat » (en latin : *laureatus*) signifie couronné de lauriers. Le sens de l'expression en français signifie abandonner par négligence et paresse une chose bien commencée.

### enfourcher Pégase
Se lancer dans des tirades lyriques et grandiloquentes.

> *Myth.* Pégase est le cheval ailé qui naquit du sang de la Méduse*, tuée par Persée. Il fut principalement la monture de Bellérophon, un héros corinthien. Ce dernier, fils de Glaucos et petit-fils de Sisyphe*, fut l'hôte de Proitos, roi d'Argos. L'épouse du roi tomba amoureuse de Bellérophon, mais celui-ci la repoussa. Furieuse, elle l'accusa, auprès de son mari, d'avoir essayé de la séduire. Proitos l'envoya chez son beau-père, Iobatès, roi de Lycie, en lui demandant de tuer Bellérophon. Mais Iobatès préféra lui imposer une série d'épreuves qui, pensait-il, le feraient succomber : tuer la Chimère*, vaincre les guerriers Solymes et les redoutables Amazones*. Mais Bellérophon, à l'aide de Pégase, vint à bout de ces épreuves et se réconcilia avec le roi. Plus tard, il voulut monter jusqu'au ciel, grâce au cheval divin. Mais Pégase rua et le fit tomber. Les dieux le condamnèrent alors à une errance éternelle pour avoir voulu se montrer leur égal.
> Une autre légende raconte que Pégase fit naître d'un coup de sabot la fontaine Hippocrène, sur le mont Hélicon en Béotie : c'est là que les Muses venaient chercher leur inspiration. L'origine de l'expression, plutôt ironique, mêle sans doute les deux légendes : Pégase est lié à la création poétique et Bellérophon s'exalta au point de croire qu'il était possible de monter aux cieux.

### épée de Damoclès, une
Une menace constante et imminente ; caractère précaire du bonheur.

> *Hist.* Damoclès était un courtisan de Denys, le célèbre tyran de Syracuse (IV$^e$ siècle av. J.-C.). Cicéron nous raconte dans ses *Tusculanes* (V, 21) que Damoclès avait dit, par flatterie, que jamais un prince n'avait été aussi heureux que Denys,

évoquant par là sa puissance, sa richesse et le luxe dans lequel il vivait. Denys lui proposa de prendre sa place : il le fit coucher sur un lit d'or et lui fit servir un repas somptueux. Damoclès, ravi, jouit avec joie de ces plaisirs, jusqu'à ce qu'il aperçût une épée nue accrochée au plafond, au-dessus de sa tête, ne tenant que par un mince crin de cheval. Cela lui coupa aussitôt l'appétit. Menacé d'une mort imminente, il supplia Denys de le laisser partir. Le tyran avait voulu lui montrer qu'exercer le pouvoir ne permettait pas de jouir du bonheur, tant il était gâché par la crainte d'une menace constante.

### éphèbe, un
Dans un sens ironique, beau jeune homme un peu efféminé.

*Hist.* En Grèce, les éphèbes formaient la classe d'âge des garçons de 15 à 20 ans. À Athènes, le mot s'appliqua plus particulièrement aux jeunes hommes de 18 à 20 ans qui faisaient leur service militaire. Le mot finit par s'appliquer dans notre langage aux statues masculines représentant des jeunes hommes remarquables par leur beauté, si fréquentes dans la sculpture grecque (athlètes ou héros). Il est vrai que les hommes grecs, jeunes ou plus âgés, prenaient un soin tout particulier de leur beauté.

### épicurien, un
Quelqu'un qui sait jouir des plaisirs que la vie lui offre.

*Hist., litt.* Dès l'Antiquité, la philosophie d'Épicure fut mal comprise et réduite à une sorte d'invitation à jouir de tous les plaisirs. En réalité, sa doctrine est beaucoup plus austère que nous ne le croyons habituellement. Il est vrai qu'il estime que certains plaisirs, qu'il définit comme une absence de douleur, sont « naturels et nécessaires » et ne sont donc pas condamnables en soi (comme les plaisirs de la table ou de l'amour) mais, pour lui, le sage doit parvenir à l'ataraxie, l'absence de trouble. Si le mot signifie en principe disciple de la doctrine d'Épicure, son sens dans le langage courant est bien celui qui nous a été transmis par certains Romains, tel le poète Horace qui se définit lui-même comme « un vrai cochon du troupeau d'Épicure » (*Épîtres*, I, IV, 16).

## 2. 300 proverbes et expressions hérités du latin et du grec

**érotique**
Qui a trait au désir et aux plaisirs amoureux.

*Myth.* Éros est, chez les Grecs, le dieu de l'amour, ou plutôt, de l'attraction de l'amour, c'est-à-dire du désir. Pour Hésiode, il est l'une des trois divinités primordiales avec Chaos et Gaia : Éros agit sur eux de manière qu'ils tirent ce qu'ils ont en eux, sans accouplement. Il est ensuite plutôt considéré comme le fils d'Aphrodite (Vénus et Cupidon pour les Romains) et il est celui qui rapproche irrésistiblement les êtres humains. Il existe beaucoup de mythes sur Éros, dont ceux que développe le philosophe Platon dans son *Banquet* qui est une succession d'éloges de l'Amour. L'un d'eux, qui eut beaucoup de succès, raconte que, primitivement, les êtres étaient de trois genres : mâles, femelles et androgynes (mâle et femelle), chacun pourvu de deux têtes, huit membres et deux sexes. Comme ces êtres doubles se mettent à vouloir grimper sur l'Olympe, Zeus les punit en les coupant en deux : il n'y a plus donc que des hommes et des femmes. Chaque homme et chaque femme ne sont donc que des moitiés de l'être primitif, en quête perpétuelle de son autre moitié. Les hommes poussés vers les femmes (et inversement) sont des moitiés d'androgynes, les hommes poussés vers les hommes sont des moitiés d'êtres mâles et les femmes poussées vers les femmes des moitiés d'êtres femelles. Mais il faut bien avouer que la plupart des philosophes se méfient de l'amour, qui est pour eux une passion, et, comme toute passion, dangereuse et aliénante. Éros est ainsi abandonné aux poètes, grecs comme latins, qui ne se privent pas de le célébrer sous toutes ses formes et dans tous ses effets, depuis les plaisirs voluptueux jusqu'à la passion tragique, car l'Amour est aussi cruel. C'est pourquoi Éros est représenté en petit garçon ailé, muni d'un arc, dont les flèches figurent le désir : ces flèches causent à la fois les plaisirs et les blessures de l'amour. En français, le sens de l'adjectif érotique s'est rétréci à la sphère du plaisir, mais il conserve tout de même l'idée du désir entre deux êtres, par opposition à « pornographique » qui en reste aux seules techniques du plaisir.

*errare humanum est*
L'erreur est humaine.

*Litt.* Cette maxime latine correspond à une idée déjà commune dans l'Antiquité. On la trouve ainsi exprimée chez

Sophocle et chez Sénèque plusieurs siècles plus tard. Cela veut dire qu'il est dans la nature humaine de se tromper. Mais la maxime s'achève par « *in errore perseverare stultum* » : il est stupide de persévérer dans l'erreur. L'erreur est pardonnable, à condition, lorsque l'on s'en rend compte, de la corriger. La maxime fut ensuite christianisée et s'acheva par « *perseverare diabolicum* » : « persévérer (dans l'erreur) est diabolique ». Il s'agit, pour les chrétiens, des péchés.

**être César ou rien**
Ambitionner d'être le premier ou rien.

*Hist.* En latin « *Aut Caesar, aut nihil* », c'était la devise de César Borgia (1475-1507), le fils du pape Alexandre VI Borgia. Évêque à 17 ans puis cardinal à 18 ans, il abandonne la carrière ecclésiastique pour celle des armes et se constitue une principauté en Italie. Ses talents politiques et son réalisme sans scrupule en ont fait le modèle du *Prince* de Machiavel. Il prit visiblement son prénom au sérieux : non seulement celui-ci était alors synonyme d'empereur, mais il faisait directement référence à Jules César. Son père avait en effet le goût de l'Antiquité, puisqu'il avait nommé sa fille Lucrèce, célèbre femme de l'histoire romaine. César Borgia devint un prince puissant, craint et admiré, mais ne réussit pas à égaler son illustre modèle. Il fut en effet mis en prison par le successeur de son père, le pape Jules II et, une fois libre, mourut un peu plus tard en combattant.

**être dans les bras de Morphée**
Dormir profondément.

*Myth.* Morphée est le dieu grec des rêves, fils du Sommeil (*Hypnos*) et de la Nuit. Il faut bien avouer que rêver peut être ce qu'il y a de plus agréable dans le sommeil, quand il ne s'agit pas de cauchemars ! Chez les Grecs, les rêves sont des messages des dieux qu'on peut interpréter et que l'on va parfois susciter dans des sanctuaires d'Asclépios (en latin : Esculape), car le dieu suggérait par les rêves des remèdes aux malades qui venaient dormir dans son temple. Le nom de Morphée a la même racine que le mot grec *morphê* qui signifie forme, car les songes prennent la forme de personnages humains ou divins. Il était représenté avec une fleur de pavot à la main : or le pavot est la plante dont

## 2. 300 proverbes et expressions hérités du latin et du grec

on tire l'opium et la morphine. On a donné à cette drogue puissante le nom de Morphée, car elle endort les douleurs.

**être médusé**
Être frappé de stupeur, être pétrifié.

> *Myth.* La Méduse est, selon le poète grec Hésiode, l'une des trois Gorgones, des monstres féminins de l'Océan qui inspirent la terreur (en grec *gorgos* : effrayant). Méduse est « la reine », Sthéno « la puissante » et Euryale « celle qui erre au loin ». Le visage de Méduse était particulièrement terrifiant. Malgré ses traits peu engageants, elle séduisit tout de même Poséidon et rendit Athéna jalouse au point que cette dernière lui infligea un regard fixe comme la pierre. Ce défaut gênant devint son plus grand pouvoir, puisque quiconque la regardait se trouvait pétrifié, c'est-à-dire médusé... Comme Méduse était la seule mortelle des trois Gorgones, le héros Persée réussit à la tuer en lui coupant la tête, grâce à l'aide des dieux : Pluton (Hadès) lui fournit un casque qui rendait invisible, Hermès des ailes pour ses pieds, Athéna un miroir pour éviter de la regarder directement et les nymphes un sac pour y enfermer la tête, car, même coupée, elle restait dangereuse. Le nom de méduse fut donné au XVIIIe siècle à l'animal marin, dont les tentacules rappelaient la chevelure mêlée de serpents de la célèbre Gorgone. En français, être médusé a perdu un peu de force : il s'agit moins d'être paralysé par la terreur que d'être étonné.

**être sous l'égide de...**
Être sous la protection de...

> *Myth.* L'égide est un bouclier recouvert de la peau de la chèvre (*aigis* en grec) Amalthée qui avait protégé et nourri Zeus. Cette égide est donc un attribut de la déesse guerrière Athéna, mais aussi de Zeus. Athéna y fit placer une tête de Gorgone (du grec *gorgos* : effrayant) dont la plus célèbre était Méduse* : la tête de ce monstre féminin était supposée inspirer la terreur. Le bouclier d'Athéna servait donc à terrifier ses ennemis et à protéger ceux qu'elle voulait favoriser. Se mettre sous l'égide de quelqu'un, c'est se mettre sous sa protection, bénéficier de sa puissance ou de son influence.

I. LA CUISSE DE JUPITER

**être sous les auspices de...**
Être sous la protection de...

*Hist.* À Rome, le pouvoir de commander aux citoyens (*imperium*) reposait sur le droit d'interroger Jupiter par les auspices. Les auspices étaient des signes donnés par Jupiter, sous la forme du vol des oiseaux : le signe était favorable s'ils venaient de la droite, défavorables s'ils venaient de la gauche (en latin : *sinister*, d'où « sinistre » en français). On pouvait aussi observer l'appétit des poulets : s'ils mangeaient avec appétit, le signe était favorable. Sous la République, ce droit d'auspices appartenait notamment aux consuls qui commandaient l'armée. Aucune décision politique ou militaire ne pouvait être prise, sans obtenir l'approbation de Jupiter par cette observation des auspices. Être sous les auspices d'un consul, cela voulait donc dire être sous son commandement.

*Eurêka ! Eurêka !*
J'ai trouvé ! J'ai trouvé !

*Hist.* Cette exclamation d'Archimède (vers 287-212 av. J.-C.), l'un des plus grands mathématiciens de l'Antiquité, exprime la joie d'un scientifique d'avoir trouvé la solution d'un problème. Selon Vitruve (*De l'architecture*, IX, introd., 9-10), Hiéron de Syracuse demanda au savant de démasquer la tricherie d'un artisan à qui il avait commandé une couronne en or : on le soupçonnait d'y avoir mêlé de l'argent afin de faire un gain supplémentaire. Alors qu'il se trouvait aux bains publics, Archimède découvrit la solution en entrant dans une baignoire : il s'aperçut, en effet, que le volume de son corps était égal au volume d'eau qui en débordait. Il fut tellement heureux de sa découverte, qu'il sortit aussitôt du bain et se précipita chez lui tout nu.

**femme de César ne doit même pas être soupçonnée, la**
Toute personnalité officielle doit être à l'abri du moindre soupçon.

*Hist.* Selon Plutarque, c'est la réponse que Jules César a faite lorsqu'on lui reprocha d'avoir répudié sa femme Pompéia, sans la moindre preuve d'une faute de sa part. C'était la conséquence du scandale causé par Clodius. Ce jeune noble s'était introduit, déguisé en femme, dans la maison

## 2. 300 proverbes et expressions hérités du latin et du grec

de César, alors que son épouse y célébrait des rites secrets en l'honneur de la Bonne Déesse, rites qui excluaient rigoureusement toute présence masculine. Il fut découvert et expulsé, mais l'affaire fit grand bruit. Non seulement Clodius commettait ainsi un grave sacrilège, mais on raconta dans tout Rome qu'il avait voulu séduire Pompéia, avec ou sans son contentement. César surprit tout le monde : il ne poursuivit pas en justice Clodius, pourtant coupable, au moins de sacrilège, et semblait ainsi l'innocenter, mais il répudia sa femme, pourtant innocente. La justification donnée par César n'était sans doute qu'un prétexte hypocrite pour s'en débarrasser, mais sa réponse finit par devenir une sorte de maxime politique, pour dire que rien ne doit ternir la réputation d'un détenteur du pouvoir, même un simple soupçon.

### fil d'Ariane
Un fil qui sert de guide dans une situation compliquée.

*Myth.* Le Minotaure, un monstre à tête de taureau et au corps d'homme, avait été enfermé par le roi de Crète Minos dans un labyrinthe construit par Dédale*. Les Athéniens étaient contraints par Minos de livrer chaque année au monstre sept jeunes gens et sept jeunes filles qu'il dévorait. Une année, Thésée, le fils du roi d'Athènes, trouva le moyen d'en faire partie afin de tuer le Minotaure. C'est seulement grâce au fil d'Ariane, la fille du roi Minos, évidemment tombée amoureuse de lui, qu'il put ressortir du labyrinthe.

### fil des Parques, le
La durée de la vie humaine fixée par le destin.

*Myth.* Les Anciens imaginaient les Parques, nom latin des divinités de la destinée (les Moires chez les Grecs), comme trois vieilles femmes occupées à filer. La première tenait le rouet, la seconde tirait le fil et la troisième (la Mort ou l'Inflexible) le coupait, plus ou moins court. Le fil des Parques figurait la durée de chaque vie humaine, courte ou longue, selon le destin de chacun.

### flèche du Parthe, la
Attaque verbale ironique ou hostile que l'on décoche à quelqu'un à la fin d'une conversation.

I. LA CUISSE DE JUPITER

*Hist.* Les Parthes formèrent un royaume puissant, depuis l'Iran jusqu'à la Mésopotamie. Ils étaient les voisins de l'Empire romain à partir du I$^{er}$ siècle av. J.-C. Ce fut l'un des rares peuples que les Romains ne réussirent jamais à vaincre définitivement et qui, de plus, leur infligèrent des défaites mémorables. Les Parthes étaient un peuple de cavaliers armés d'arcs et leur tactique décontenançait les Romains. En effet, lorsqu'un combat s'engageait, les Parthes faisaient rapidement mine de s'enfuir. Leurs adversaires pensaient alors que l'affaire était gagnée et se lançaient à leur poursuite. Bien imprudemment, car les Parthes, tout en continuant à galoper, leur décochaient des flèches tirées en arrière, par-dessus leur épaule, et massacraient ainsi bon nombre de leurs poursuivants. C'est pourquoi l'expression est utilisée en français lorsque l'on croit avoir eu le dessus dans une dispute ou un débat un peu animé et que son interlocuteur prend traîtreusement le dessus, tout à la fin, par une remarque cinglante, sans que l'on puisse répliquer.

**franchir le Rubicon**
Prendre une décision irréversible.

*Hist.* Le Rubicon était une petite rivière formant la limite entre l'Italie et la province de Gaule cisalpine (nord de l'Italie actuelle). Après sa conquête de la Gaule « chevelue », César entra en conflit avec le sénat de Rome. Après avoir hésité, il décida de s'imposer par la force. Franchir le Rubicon avec son armée signifiait qu'il se mettait dans l'illégalité et ne pouvait plus revenir en arrière. Il déclenchait ainsi la guerre civile. Aujourd'hui, franchir le Rubicon peut encore avoir le sens d'outrepasser une règle ou une loi.

**furie**
Une furie : femme emportée par la colère. La furie : colère, rage.

*Myth.* Les Furies sont l'équivalent romain des Érinyes grecques dont la vision évolua avec le temps. Filles de Gaia et du sang d'Ouranos, elles furent d'abord considérées comme des esprits divinisés qui punissent les crimes graves, comme les meurtres et les parjures. Elles étaient aussi les personnifications du remords chez les hommes. Selon Homère, elles châtiaient les offenses faites aux parents par leurs enfants. Elles sont ensuite placées aux Enfers où elles punissent ainsi les crimes jusqu'après la mort. Sous l'influence d'Eschyle, les Grecs se les représentaient en femmes échevelées, brandissant des serpents, des fouets ou bien des torches, poursuivant les coupables avec une rapidité foudroyante. Malgré ces aspects peu engageants, les Érinyes étaient aussi appelées les Euménides (les « très bonnes ») et, sous ce nom, recevaient un culte car elles étaient les garantes de la morale et du respect des lois. Les Furies étaient trois, et la plus connue était Mégère*. Le français n'a pas conservé l'idée de divinités garantissant le bon ordre moral, pour ne retenir que l'image de ces femmes poursuivant follement de leur colère, non plus un criminel, mais une victime...

## *Hannibal ad portas !*
Hannibal est aux portes (de Rome) : indique un danger pressant.

*Hist.* Ce cri d'alarme se réfère à la panique éprouvée par les Romains, lorsque leur ennemi Hannibal lança une attaque surprise sur Rome en 211 av. J.-C., alors qu'on le croyait occupé à se battre autour de Capoue. L'expression se retrouve chez Cicéron (*De finibus*, IV, 22), où elle exprime l'idée d'un danger pressant. Il emploie également cette image en 43 av. J.-C., lorsqu'il s'attaque, dans ses *Philippiques\**, à Antoine, qu'il compare à Hannibal en employant cette image. Chez les Romains, Hannibal était devenu une sorte de croquemitaine pour les enfants et l'expression pourrait se traduire, par « le loup est là » !

## harpie, une
Une femme méchante.

*Myth.* Les Harpies (ou Harpyes), représentées comme des oiseaux au visage humain, ont d'abord été pour les Grecs les messagères des divinités infernales. Puis elles sont devenues les pourvoyeuses de l'Enfer où elles emmènent les mortels qu'elles ont enlevés. Elles sont en particulier au service des Furies* (Érinyes) dont elles finissent par partager la méchanceté. Être poursuivi par une harpie n'est donc jamais bon signe...

I. LA CUISSE DE JUPITER

**hermaphrodite, un**
Androgyne. Animal ou plante avec des organes sexuels mâles et femelles.

*Myth.* Hermaphrodite tient son nom de ses deux parents réunis, Hermès et Aphrodite, dont il est le fils. Il était particulièrement beau, comme il se doit, bien sûr, pour un fils d'Aphrodite. Quand la nymphe Salmacis le vit se baigner dans la fontaine dont elle était la gardienne, elle tomba aussitôt amoureuse de lui : elle fut tellement heureuse de le tenir entre ses bras, qu'elle demanda aux dieux de ne jamais la séparer de lui. Les dieux l'exaucèrent en réunissant leurs deux corps en un seul. Hermaphrodite eut ainsi à la fois des traits féminins et masculins. En général, les Anciens le représentent non comme ayant les deux sexes, mais comme un homme avec des éléments féminins, à la beauté à la fois étrange et fascinante parce qu'elle tient de l'homme et de la femme.

*homo homini lupus*
L'homme est un loup pour l'homme : cette affirmation signifie que l'homme est le pire ennemi de son prochain.

*Litt.* Ces termes furent utilisés par Plaute dans sa *Comédie des ânes* (*Asinaria*, v. 495) dans la bouche d'un marchand qui se méfie d'un homme qu'il ne connaît pas. Ils furent aussi utilisés par le philosophe anglais Hobbes au XVII$^e$ siècle dans son introduction au *De cive* : pour lui, l'homme est poussé naturellement à manifester, sans pitié, sa puissance sur les autres hommes. Les guerres et les génocides du XX$^e$ siècle ont, hélas, donné raison à ce profond pessimisme sur la nature humaine.

**huitième merveille du monde, la**
Une œuvre qui mérite d'être classée parmi les plus belles réussites de l'humanité.

*Hist.* Une liste canonique de sept merveilles du monde fut établie par les Grecs de l'époque hellénistique qui avaient la manie de la classification, en particulier à Alexandrie, la capitale intellectuelle de ce temps. Cette liste comprenait les pyramides d'Égypte, les jardins suspendus de Babylone, le mausolée d'Halicarnasse, le temple d'Artémis d'Éphèse, la statue de Zeus d'Olympie sculptée par Phidias, le colosse

2. 300 proverbes et expressions hérités du latin et du grec

de Rhodes et le phare d'Alexandrie. Quatre des sept merveilles étaient grecques et la liste fut close pour toujours. Aussi, revendiquer d'avoir réalisé la huitième est-ce prétendre atteindre la même notoriété, en prenant place à la suite des sept premières. Si l'on est français, sera-ce Notre-Dame de Paris ou le Grand Stade de France de Saint-Denis ? En un sens figuré et ironique, on utilise l'expression pour dénoncer les prétentions de quelqu'un à être admiré : « Il se prend pour la huitième merveille du monde, celui-là ! »

**il n'y a pas loin du Capitole à la roche Tarpéienne**
Le sommet de la gloire n'est guère éloigné de la chute ; avoir des hauts et des bas.

*Hist.* À Rome, le Capitole était la colline où se trouvait le temple le plus important de la ville, celui de Jupiter Capitolin. Lorsqu'un général romain avait remporté une grande victoire, le Sénat pouvait lui permettre de célébrer le triomphe, une grandiose cérémonie qui menait le char du triomphateur du Champ de Mars au temple de Jupiter sur le Capitole. C'était pour un Romain la récompense suprême. Pas loin de ce temple, se trouvait aussi la roche Tarpéienne, une roche abrupte qui surplombait de plusieurs dizaines de mètres le sol en contrebas : elle devait son nom à Tarpéia qui, selon la légende, aurait traîtreusement livré le Capitole aux Sabins en guerre contre Romulus, le fondateur de Rome ; ceux-ci la récompensèrent bien mal puisqu'ils la précipitèrent du haut de la roche. L'expression se réfère plus précisément à un épisode concernant Marcus Manlius Capitolinus, un membre d'une puissante famille patricienne, dont la maison se trouvait sur le Capitole. Celui-ci, alerté par les oies, repoussa victorieusement du Capitole un assaut des Gaulois qui avaient pris le reste de la ville en 390 av. J.-C. et en retira une grande gloire. Mais, peu de temps après, il fut accusé de vouloir aspirer à la tyrannie en soutenant les revendications des pauvres : il fut jeté du haut de la roche Tarpéienne.

*in cauda venenum*
Dans la queue est le venin.

*Litt.* Cette locution latine n'est pas attestée dans une source antique mais est encore souvent utilisée. Elle évoque la queue du scorpion et signifie que dans une conversation ou un écrit commencés gentiment, on décoche une attaque perfide à la fin. Autrement dit, une « flèche du Parthe* »...

### *in vino veritas*
La vérité est dans le vin.

*Litt.* Le sens de ce proverbe latin a certainement une histoire aussi longue que celle de la vigne et l'ivresse. Un proverbe grec disait que « le vin et les enfants disent la vérité », soulignant par là que certaines vérités dérangeantes ou que l'on veut cacher, sortent de la bouche des ivrognes comme de celle des enfants. Ce proverbe reçoit ses lettres de noblesse philosophique dans le *Banquet* de Platon, qui l'évoque à propos de l'intrusion du jeune et bel Alcibiade, complètement ivre, dans le banquet qui réunit Socrate et quelques amis. Cela n'a rien de choquant en soi, même si les Grecs préconisent plutôt la mesure dans la boisson : ces banquets entre hommes sont en effet inconcevables sans le vin et l'ivresse qui l'accompagnent. Faisant l'éloge de Socrate, Alcibiade, puisque, dit-il, « le vin, avec ou sans les enfants, dit la vérité », révèle que Socrate est le seul homme qui ait résisté à ses avances et que, après en avoir été blessé dans son orgueil (car personne, ni homme ni femme n'avait résisté à Alcibiade), il a compris que la véritable beauté est dans la sagesse et non dans le corps et le désir.
Quelques siècles plus tard, un Romain, Pline l'Ancien, évoque le même proverbe, mais de manière plus triviale, dans le cadre d'un développement sur les méfaits de l'alcool (*Histoire naturelle*, XIV, 141) : lorsqu'on est ivre, écrit-il, « les pensées secrètes se révèlent ; les uns dévoilent leur testament, les autres tiennent des discours qui tuent » ; il veut dire que ces révélations involontaires peuvent conduire à être assassiné... car, hélas, « selon le proverbe, la vérité est attribuée au vin » (*volgoque veritas iam attributa vino*). Autrement dit, toute vérité d'ivrogne n'est pas bonne à dire !
Le proverbe en latin est encore très utilisé aujourd'hui, en particulier par des producteurs de vin ou des associations d'œnologues qui semblent croire qu'il signifie que la vérité est à chercher dans le vin, ou, tout simplement, que le vin est la vraie solution aux problèmes, effaçant ainsi l'avertissement contenu dans le proverbe antique.

## 2. 300 proverbes et expressions hérités du latin et du grec

**jouer les Cassandre**
Une Cassandre est une personne clairvoyante sur l'avenir mais qui n'est pas crue. Voir l'avenir de manière toujours pessimiste.

*Myth.* Cassandre est la fille de Priam, roi de Troie selon Homère. Une légende postérieure en fait une prêtresse d'Apollon qui, par amour pour elle, lui donna le don de prophétie. Mais Cassandre repoussa Apollon qui la condamna alors à prophétiser sans jamais être crue. Les auteurs grecs la font intervenir dans leurs textes comme celle qui avertit les hommes de leur destin sans pourtant être écoutée. Comme ses prophéties sont toujours tragiques, on en a fait une prophétesse de malheurs. Dans le langage courant, on emploie l'expression « jouer les Cassandre » pour qualifier une personne pessimiste qui se complaît à ne prédire que les malheurs.

**laconique**
Concis ; qui s'exprime en peu de mots (comme un Laconien, c'est-à-dire un Spartiate).

*Hist.* La Laconie est le nom du territoire où se trouvait la ville de Sparte. Les Spartiates étaient exercés à avoir le sens de la repartie et évitaient, disait-on, les longs discours, par opposition aux Athéniens, habiles à parler longuement. Ce style concis fut appelé laconique. Plutarque (*Vie de Lycurgue*, 19 et suiv.) nous en rapporte quelques exemples. Un jour, un orateur athénien se moqua de l'ignorance des Spartiates, devant l'un d'eux qui rétorqua : « C'est juste, car, seuls de tous les Grecs, nous n'avons appris de vous rien de mal. » Un homme, mal considéré, harcelait un Spartiate de questions et lui demanda quel était le meilleur des Spartiates : « Celui qui te ressemble le moins. » Lorsqu'un jeune Spartiate vit des gens faire leurs besoins assis sur des sièges percés, ce qui lui paraissait un confort ridicule, il s'exclama : « Pourvu que je ne sois jamais assis sur un tel siège, d'où je ne pourrais pas me lever pour le céder à un vieillard ! » Par respect des anciens, un jeune homme devait en effet se lever pour offrir sa place, ce qui pose en effet un problème lorsqu'on est aux toilettes...

I. LA CUISSE DE JUPITER

**lit de Procuste, un**
Une mutilation d'une œuvre ou d'un projet pour la (le) rendre conforme à un modèle ; uniformiser.

> *Myth.* Procuste, sans doute la déformation de Procruste, nom qui signifie en grec « celui qui allonge en martelant » est le surnom donné à un brigand légendaire qui sévissait sur les routes de l'Attique. Il avait pour effrayante habitude d'attacher sur un lit les voyageurs qu'il capturait, puis de couper les membres qui dépassaient, s'ils étaient trop grands ou, au contraire, de les étirer s'ils étaient trop petits, tout cela pour les mettre à la dimension du lit. Le héros athénien Thésée le captura et lui fit subir le même sort. En français, on traite de Procuste quelqu'un qui mesure les idées d'autrui aux siennes propres, les mutile ou les déforme. Un « lit de Procuste » désigne aussi tout règlement mesquin ou une censure où l'on coupe tout ce qui dépasse !

*macte animo, generose puer, sic itur ad astra*
Courage, noble enfant, c'est ainsi qu'on s'élève vers les cieux !

> *Litt., hist.* Cette formule latine très connue est le résultat d'une synthèse de la culture latine à travers les temps. Elle ne correspond littéralement à aucun vers d'un écrivain latin. Sa forme générale vient de Virgile qui a écrit : *macte nova virtute, puer, sic itur ad astra* (*Énéide*, IX, 641), « déploie ta jeune vaillance, enfant... ». Ce sont dans l'*Énéide* les paroles d'encouragement d'Apollon au jeune Iule, fils d'Énée, qui participe pour la première fois à une bataille. Le « *macte animo* » est utilisé plusieurs fois par le poète Stace (*Thébaïde*, VII, 280 et *Silves*, II, 95), l'un des poètes les plus lus au Moyen Âge. La réunion de « *macte animo* » et de « *generose puer* », se trouve en fait plusieurs siècles plus tard chez Voltaire. Un peu plus tard, Chateaubriand l'utilise dans ses *Mémoires d'outre-tombe*, quand il raconte l'un de ses souvenirs d'enfance : menacé d'un châtiment corporel, il s'exclame « *macte animo, generose puer* » et fait ainsi rire son maître, pour lequel il s'agit d'une érudition de « grimaud », c'est-à-dire de mauvais écolier... Chateaubriand a-t-il glissé ici une plaisante critique à l'égard d'une culture voltairienne approximative ? En tout cas l'autorité de deux écrivains, pourtant de bords si opposés, a popularisé cette fausse citation. Aujourd'hui, les deux parties de la citation sont souvent utilisées séparément. C'est une exhortation au courage face

2. 300 proverbes et expressions hérités du latin et du grec

à l'adversité, qui permet d'atteindre les étoiles, c'est-à-dire la renommée et la gloire, comme ce fut le cas pour le légendaire petit Iule (Ascagne pour les Grecs).

*magnae spes altera Romae*
Second espoir de la grande Rome.

> *Hist., litt.* Chez Virgile (*Énéide*, XII, 167), cet hémistiche désigne Iule (Ascagne pour les Grecs), fils d'Énée, destiné à lui succéder. Dans les légendes romaines, le héros troyen Énée et ses compagnons étaient considérés comme les ancêtres des Romains. Plus tard, la famille de Jules César, les *Julii*, prétendit descendre de Iule, le fils d'Énée. L'expression est généralement utilisée pour évoquer la personne qui occupe la seconde place dans une hiérarchie, que ce soit le pouvoir ou la gloire littéraire, mais qui est appelée à prendre un jour la première.

**mausolée, un**
Un tombeau monumental.

> *Hist.* Mausole était un satrape de Carie, qu'il gouvernait au nom de l'Empire perse. Il réussit à se rendre pratiquement indépendant et régna ainsi sur la Carie (377-353 av. J.-C.) dont il fit une puissance régionale. Mausole est surtout connu pour son tombeau monumental édifié près de sa capitale, Halicarnasse, et achevé par sa veuve et sœur Artémise : ce tombeau fut nommé le « Mausolée », d'où le sens actuel. L'amour que vouait Artémise à son mari passa dans la légende comme un exemple de passion célèbre. Selon Aulu-Gelle (*Nuits attiques*, X, 18), elle alla jusqu'à boire, mêlées à de l'eau, les cendres de son mari incinéré. Lorsqu'elle acheva le Mausolée, elle organisa un concours de poètes pour célébrer les louanges de son mari. Le mausolée d'Halicarnasse fut classé parmi les sept merveilles du monde, mais il n'en reste plus grand-chose. Les sources antiques évoquent surtout son splendide décor de marbre blanc et les statues qui l'ornaient, sculptées par les plus grands artistes du temps.

I. LA CUISSE DE JUPITER

**mécène, un**
Un protecteur des arts.

> *Hist.* Mécène (Caius Maecenas, mort en 8 av. J.-C.) fut l'un des plus proches amis et conseillers d'Auguste. Il refusa toute fonction officielle à Rome mais protégea un grand nombre de poètes de son temps, tels Virgile, Horace ou Properce. Mécène rendait ainsi un grand service à son ami, car tous ces poètes firent la propagande du nouveau régime instauré par Auguste. Le rôle de Mécène fut immortalisé par ses protégés qui le remercièrent dans leurs œuvres. C'est pourquoi son nom, devenu nom commun, fut donné à tous ceux qui protègent les écrivains et les artistes.

**mégère, une**
Une femme au mauvais caractère.

> *Myth.* La Mégère est l'une des trois Furies* : il y avait Allecto, celle que rien n'apaise, Tisiphone, l'esprit de vengeance, et Mégère, la personnification de la haine et du mauvais regard. Les Romains n'avaient retenu que leurs aspects les plus terrifiants. Chez eux, les Furies sont des folles furieuses (*furia* = délire) et elles tourmentaient les morts de mille manières.

*mens sana in corpore sano*
Un esprit sain dans un corps sain.

> *Litt.* Cette maxime vient de Juvénal (*Satires*, X, 356) qui se moque des vœux insensés que l'on fait aux dieux lorsqu'on leur demande la puissance, la gloire, la richesse, la beauté ou encore une longue vie. Pour le satiriste, le sage doit seulement souhaiter, pour lui-même ou ses enfants, une bonne santé et surtout un esprit équilibré, par opposition à la folie (*insanus* = fou). Son sens s'est un peu déformé de nos jours. Elle est devenue une maxime de l'éducation idéale : il est nécessaire d'exercer son corps pour avoir un esprit sain. Elle peut aussi servir à manifester son admiration pour une personne aussi bien faite qu'intelligente.

**mentor, un**
Un guide expérimenté, un conseiller.

> *Myth.* Dans l'*Odyssée*, Mentor est le nom du personnage chargé par Ulysse de s'occuper de sa maison et de son fils

Télémaque pendant son absence. Ce rôle de conseiller fut en fait popularisé par l'œuvre de Fénélon (1699), *Les Aventures de Télémaque*, où Mentor est l'incarnation de la sagesse. Cette œuvre connut un énorme succès au XVIII$^e$ siècle et fut au programme scolaire des lycées tout le long du XIX$^e$ siècle.

**Messaline, une**
Une femme débauchée.

> *Hist.* Messaline fut la troisième femme de l'empereur Claude, qu'elle épousa à 14 ans vers 40 av. J.-C. Elle lui donna deux enfants, Octavie et Britannicus. Messaline défraya la chronique romaine par sa cruauté, ses intrigues et, surtout, par ses nombreux amants, car elle ne pouvait résister à l'attrait d'un bel homme. Tout Rome savait que l'empereur était trompé, sauf lui, qui était aveuglé par l'amour qu'il portait à sa femme. Mais Messaline alla un jour trop loin. Selon Tacite (*Histoires*, XI, 12 et suiv.), elle s'était prise de passion pour Caius Silius, « le plus beau des Romains », et passait des nuits folles avec lui. Elle se mit bientôt en tête de l'épouser et prépara son mariage en 48 av. J.-C. : en somme c'est elle qui s'apprêtait à répudier l'empereur ! Le scandale fut énorme. C'en était trop pour l'entourage de Claude, mais celui-ci restait toujours hésitant, malgré les preuves et les témoignages contre son épouse. L'affranchi Narcisse, un des proches collaborateurs de Claude, craignant qu'elle ne parvînt à reconquérir l'empereur, décida de lui-même de la faire mettre à mort. La mauvaise réputation de Messaline traversa les siècles, par le récit de Tacite et aussi les *Satires* de Juvénal, qui évoquent Messaline allant la nuit occuper la chambre d'une prostituée et s'offrir à tous ceux qui passent. L'extrême opposé d'une « sainte Nitouche » en somme.

**mithridatisé**
Immunisé contre les poisons.

> *Hist.* Le roi du Pont Mithridate VI Eupator (120-63 av. J.-C) fut l'un des adversaires les plus coriaces des Romains, à qui il fallut trois longues guerres pour qu'il fût vaincu. Battu par Lucullus puis par Pompée, il dut s'enfuir en Crimée. Son fils Pharnace s'étant alors révolté contre lui, il choisit de se suicider avec deux de ses filles plutôt que d'être livré aux Romains. Ils avalèrent un violent poison, que le roi

avait toujours avec lui, accroché à son épée : le poison agit sur ses filles qui moururent aussitôt mais ne fit aucun effet sur le vieux roi. Celui-ci avait eu comme habitude, toute sa vie, de s'immuniser en prenant continuellement des antidotes et en avalant chaque jour une petite dose de poison. Il craignait en effet d'être assassiné par ses proches : il avait d'ailleurs, pour cette raison, mis à mort sa mère, un de ses frères et six de ses enfants... Mithridate resta connu dans l'Antiquité non seulement pour ses guerres mais aussi pour sa science et sa curiosité : il parlait vingt-deux langues, s'intéressait à la poésie, à la musique et, surtout, à la médecine. Il avait inventé des remèdes que les Anciens appelaient « mithridatiques » dont les formules furent transmises à Rome avec ses archives et le trésor royal pris par Pompée.

**montagne qui accouche d'une souris, la**
Un énorme effort pour un résultat ridicule.

*Litt.* Cette expression qui semble si française est en réalité une adaptation d'un vers d'Horace (*Art poétique*, 139) : « *Parturient montes : nascetur ridiculus mus* » (la montagne va accoucher d'une ridicule souris). Horace conseille au poète de ne pas se lancer dans un sujet trop important et de ne pas se prendre pour Homère lui-même. C'est risquer ainsi d'être ridicule. Il faut au contraire savoir s'inspirer des grands poètes, tout en inventant. Si le vers d'Horace est passé de cette manière en français, c'est dû, une fois encore, à La Fontaine, qui s'en inspira pour sa fable, *La montagne qui accouche*, qui se termine par ces vers : « Je chanterai la guerre / Que firent les Titans au Maître du tonnerre. / C'est promettre beaucoup : mais qu'en sort-il souvent ? / Du vent. »

**narcissisme**
L'amour de soi-même.

*Myth.* Fils d'un dieu-fleuve de Béotie, Céphise, et d'une nymphe, Liropé, Narcisse était un jeune homme d'une très grande beauté. La nymphe Écho tomba amoureuse de lui, ce qui le laissa parfaitement indifférent. Elle en dépérit de désespoir et il ne resta bientôt plus de la nymphe que sa voix. La déesse Aphrodite décida de punir le jeune homme. Un jour, Narcisse, qui ne connaissait pas sa propre beauté, vit son visage se refléter dans une eau limpide. Il tomba aussitôt amoureux de cette image. Comme il lui était impossible de l'atteindre mais qu'il ne pouvait pas non plus s'en détacher, il en fut désespéré. Il dépérit ainsi sur place et mourut, transformé en fleur qui porte désormais son nom. Il y a plusieurs versions de ce mythe, mais en tout cas la « sagesse des nations » retint qu'il pouvait être dangereux de trop s'admirer soi-même.

*naturam expelles furca, tamen usque recurret*
Chassez le naturel (la nature) à coups de fourche, il reviendra toujours.

*Litt.* Selon ce vers d'Horace (*Épîtres* I, X, 24), il ne sert à rien de lutter contre la nature qui est toujours la plus forte et l'on ne doit pas s'en croire le maître. Dans son *Épître*, Horace vante les charmes de la campagne et critique le mépris des citadins pour la nature. La Fontaine, grand lecteur d'Horace, en donne une traduction plaisante : « Qu'on lui ferme la porte au nez, il rentrera par les fenêtres. » Et un peu plus tard, au XVIIIe siècle, Destouches en fait un « Chassez le naturel, il revient au galop ». On transforme souvent le sens de la citation d'Horace, pour dire qu'il ne sert à rien de contraindre son caractère naturel, car il finit toujours par ressortir, surtout pour les mauvais caractères.

*ne quid nimis*
Rien de trop.

*Litt.* Cette maxime latine est transposée du grec (*mèden agan*) par Térence (*Andrienne*, 61). Dans sa comédie, elle est prononcée par l'affranchi Sosie, avec un effet comique, ce qui montre qu'elle était alors devenue un lieu commun de la pensée grecque à Rome. La maxime grecque était inscrite sur le fronton du temple d'Apollon à Delphes, tout comme le « Connais-toi toi-même\* », ce qui est conforme à la nature de ce dieu de la mesure et de la musique. Elle signifie qu'il faut être modéré en toute chose et qu'inversement l'excès est un défaut, en particulier dans le domaine de la littérature et de l'art.

I. LA CUISSE DE JUPITER

*nec plus ultra*
Rien au-delà ; ce qu'il y a de mieux.

> *Myth.*, *hist.* Le sens de cette expression est celui d'une limite qu'on ne peut pas dépasser. C'est pourquoi elle a été rapportée aux « colonnes d'Hercule », identifiées au détroit de Gibraltar depuis l'époque hellénistique. Dans l'Antiquité, ces colonnes étaient considérées comme l'une des extrémités du monde que personne ne pouvait dépasser. Hercule avait dû aller chercher dans l'extrême Occident les bœufs du monstre Géryon. Avant de repartir, il érigea les « colonnes », que sont les monts Calpé et Abyla, de chaque côté du détroit de Gibraltar. Selon d'autres légendes, rapportées par Diodore de Sicile (*Bibliothèque historique*, IV, 6), Hercule rapprocha les deux continents afin de ne laisser qu'un étroit passage, empêchant ainsi les monstres marins de pénétrer en Méditerranée ; ou bien, au contraire, il perça le détroit, pour que la mer et l'océan communiquent. Lorsque Christophe Colomb découvrit l'Amérique en 1492, les souverains espagnols s'enorgueillirent d'avoir fait mieux qu'Hercule : ils firent figurer deux colonnes sur leurs monnaies, autour desquelles s'enroulait la devise « *plus ultra* », qui signifie : « toujours au-delà » ou « toujours mieux ». Il s'agissait de version latine de la devise de l'empereur Charles Quint (en vieux français : « plus oultre »). Ce motif d'un bandeau autour d'une colonne serait à l'origine du signe symbolisant le dollar américain ($) qui, ainsi, diffuse à des milliards d'exemplaires la légende d'Hercule.

**nettoyer les écuries d'Augias**
Parvenir à nettoyer un endroit particulièrement vaste et sale.

> *Myth.* Parmi les douze travaux imposés à Héraclès (Hercule pour les Romains), il lui fallut sur l'ordre d'Augias, roi d'Élis, nettoyer ses étables (et non à proprement parler des écuries) en une seule journée. Or, ce roi possédait d'immenses troupeaux et personne n'aurait pu réaliser cet ordre, sans la force et l'intelligence d'Héraclès. Pour y parvenir, celui-ci détourna deux fleuves, l'Alphée et le Pérée, qui accomplirent eux-mêmes la tâche en traversant les étables. En français, quand on découvre un endroit particulièrement sale ou désordonné, on s'écrie : « Mais ce sont les écuries d'Augias ! »

## 2. 300 proverbes et expressions hérités du latin et du grec

**nez de Cléopâtre, s'il eût été plus court, toute la face de la terre aurait changé, le**
L'histoire humaine dépend parfois de détails infimes.

> *Hist., litt.* Cette pensée du philosophe français Pascal évoque la reine Cléopâtre qui fut la dernière reine de l'Égypte lagide. Reine à 18 ans, Cléopâtre VII (69-30 av. J.-C.) fut la maîtresse des maîtres du monde, Jules César puis Marc Antoine, qu'elle réussit à séduire. Mais par quoi ? Sa beauté ? Son nez ? Si Dion Cassius dit que Cléopâtre « était une femme d'une beauté exceptionnelle » (*Histoire romaine*, 42, 34, 4), Plutarque affirme au contraire que « sa beauté en elle-même n'était pas incomparable, ni propre à émerveiller ceux qui la voyaient » (*Vie d'Antoine*, 26, 2-4). Ils sont en revanche d'accord pour lui reconnaître un charme irrésistible : « elle avait la voix la plus distinguée et savait converser gracieusement avec n'importe qui » (Dion Cassius) ; « le son même de sa voix donnait du plaisir ; sa langue était comme un instrument à plusieurs cordes dont elle jouait comme elle voulait » (Plutarque). Il n'est ici et, nulle part, question de nez, sur lequel on ne sait pas grand-chose, sinon qu'il apparaît fin et courbé, c'est-à-dire aquilin, d'après les portraits des monnaies émises par Antoine. Or, le nez aquilin passait, en France, pour un signe de noblesse et de fermeté de caractère. Plutôt qu'à sa beauté, c'est au charme de sa personnalité que Pascal faisait allusion, ce charme qui donnait à la reine un « *je ne sais quoi* » qui inspire l'amour. Quant aux conséquences de l'amour sur le déroulement de l'histoire, on laissera chacun juge, mais nous partageons plutôt l'avis d'Alphonse Allais : « Si le nez de Cléopâtre avait été moins long, sa face à elle aurait été changée bien avant celle du monde. »

**nulla dies sine linea**
Pas un jour sans une ligne.

> *Hist.* Il s'agit d'un proverbe latin forgé pour évoquer la méthode de travail du plus célèbre peintre grec de l'Antiquité, Apelle, qui fut notamment le portraitiste d'Alexandre le Grand (IVe siècle av. J.-C). Selon Pline l'Ancien (*Histoire naturelle*, XXXV, 84), Apelle ne passait pas un seul jour sans s'exercer à tracer une ligne sur un tableau. La finesse de ses traits était renommée dans l'Antiquité. Il fit un concours avec l'un de ses confrères, le peintre Protogène de Rhodes : l'un traçait une ligne de couleur, puis l'autre

devait en tracer une autre au milieu de la précédente, donc toujours plus fine. Protogène dut s'avouer vaincu. Une autre anecdote concernant Apelle est passée en proverbe dans l'Antiquité. Le peintre, très soucieux de l'exactitude, se plaçait, disait-on, derrière ses tableaux pour connaître le jugement du public. Un jour, un cordonnier remarqua qu'une sandale était peinte avec une attache de moins qu'il n'en fallait. Apelle, mortifié, corrigea l'erreur. Le lendemain, le cordonnier, tout fier de son succès, se mit à critiquer la jambe. Cette fois, Apelle furieux le tança : « Un cordonnier n'a rien à voir au-dessus de la sandale ! » Ce qui donne dans sa version latine « *ne sutor super crepidam* ». En français, *nulla dies sine linea* se rapporte plutôt au travail des écrivains.

*nunc est bibendum*
Maintenant, il faut boire !

*Hist., litt.* Ce premier vers d'une ode d'Horace (*Odes*, I, 37, 1) est une belle invitation à faire la fête après un succès, ce qui explique qu'il soit encore si souvent employé. Cette ode célèbre bien la victoire d'Octave à Actium en 31 av. J.-C., qu'il remporta sur son rival Marc Antoine et la reine d'Égypte Cléopâtre. Le poète y présente la reine comme enivrée par ses espoirs insensés de vaincre Rome, mais aussi par le vin d'Égypte ; elle ne retrouve ses esprits qu'après avoir été vaincue, elle se suicide donc avec courage pour éviter d'être exhibée en triomphe à Rome. La victoire acquise, les Romains peuvent désormais boire pour fêter les dieux de Rome et, pour cela, déboucher du bon vin italien, du Cécube, un des meilleurs crus de Campanie. Le vers d'Horace a eu une postérité inattendue en France, puis il a été choisi par une célèbre marque pneumatique comme slogan publicitaire au début du XX$^e$ siècle : le vers fut alors compris par les clients comme « et maintenant Bibendum existe » et le gros personnage constitué de pneus appelé familièrement Bibendum fut créé. De sorte qu'un bibendum est maintenant, chez nous, une personne un peu enveloppée, voire un bébé potelé...

*o tempora, o mores !*
Quelle époque ! Quelles mœurs !

*Hist.* Cette double exclamation de Cicéron (106-43 av. J.-C.) déplore la corruption des hommes politiques de son époque.

Il l'a d'abord employée dans un réquisitoire contre le sénateur Verrès (*Verrines*, II, IV, 56) qu'il attaque dans un procès de corruption retentissant. Ce Verrès, gouverneur de la province de Sicile, avait passé son temps à s'enrichir aux dépens des Siciliens et à piller des œuvres d'art. Cicéron utilise encore cette exclamation au début de la première *Catilinaire*, laquelle commence par son fameux « *Quousque tandem abutere, Catilina, patienta nostra ?* » (« Jusques à quand abuseras-tu de notre patience, Catilina ? »). Cette fois, Cicéron, alors consul (63 av. J.-C.), s'attaque à un membre de l'aristocratie romaine qui complote de prendre le pouvoir par la force : il parvient à l'en empêcher et le fait exécuter avec ses complices. Ces deux épisodes sont des exemples sans cesse repris de la crise de la République romaine, qui quinze ans plus tard s'écroule au profit de Jules César. On cite souvent la formule de Cicéron pour déplorer l'évolution des mœurs, de manière sincère ou ironique.

*oderint dum metuant*
Qu'ils me haïssent, pourvu qu'ils me craignent !

*Hist.* L'empereur Caligula (37-41) aimait à répéter ce vers d'un auteur de tragédies, selon Suétone (*Gaius*, 30). Le biographe présente le jeune empereur comme fou et sanguinaire. Il multiplie les anecdotes sur sa cruauté : ainsi Caligula aurait-il recommandé de frapper un condamné à petits coups « de telle façon qu'il se sente mourir ». Caligula se fit surtout craindre des sénateurs, qui en retour le détestaient, mais il fut, un temps, populaire auprès de la plèbe de Rome. Il fut assassiné après moins de quatre ans de règne. On emploie toujours cette citation pour caractériser l'attitude d'un tyran ou d'un dictateur, mais souvent, de manière plus anodine, pour celui qui fait régner l'ordre sans craindre d'être détesté.

**odyssée, une**
Voyage mouvementé, rempli d'aventures.

*Myth.* Le mot est celui du titre de l'œuvre d'Homère, l'*Odyssée*, qui raconte les voyages d'Ulysse (nommé *Odusseus* dans le texte). Ce héros grec connut dix années d'errance, riches en péripéties, avant de pouvoir regagner sa patrie, Ithaque, où l'attendait sa fidèle épouse Pénélope.

# I. LA CUISSE DE JUPITER

## ôte-toi de mon soleil...
Laisse-moi jouir de ce que la nature ou les dieux m'offrent...

> *Hist., litt.* Diogène, philosophe grec de l'école cynique*, était le contemporain du roi des Macédoniens, Alexandre le Grand. Selon Diogène Laërce, alors que Diogène jouissait tranquillement du soleil dans le Cranéion, un gymnase de Corinthe, le jeune et puissant roi Alexandre survint et lui dit : « Demande-moi ce que tu veux, tu l'obtiendras. » Diogène lui répondit : « Ôte-toi de mon soleil » (ou bien : « Cesse de me faire de l'ombre »), signifiant par là que le sage doit être insensible aux offres des puissants, dont il n'a aucun besoin, et jouir de ce que les dieux offrent à tous. Refuser l'offre du roi aurait pu lui valoir des ennuis, mais Alexandre admirait Diogène. Diogène Laërce prête au roi ces paroles : « S'il n'était pas Alexandre, il voudrait être Diogène. » Un syllogisme de Diogène exprime bien sa philosophie : « Tout appartient aux dieux ; or les sages sont des amis des dieux ; par ailleurs, les amis mettent leurs biens en commun ; donc, tout appartient aux sages. »

## *panem et circenses*
Du pain et des jeux.

> *Hist.* Cette frappante formule de Juvénal résume ce qu'il pense du peuple romain à l'époque impériale. En voici le développement complet : « Depuis qu'il n'y a plus de suffrages à vendre, [le peuple] se désintéresse de tout ; lui qui jadis attribuait le commandement, les faisceaux, les légions, enfin tout ; aujourd'hui il en rabat sérieusement et ne s'inquiète que de deux choses : du pain et des jeux » (*Satires*, X, 77-81). De fait, sous l'Empire, le peuple a perdu le droit de vote et d'élection des magistrats. Cependant l'empereur est tenu d'être populaire. Il a le devoir de nourrir la population de Rome : 200 000 citoyens bénéficient ainsi de distributions gratuites de blé. Il doit aussi les distraire par des spectacles scéniques (au théâtre) de gladiateurs (à l'amphithéâtre) et, surtout, des courses de chevaux (*circenses*) qui se tiennent au Grand Cirque capable de contenir 300 000 spectateurs. La célébrité de ce vers de Juvénal a exercé une grande influence sur la vision que l'on peut avoir des Romains sous l'Empire : les Romains seraient ainsi un ramassis d'oisifs vivant aux dépens de l'État et des provinces. La chose est à nuancer, puisque seule une partie de la

## 2. 300 proverbes et expressions hérités du latin et du grec

population bénéficiait des distributions publiques et que la plupart d'entre eux travaillaient. De nos jours, on emploie la formule pour dénoncer, par exemple, une politique démagogique ou le désintérêt des citoyens pour la politique : on pourrait la remplacer par « de la télé et du foot ! ».

**panique, une**
Une peur irraisonnée.

*Myth.* Pan est le dieu grec des bergers et des troupeaux, mais aussi des lieux sauvages et reculés, où paissaient précisément les troupeaux. Son nom signifie « tout » en grec. Les Grecs lui attribuent l'invention de la flûte faite de sept roseaux accolés, la syrinx, et croyaient en reconnaître le son dans les bruits mystérieux des solitudes sauvages qui provoquaient la peur. Il était figuré comme un personnage barbu, à la chevelure hirsute et aux pieds de bouc. Il était tellement laid que, à sa naissance, sa mère s'enfuit épouvantée, mais il fut recueilli par les dieux. Les Grecs lui attribuaient des interventions dans plusieurs batailles où le son de sa voix et de sa flûte avait créé une « panique » chez l'ennemi.

**paroles sibyllines, des**
Des paroles dont le sens reste obscur et énigmatique.

*Myth., hist.* Le nom de Sibylle était le nom d'une prophétesse d'Apollon ; puis il fut attribué à plusieurs prophétesses. Les paroles des Sibylles étaient considérées comme des « oracles », c'est-à-dire des réponses du dieu aux questions qu'on lui posait concernant l'avenir. Les Anciens avaient constitué des recueils de leurs prophéties, appelés « livres sibyllins », que l'on consultait lorsqu'il fallait prendre une décision importante. La plus connue de ces Sibylles est celle de Cumes, une cité fondée par les Grecs en Italie : les Romains en conservaient les oracles dans des livres, d'abord déposés dans le temple de Jupiter Capitolin, puis, sous l'Empire, dans celui d'Apollon du Palatin. L'oracle sibyllin était une réponse divine, mais le problème, pour les hommes, était d'en comprendre le sens : ils étaient souvent obscurs et il fallait les interpréter, ce qui pouvait être source d'erreur. Depuis, une parole ou une réponse sibylline est fait de

I. LA CUISSE DE JUPITER

manière à en rendre volontairement le sens obscur, pour ne pas dévoiler de manière claire la vérité.

**passer sous les fourches caudines**
Accepter des conditions humiliantes.

*Hist.* On ne retient souvent de l'histoire de Rome que les victoires et les conquêtes de cette République de soldats-citoyens. Pourtant les Romains connurent aussi des défaites, en particulier lors des longues et difficiles guerres qui les opposèrent au peuple belliqueux des Samnites. En 321 av. J.-C., une armée romaine commandée par les deux consuls fut enfermée dans des gorges étroites, appelées les Fourches caudines : les Samnites en avaient barré les deux extrémités à l'aide de rochers et de troncs d'arbres. Ils avaient alors le choix d'exterminer les Romains ou de les forcer à reconnaître leur défaite et à conclure une paix. Les Romains acceptèrent de se rendre pour avoir la vie sauve : ils durent sortir de leur camp, sans leurs armes, et passer sous un joug formé de lances, consuls et officiers compris. Bien plus que la défaite, c'est de se courber devant l'ennemi qui a paru honteux et humiliant aux Romains.

**philippique, une**
Un violent discours, souvent satirique, prononcé contre un adversaire politique.

*Hist.* Le nom de *Philippiques* fut donné aux discours du célèbre orateur athénien Démosthène contre le roi Philippe II de Macédoine (359-336 av. J.-C.) qui était en train de subjuguer la Grèce. L'orateur voulait avertir ses compatriotes du danger qu'il représentait et les inciter à prendre les armes pour défendre leur liberté, ainsi que celle des autres Grecs. Il finit par réussir, l'emportant sur le parti de la paix, et parvient même à unir Athènes et Thèbes, pourtant ennemies héréditaires, contre le roi. Mais la coalition des deux cités fut vaincue par la phalange macédonienne le 22 août 338, à Chéronée. Depuis lors, les cités grecques ne retrouveront jamais plus, de manière durable, leur indépendance. Ce titre de *Philippiques* fut repris pour les discours prononcés par Cicéron contre Marc Antoine. Ce dernier, après l'assassinat de César, semblait en passe de prendre le pouvoir à Rome et de faire sombrer la République. Dans l'un d'entre eux, Cicéron employa un ton d'une extrême violence, multipliant les invectives sur les mœurs d'Antoine. Quelques mois après, Cicéron en fut cruellement châtié, puisqu'il fut proscrit\*, c'est-à-dire mis à mort. Sur l'ordre d'Antoine, sa tête et ses mains, qui avaient écrit les *Philippiques*, furent coupées et exhibées sur le forum. L'historien Dion Cassius raconte même que Fulvie, épouse d'Antoine et veuve de Clodius, prit la tête sur ses genoux, lui cracha à la figure et perça sa langue d'une aiguille, car celle-ci avait prononcé de grands discours contre ses deux époux successifs. Le sens actuel de philippique, un discours violent, satirique voire injurieux, vient du ton employé par Cicéron.

**pomme de discorde, une**
Cause ou objet d'une dispute.

*Myth.* Éris (la Discorde en grec), furieuse de ne pas avoir été invitée aux noces entre la déesse Thétis et le héros Pelée, jeta au milieu des déesses une pomme d'or, où il était inscrit : « À la plus belle ». Évidemment les déesses se la disputèrent. Pour mettre fin à cette discorde, Zeus décida de faire du jeune Pâris l'arbitre entre trois déesses qui, chacune, lui promit un cadeau si elle était choisie : Aphrodite, l'amour de la plus belle femme du monde, Héra, un grand royaume et Athéna, la sagesse. Il choisit Aphrodite, ce qui lui attira bien des ennuis ainsi qu'à Troie, puisque la femme promise fut Hélène qu'il enleva à Ménélas et qui fut la cause de la guerre. De plus il s'était attiré la haine des deux autres déesses qui aidèrent les Grecs. De nos jours, une pomme de discorde est un objet de dispute entre des personnes qu'il divise.

**préférer être le premier dans un (ou son) village plutôt qu'être le second à Rome**
Vouloir avoir le premier rang, même dans un village, plutôt que le second dans la capitale.

*Hist.* Selon Plutarque, Jules César fit cette réponse à l'un de ses amis, lorsque, en route pour son gouvernement d'Espagne ultérieure, il traversait un village des Alpes à l'aspect misérable. Ce compagnon lui dit, en riant, qu'il avait peut-être ici aussi, dans ce village crotté, des rivalités pour accéder au premier rang, faisant allusion aux intrigues auxquelles César était mêlé à Rome. César rétorqua sur un ton sérieux qu'il « préférait être le premier ici, que le second à Rome ».

## I. LA CUISSE DE JUPITER

On fait souvent cette citation pour évoquer celui qui se contente d'avoir le pouvoir à une modeste échelle locale, plutôt que d'être au second rang à l'échelle nationale. Mais César, lui, ne se contenta pas d'un village et réussit à être le premier à Rome.

**prendre le Pirée pour un homme**
Faire une erreur grossière par prétention.

> *Litt.* Le Pirée était le port d'Athènes dans l'Antiquité. L'expression est tirée d'une fable de La Fontaine, *Le Singe et le Dauphin*. Il s'inspire d'un passage de Pline l'Ancien (*Histoire naturelle*, IX, 20-27), qui évoque l'amitié que semblent ressentir les dauphins pour l'homme, et surtout d'une fable attribuée à Ésope. Cette fable raconte qu'un jour un navire chavira, avec son équipage et un singe qui se trouvait avec eux. Un dauphin le prit pour un homme et le sauva en le portant sur son dos. Comme ils s'approchaient du Pirée, le dauphin lui demanda s'il était athénien et s'il connaissait bien le Pirée. Le singe répondit que oui, et qu'en outre il était un grand ami du Pirée, qu'il prit pour un homme. Le dauphin fut indigné de la supercherie, plongea dans l'eau et le singe se noya. La morale de la fable d'Ésope, reprise par La Fontaine, est qu'il ne faut pas faire croire aux autres ce que l'on ne sait pas, bref ne pas faire le « singe savant ». La Fontaine ajoute une note personnelle à cette fable inspirée des Anciens et y dénonce également ceux, trop nombreux, qui « prendraient Vaugirard pour Rome ».

**prométhéen**
Ce qui caractérise la foi en l'action de l'homme face aux forces qui lui sont supérieures : le destin, la nature, les dieux ou Dieu...

> *Myth.* L'adjectif vient de Prométhée (en grec : « le prévoyant »), un fils de Titans ou un Titan lui-même. Contrairement aux autres Titans, qui n'utilisaient que leur force titanesque, Prométhée y joignait l'intelligence et la ruse, ce qui lui permit d'être épargné par Zeus qui l'admit dans l'Olympe. Prométhée se fit le défenseur et le bienfaiteur des hommes : il leur fit don du feu, qu'il vola à Héphaïstos, et leur apprit tous les arts et les sciences, ce qui les tira de leur sauvagerie initiale. Alors que les hommes, dans leurs sacrifices, partageaient les victimes avec les dieux, qui en

prenaient la meilleure part, Prométhée leur montra le moyen de tromper Zeus par une ruse, afin qu'il choisisse la plus mauvaise part, c'est-à-dire les os et les entrailles. Zeus s'en aperçut et pour punir les hommes leur envoya Pandore. Prométhée irrita encore une fois Zeus, en ne lui révélant pas le secret qu'il connaissait sur la déesse Thétis que Zeus désirait épouser. Ce secret était un oracle selon lequel le fils qu'elle aurait serait plus puissant que son père. Excédé, Zeus décida de punir Prométhée par un supplice éternel. Il le fit enchaîner à un rocher et, chaque jour, un aigle venait lui dévorer le foie, et, comme Prométhée était un immortel, son foie se reconstituait la nuit. On qualifie aujourd'hui de prométhéennes toutes les œuvres humaines qui font faire un bond en avant à l'humanité et qui paraissent être un défi à la nature (ou à Dieu...).

**proscrit, un**
Un condamné à l'exil.

*Hist.* Ce mot vient du verbe latin *proscribere*, qui signifie publier par voie d'affiche. Deux épisodes sanglants de l'histoire de la République romaine lui ont donné un autre sens, moins anodin. En effet, le dictateur Sylla, en 82 av. J.-C., puis, à son imitation, les triumvirs Antoine, Octave et Lépide, en 43 av. J.-C., publièrent la liste des noms de leurs adversaires politiques qu'ils voulaient éliminer, après avoir pris le pouvoir par la force : ils les « proscrirent » donc. Les proscrits étaient condamnés à mort et leurs biens confisqués et il y eut à chaque fois des centaines de victimes. La plus connue en est l'orateur Cicéron en 43 av. J.-C., victime de la vengeance d'Antoine, contre lequel il avait prononcé ses *Philippiques**. Par la suite il y eut d'autres proscriptions, mais elles se traduisaient généralement par la seule confiscation des biens et l'exil, d'où le sens actuel.

**regagner ses pénates**
Revenir chez soi.

*Myth., hist.* Les Pénates (nom masculin) sont, chez les Romains, les divinités de la partie la plus retirée de l'intérieur de la maison, c'est-à-dire du cellier à provisions. Ils sont honorés dans le Laraire, à côté des Lares et du Génie du père de famille. En français, on peut non seulement

## I. LA CUISSE DE JUPITER

regagner ses pénates, mais aussi les transporter (déménager) et les fixer quelque part (emménager).

### remettre (ou renvoyer) aux calendes grecques
Remettre à une date impossible, c'est-à-dire à jamais.

*Hist.* L'expression a été inventée, selon Suétone, par l'empereur Auguste, pour qualifier les mauvais débiteurs qui promettent de rembourser leurs dettes aux calendes grecques. Elle contient en effet une contradiction : le mot calendes (*calendae*) désigne le premier jour de chaque mois dans le calendrier romain, mais il n'existe pas, sous ce nom, dans les calendriers grecs. Il n'y a donc pas de « calendes grecques ». On utilise souvent cette expression pour signifier remettre à une date indéterminée ou très lointaine. Mais en fait, reporter quelque chose aux calendes grecques signifie la reporter au jour où « les poules auront des dents »...

### rendre à César ce qui est à César
À chacun doit revenir ce qui lui appartient.

*Hist.* C'est la réponse de Jésus à un Pharisien qui lui demandait si les Juifs devaient payer l'impôt aux Romains et, donc, accepter la soumission à un pouvoir païen. Jésus lui demanda de lui montrer une pièce de monnaie, où l'on pouvait voir l'effigie de l'empereur et son nom, César, le nom officiel de l'empereur Tibère qui régnait alors : cette pièce lui appartenait donc. L'expression est employée pour justifier ce qu'exige un pouvoir, ou, plus exactement, faire la part de ce qui est du domaine des affaires terrestres et des affaires divines, car Jésus avait fini sa réponse par « et rendre à Dieu ce qui est à Dieu ».

### repas de Lucullus, un
Un repas raffiné et luxueux de gastronome.

*Hist.* Lucius Licinius Lucullus (118-56 av. J.-C.) était un homme politique romain et un grand général. Proconsul chargé de la guerre contre le roi Mithridate du Pont en 73, il remporta des grandes victoires en Asie Mineure, mais il fut déchu de son commandement au profit de Pompée en 66 av. J.-C. Il se retira alors de la vie publique pour mener une vie de plaisirs aussi bien pour le corps que pour l'esprit. Il appréciait les mets les plus rares et aimait régaler ses convives, tout en les surprenant. Plutarque nous raconte qu'il avait fixé pour chacune de ses somptueuses salles à manger un type de repas, avec la vaisselle appropriée de sorte qu'il lui suffisait de dire à ses esclaves qu'il dînerait dans telle salle à manger pour que ceux-ci préparent le festin. Celui de sa salle d'Apollon coûtait ainsi 200 000 sesterces, c'est-à-dire une fortune puisqu'un ouvrier gagnait alors environ 1 sesterce par jour. Un jour qu'il dînait seul, il fut surpris de la médiocrité de son repas. Son esclave n'avait fait aucun effort particulier puisqu'il n'y avait pas d'invité ce soir-là. Lucullus lui rétorqua : « Ne sais-tu donc pas que, ce soir, Lucullus dîne chez Lucullus ? » Selon Pline l'Ancien, Lucullus a introduit le cerisier en Italie, qu'il fit venir d'Asie Mineure.

**retirer sous sa tente, se**
Abandonner une cause sous l'effet du dépit ou de la colère.

*Hist.* Dans l'Antiquité, Achille était célèbre pour sa colère dont l'*Iliade* d'Homère était le sujet. Alors que le siège de Troie entrait dans sa dixième année, furieux d'avoir dû livrer au roi Agamemnon sa belle captive Briséis, Achille décida de ne plus combattre et de se retirer sous sa tente. Sans l'invincible Achille, les Achéens se virent infliger une série de défaites par les Troyens.

**retirer sur l'Aventin, se**
Faire une sécession pour obtenir gain de cause.

*Hist.* À Rome, au V$^e$ siècle av. J.-C., les plébéiens cherchaient vainement à obtenir des droits les protégeant de l'arbitraire des patriciens qui détenaient seuls le pouvoir. Ils décidèrent alors à plusieurs reprises de refuser de servir dans l'armée et de se retirer sur la colline de l'Aventin qui se trouvait hors des limites sacrées de Rome. C'est là qu'ils créèrent leurs propres institutions, parmi lesquelles le tribunat de la plèbe. L'expression s'utilise lorsque ceux qui exercent le pouvoir refusent de céder à une pression populaire : le peuple (ou ses chefs) menace alors de se retirer sur l'Aventin, c'est-à-dire de priver l'État de sa véritable force que sont les citoyens.

**revoir ses Lares**
Retrouver son foyer familial.

> *Myth.*, *hist.* Chez les Romains, des esprits, plus ou moins dangereux, appelés Lares, veillaient sur les carrefours ou sur les limites des propriétés rurales, alors que d'autres, les Lares de la famille (*Lares familiares*), veillaient sur l'ensemble de la maison et de la famille, esclaves compris. Ces derniers étaient honorés dans un petit sanctuaire domestique, le laraire (*lararium*). Revoir ses Lares était donc retrouver sa maison et sa famille.

**riche comme Crésus**
Être immensément riche.

> *Hist.* Crésus était un roi de Lydie du VI$^e$ siècle av. J.-C., un royaume au sud-ouest de l'Asie Mineure. Sa richesse était déjà proverbiale dans l'Antiquité : il impressionnait les Grecs par la splendeur de ses offrandes aux sanctuaires de Grèce et d'Asie. La source de sa richesse provenait, entre autres, de l'or contenu dans les sables du Pactole*, une rivière affluente du fleuve Hermos. Malgré ses ressources, il fut vaincu par le roi perse Cyrus qui s'empara de sa capitale et de son royaume.

**rocher de Sisyphe, le**
Un travail vain, toujours à recommencer.

> *Myth.* Sisyphe fut le premier roi mythique de Corinthe. Il se distinguait par son intelligence et sa ruse. Ayant découvert que Zeus avait séduit la nymphe Égine, fille du fleuve Aspasos, il dénonça l'affaire au père, pour obtenir en échange une source au sommet de la citadelle de Corinthe. Pour se venger, Zeus lui envoya Thanatos (la « mort » ; masculin en grec), mais Sisyphe parvint à l'enchaîner et à la mettre au fond d'une prison. Cela posait un problème aux dieux : en effet, les hommes cessaient de mourir et devenaient ainsi comme les dieux, « immortels ». Zeus envoya donc Arès délivrer Thanatos, qui, s'étant emparé de l'âme de Sisyphe, la mena de force aux Enfers. Mais Sisyphe avait ordonné à sa femme de laisser son corps sans sépulture, ce qui est une grave impiété pour les Grecs. Une fois aux Enfers, il fit mine d'être indigné ; il demanda à Hadès et Perséphone de le laisser revenir chez les vivants pour punir

sa femme. Ils lui en donnèrent la permission, et, bien entendu, Sisyphe, ainsi ressuscité, ne revint pas. Il vécut encore très longtemps, mais finit tout de même par mourir et retourner aux Enfers. Le malheureux allait y subir un châtiment éternel, pour avoir défié les dieux et la mort. Il fut condamné à pousser un énorme rocher au sommet d'une montagne, mais dès qu'il en approchait, le rocher retombait en bas de la pente, et il lui fallait recommencer.

**Rome ne s'est pas faite en un jour**
Il faut du temps pour les grandes choses.

*Litt.*, *hist.* Ce proverbe n'est pas antique, et Paris y remplace souvent Rome, mais il est un hommage à la fois à la ville de Rome, la plus grande du monde antique, et à l'immensité de son empire. Ayant été fondée par Romulus en 753 av. J.-C., selon la légende, il fallut en effet à Rome cinq siècles pour devenir une grande puissance et encore deux siècles pour se rendre maîtresse du monde méditerranéen.

**roue de la Fortune, la**
Le destin humain livré au hasard, bon ou mauvais.

*Myth.* Fortune (*Fortuna* en latin) était une déesse italique aux fonctions très diverses. Son nom vient du latin *fero* (porter) et *fors* (le hasard, le sort). C'est donc la déesse qui apporte les manifestations du sort à chacun, chance ou malchance. Elle était souvent représentée debout sur une roue et les yeux bandés : la roue pouvait tourner en un sens ou en un autre, symbolisant ainsi la versatilité du destin humain.

**satyre, un**
Un homme qui poursuit les femmes.

*Myth.* Les Satyres (*saturoi* en grec) sont des compagnons du dieu Dionysos. Ce sont des divinités libres et agrestes. Ils ont une forme humaine, mais ont aussi des traits qui leur viennent des animaux : des pieds cornus, une queue de cheval, des cornes qui les apparentent aux boucs. Ils se distinguent par le fait qu'ils laissent aller librement leurs désirs libidineux pour les femmes qu'ils poursuivent. C'est pourquoi on traite aujourd'hui de satyre un homme qui

# I. LA CUISSE DE JUPITER

poursuit de ses assiduités une femme de manière pressante et inopportune, ou même un violeur criminel.

### *si vis pacem, para bellum*
Si tu veux la paix, prépare la guerre.

> *Hist., litt.* Cette maxime est une adaptation faite au Moyen Âge d'une phrase de Végèce, auteur d'un *Traité de l'art militaire* au IV$^e$ siècle : « *Igitur qui desiderat pacem, praeparet bellum* » (introduction au livre III). Ce traité, le seul qui nous reste de l'Antiquité, eut beaucoup d'influence en Europe jusqu'au XVI$^e$ siècle, puis la perdit avec la généralisation des armements modernes. Végèce traite notamment de la nécessité de bien préparer et entraîner les soldats, et, pour les généraux, d'acquérir une science de la guerre : une nécessité pour maintenir la paix ou, si la guerre est déclarée, la gagner. La maxime est souvent employée pour justifier une politique de « dissuasion » militaire, et donc, parfois, une course aux armements.

### sorti tout armé de...
Conçu dès l'origine dans sa forme définitive.

> *Myth.* Avant Héra, Zeus avait eu d'abord pour épouse Métis, dont le nom signifie en grec ruse ou intelligence. Selon le poète Hésiode, Zeus aurait craint d'être privé de son pouvoir souverain sur les dieux et les hommes par un fils que Métis devait enfanter et qui lui succéderait. Zeus avala donc Métis, enceinte, s'appropriant ainsi ses qualités, tout en l'empêchant d'accoucher d'un éventuel successeur. Mais il eut un peu plus tard un mal de tête terrible. Il demanda à Héphaïstos de le délivrer en lui portant un coup de hache sur le front : une fois son front fendu, en sortit tout armée la déesse Athéna, déjà adulte et poussant son cri de guerre : en effet, Athéna, protectrice des cités et déesse de l'intelligence, est aussi une guerrière, toujours munie de son casque, sa lance et son bouclier. L'expression « sorti tout armé », souvent du cerveau ou de la cervelle de quelqu'un, signifie en français qu'une idée est conçue d'un coup et entièrement, sans qu'il y ait de modification à y apporter. Elle est aussi utilisée négativement pour exprimer au contraire qu'une idée ou un projet a été longuement mûri.

## 2. 300 proverbes et expressions hérités du latin et du grec

**sortir (ou être né) de la cuisse de Jupiter**
Être de haute naissance.

*Myth.* Parmi les pouvoirs divins de Jupiter (Zeus), il eut celui d'être père-porteur... Il advint qu'il eut une aventure, entre beaucoup d'autres (on a pu en compter cent quinze dans l'Antiquité...), avec une mortelle, Sémélé, fille de Cadmos, roi de Thèbes. Il la rendit enceinte du futur Dionysos. Héra, l'épouse de Zeus, l'apprit et, comme d'habitude, décida de se venger de sa rivale : déguisée en mortelle, elle persuada Sémélé d'exiger de Zeus de venir la retrouver dans toute sa majesté divine. Or Zeus est le dieu de la foudre : la pauvre Sémélé fut foudroyée et en mourut. Il décida de sauver l'enfant qu'elle portait et le mit dans sa cuisse, d'où il naquit à son terme : bien que fils d'une mortelle, il eut ainsi une naissance divine. Ce ne fut pas le seul enfant que Zeus porta puisque la déesse Athéna naquit de sa cervelle dont elle sortit tout armée*. Si cette curieuse manière de naître de la cuisse de Jupiter eut tant de succès, c'est parce que la cuisse du dieu avait abrité le fils d'une mortelle : ainsi tout homme pouvait imaginer avoir une seconde naissance, divine cette fois. En français, l'expression est souvent utilisée pour critiquer une attitude vaniteuse et considérée comme injustifiée : « Il se croit sorti de la cuisse de Jupiter celui-là ? Non, mais, il se prend pour qui ? » On l'utilise aussi négativement, par opposition avec quelqu'un qui est privilégié par la naissance : « Je ne suis pas sorti de la cuisse de Jupiter, moi. »

**souviens-toi que tu es un homme**
Ne pas se croire au-dessus de la condition humaine.

*Hist.* C'est l'avertissement que faisait un esclave à l'oreille d'un général romain qui célébrait un triomphe. Au cours de cette cérémonie, le général était pratiquement assimilé au dieu Jupiter. En effet, il portait un costume spécial, une toge parsemée d'étoiles d'or, tenait à la main le sceptre de Jupiter et son visage était barbouillé de rouge, comme les statues archaïques des dieux. Cependant, l'esclave qui tenait au-dessus de sa tête la couronne de laurier lui murmurait à l'oreille : « Retourne-toi ! Souviens-toi que tu es un homme. » Le fait ne nous est rapporté que par des sources tardives (Arrien) et par les chrétiens Tertullien et Jérôme qui avaient intérêt à montrer que même les empereurs, qui avaient alors le monopole du triomphe, n'étaient

I. LA CUISSE DE JUPITER

pas des dieux. On emploie parfois cette citation pour avertir quelqu'un qui est arrivé au sommet du pouvoir ou de la gloire de se souvenir qu'il n'est qu'un homme comme les autres. Autrement dit de ne pas « avoir la grosse tête » ou « les chevilles qui enflent » quels que soient ses succès.

**supplice de Tantale, un**
L'impossibilité de consommer ce que l'on désire alors que c'est à portée de main.

*Myth.* Tantale, roi de Lydie, fils de Zeus et d'une Titane, mécontenta les dieux par un crime, différent selon les diverses versions du mythe. Selon l'une, il leur servit à manger son propre fils Pélops, pour voir s'ils étaient capables de deviner quelle viande ils mangeaient. Selon une autre, il vola l'ambroisie et le nectar, la nourriture réservée aux dieux, afin de la donner à ses amis ou aux hommes. Enfin, il passe pour avoir divulgué des secrets des dieux aux hommes. À titre de punition, il fut envoyé aux Enfers. Il fut placé au bord d'un lac et au milieu d'un verger merveilleux de poiriers, de grenadiers, de figuiers et d'autres arbres encore. Et pourtant, il ne pouvait ni boire ni manger... En effet, l'eau s'enfonçait sous terre quand il s'approchait du lac et les branches des arbres se soulevaient dès qu'il en approchait la main. Une autre version raconte qu'on avait déposé devant Tantale un somptueux repas, mais qu'il n'osait pas approcher, étant sous la menace d'un énorme rocher placé au-dessus de lui.

**sybarite, un**
Quelqu'un qui vit dans le luxe et les plaisirs raffinés.

*Hist.* Les Sybarites sont les habitants de Sybaris, une cité grecque fondée au VIII$^e$ siècle av. J.-C. dans le sud de l'Italie. Ils avaient la réputation de vivre dans un luxe et un raffinement incroyables, déjà légendaires dans l'Antiquité, et de multiples anecdotes couraient sur eux. Ainsi, selon Athénée (*Le Banquet des sophistes*, XII, 15 et suiv.), ils portaient de coûteux vêtements teints de pourpre ou au safran et n'appréciaient que les mets les plus raffinés et les bons vins – les leurs étaient d'ailleurs très réputés. Ils affectionnaient les animaux familiers, petits chiens de Malte et singes importés d'Afrique, qu'ils promenaient partout avec eux ; ils avaient même dressé leurs chevaux à danser au son de

## 2. 300 proverbes et expressions hérités du latin et du grec

la flûte au cours de leurs banquets. Ils étaient surtout partisans du moindre effort : ils parcouraient en trois jours la distance qu'un homme faisait normalement en une journée. Un jour un Sybarite raconta qu'il avait eu une hernie rien qu'en voyant un paysan creuser la terre ; et son interlocuteur de s'exclamer : « rien que de t'écouter, j'en ai mal »... Ancêtres des écologistes antibruit, ils avaient interdit dans leur ville les activités artisanales trop bruyantes, et même les coqs, pour pouvoir dormir tranquillement. Hélas, cette délicieuse et délicate vie de Sybarite eut une fin tragique. En 511 av. J.-C., la cité voisine de Crotone leur fit la guerre et Sybaris fut détruite. Mais les Anciens se souvinrent de cette cité opulente et en rajoutèrent beaucoup sur leurs mœurs.

### talon d'Achille, le
Le point faible d'une personne.

*Myth.* Achille est un héros grec de la guerre de Troie, qui a inspiré de nombreux poètes depuis Homère. Il est le fruit de l'union d'un mortel, le roi Pelée, et d'une déesse de la mer, Thétis. Sa mère l'avait rendu invulnérable aux blessures mortelles en le plongeant dans le Styx (le fleuve des Enfers), ou, selon une autre légende, en l'enduisant d'ambroisie, mais elle négligea le talon par lequel elle tenait l'enfant. C'est au talon qu'il fut frappé par une flèche lancée par Pâris, le fils du roi de Troie Priam : Achille en mourut.

### *timeo Danaos et dona ferentes*
Je crains les Danaens, même lorsqu'ils apportent des présents.

*Myth.* Ce vers de Virgile (*Énéide*, II, 49) sont les paroles prononcées par Laocoon, un prince troyen et prêtre d'Apollon, lorsqu'il voulut dissuader les Troyens de faire entrer le cheval de Troie* dans leurs murs, craignant un piège des Danaens (nom poétique des Grecs), à juste titre comme l'on sait. Le pauvre Laocoon « prêcha dans le désert » et fut immédiatement puni par le dieu Apollon qui le fit étouffer, avec ses fils, par deux serpents. La citation de Virgile signifie maintenant qu'il faut toujours se méfier du cadeau d'un ennemi : ça cache forcément quelque chose.

I. LA CUISSE DE JUPITER

**titanesque**
Démesuré, colossal, gigantesque.

> *Myth.* Enfants d'Ouranos (le Ciel) et de Gaia (la Terre), les Titans forment la génération des dieux qui précède celle des Olympiens. L'un d'entre eux, Cronos, avait la fâcheuse habitude de dévorer ses enfants. Zeus, fils de Cronos, ne dut la vie sauve que grâce à sa mère Rhéa qui fit avaler une pierre au Titan au lieu de l'enfant. Zeus parvint plus tard à lui faire vomir ses frères et sœurs, les Olympiens. Il les mena ensuite au combat contre les Titans qu'ils vainquirent. Zeus enferma les Titans, qui sont des immortels, au fond du Tartare, aux Enfers. La victoire de Zeus symbolise celle de la ruse (*métis*) sur la force brutale. Ce combat mythique, la Titanomachie, avait duré dix ans et secoué la terre jusque dans ses tréfonds, d'où l'adjectif titanesque pour qualifier un combat entre des forces gigantesques ou une force qui dépasse le commun.

**toile de Pénélope, une**
Un ouvrage auquel on travaille sans relâche mais sans jamais le terminer.

> *Myth.* Homère raconte dans l'*Odyssée* (II, 93 et suiv., XIX, 139 et suiv.) la ruse par laquelle Pénélope, l'épouse d'Ulysse, fit patienter les prétendants qui voulaient la presser de choisir un nouveau mari, la longue absence d'Ulysse pouvant laisser croire qu'il était mort. En effet, après les dix ans passés à la guerre de Troie, il avait encore erré pendant dix années. Mais Pénélope ne voulait pas croire à sa mort. Elle prétendit donc qu'elle ne pouvait pas se marier avant d'avoir tissé un linceul prévu pour Laërte, le père d'Ulysse. Elle fit donc installer un métier à tisser dans sa chambre : elle tissait le jour, mais la nuit tombée défaisait son ouvrage, afin de ne jamais l'achever. Le subterfuge fit merveille pendant trois ans... Mais la quatrième année, Pénélope fut dénoncée par une de ses servantes et dut terminer son travail. Heureusement pour elle, son mari Ulysse était arrivé secrètement à Ithaque : il tua les prétendants et se fit reconnaître de Pénélope, devenue depuis le modèle de la fidélité conjugale.

2. 300 proverbes et expressions hérités du latin et du grec

**tonneau des Danaïdes, un**
Une tâche interminable.

> *Myth.* Les Danaïdes sont les cinquante filles du roi mythique Danaos, frère du roi Aegyptos, lui-même père de cinquante fils. Les deux frères se disputèrent le royaume d'Égypte. Danaos dut se réfugier à Argos, où les fils d'Aegyptos poursuivirent leurs cousines pour les épouser contre leur gré. Danaos leur céda en apparence, mais ordonna à ses filles de tuer leurs époux lors de leur nuit de noces : toutes obéirent, sauf une seule. Après leur mort, les quarante-neuf Danaïdes furent condamnées aux Enfers à remplir d'eau un tonneau percé, c'est-à-dire à un labeur aussi vain qu'interminable.

**toucher le pactole**
Gagner ou obtenir une énorme fortune.

> *Myth.* Le Pactole est une rivière de l'Ouest de l'Asie Mineure connue pour ses sables aurifères et elle fit la richesse du fameux roi de Lydie, Crésus*. On racontait dans l'Antiquité que cet or venait du roi légendaire Midas. Celui-ci avait donné l'hospitalité à Silène qui s'était égaré. En récompense, Silène lui promit de réaliser un vœu : le roi souhaita transformer tout ce qu'il touchait en or. Ce qui fut bien le cas, mais vraiment de tout ce qu'il touchait, y compris la nourriture... Menacé de mourir de faim, il obtint d'être relevé de son vœu. Pour cela, il dut se laver dans le Pactole qui, depuis, charrie de l'or. Le pauvre Midas eut encore d'autres ennuis : ayant eu à juger un concours musical entre Apollon et Pan, il eut la malheureuse idée de prendre parti contre Apollon, pourtant le dieu de la musique. Le dieu, pour le punir, lui infligea des oreilles d'âne qu'il dut cacher sous un turban.

**tous les chemins mènent à Rome**
On peut arriver au même but par des chemins différents.

> *Hist.* Cette locution proverbiale date du Moyen Âge chrétien et fait référence aux nombreux chemins de pèlerinage se dirigeant vers Rome, où se trouvent les tombeaux des apôtres Pierre et Paul. Toutefois, elle convient aussi très bien au formidable réseau de routes romaines de l'Antiquité, qui étaient censées toutes partir de Rome. Une borne, dite le « milliaire d'or » (l'unité de distance romaine étant le mille),

fut élevée par Auguste en 20 av. J.-C. pour indiquer les principales distances entre Rome et les différentes villes de l'Empire. Cette borne se trouvait sur le *forum* romain, le centre de Rome, et Rome était alors le centre du monde.

**trancher un nœud gordien**
Résoudre de manière radicale un problème apparemment insoluble.

*Hist.* Le roi des Macédoniens, Alexandre le Grand, partit à l'assaut de l'immense Empire perse. Après une première victoire au Granique (334 av. J.-C.), il arriva à Gordion, une ville de Phrygie en Asie Mineure, qui avait été la capitale du roi légendaire Gordios et de son fils Midas. Gordios avait obtenu la royauté par une sorte de hasard miraculeux. En effet, un oracle venait d'annoncer qu'un char amènerait un roi pour mettre fin aux guerres civiles, quand Gordios, alors un simple paysan, arriva avec son char à bœuf et sa petite famille. Il fut aussitôt choisi comme roi par les Phrygiens et son char déposé dans l'acropole. Or le timon du char était attaché au joug par un nœud en bois de cornouiller : un autre oracle avait prédit que celui qui pourrait défaire le nœud régnerait sur toute l'Asie, mais il était tellement solide et inextricable que personne n'y était parvenu. Quand Alexandre arriva, il examina le nœud et, au lieu de chercher à le dénouer, le trancha d'un coup d'épée : il considéra ainsi que l'oracle s'appliquait à lui. Cette manière expéditive et décidée de résoudre un problème est restée célèbre. Elle n'étonnera pas ceux qui ne sont pas des marins habiles à faire ou défaire les nœuds et préfèrent donc utiliser les ciseaux.

**travail d'Hercule, un**
Une tâche presque démesurée réclamant une force surhumaine.

*Myth.* Bien qu'en français on ait retenu la forme latinisée d'« Hercule », au lieu du grec Héraclès, les mythes et légendes le concernant sont presque toutes d'origine grecque. Héraclès est un héros, fils de Zeus et d'une mortelle, Alcmène. Il se caractérise d'abord par sa force, herculéenne bien sûr. Tout bébé déjà, il avait pu étrangler de ses petites menottes deux serpents envoyés par Héra, l'épouse jalouse de Zeus. Il manifesta sa force, mais aussi son endurance, son courage et, parfois, sa ruse au cours des fameux douze travaux qui lui avaient été imposés par le roi Eurysthée de Tirynthe. Hercule devait en effet expier le meurtre, sous l'effet d'un coup de folie, de sa propre épouse Mégara. Ces travaux étaient tous d'une très grande difficulté. Il lui fallut tuer ou capturer des monstres ou des animaux fabuleux : le lion de Némée, l'hydre de Lerne, le sanglier d'Érymanthe, la biche de Cérynie, les oiseaux du lac Stymphale, le taureau de Crète, les chevaux de Diomède. Il dut aussi nettoyer les écuries du roi Augias* et accomplir des exploits aux confins du monde : ramener la ceinture de la reine des Amazones, les troupeaux de Géryon aux confins de l'Occident, les pommes du jardin des Hespérides et même aller chercher Cerbère aux Enfers. Mais en plus de tout cela, Hercule accomplit également un grand nombre d'autres travaux (aplanir des montagnes, ouvrir des chemins, assainir des marais…) qui en firent un bienfaiteur de l'humanité. Il mérita ainsi de devenir dieu. Un travail d'Hercule est toujours un exploit, réclamant de la force, ou du moins de la persévérance.

### *tu quoque, fili ?*
Toi aussi, mon fils ?

*Hist.* C'est la version latine des seuls mots qu'aurait prononcés Jules César, en grec, au moment de mourir assassiné aux ides de mars 44 av. J.-C. Selon Suétone (*Le Divin Julius*, 82), César murmura : « *kai su, teknon* » (« toi aussi, mon enfant ? »), lorsqu'il reconnut Marcus Junius Brutus parmi les conjurés qui le lardaient de coups de poignard. Ce Brutus, un jeune noble romain, avait combattu César dans la guerre civile puis s'était finalement rallié à lui. César en avait une haute opinion et le fit nommer préteur en 44 av. J.-C. Mais Brutus, dont la famille descendait du légendaire Brutus qui avait chassé le roi de Rome en 509 av. J.-C., se rendit compte que César voulait garder tout le pouvoir et aspirait, sans doute, à la royauté. Il décida alors d'éliminer César afin, espérait-il, de rétablir la République et fut l'un des chefs de la conjuration. Or, Brutus était également le fils de Servilia, une noble dame romaine qui fut la maîtresse de César, et il se disait à Rome que César en était le père. C'est sans doute faux : l'affection que portait César à Brutus suffit à expliquer le mot « enfant » qu'il employa. Du reste Suétone ne fait que rapporter un fait dont il n'est lui-même pas sûr. Quoi qu'il en soit, le caractère dramatique de l'assassinat assimilé à un parricide fit le succès de ces trois mots. Shakespeare en tira parti dans son *Jules César* (III, I, 77) où il les traduisit par « *Et tu, Brute* » (même toi, Brutus). On utilise la citation, certes, dans des circonstances en général moins dramatiques, quand on veut manifester sa déception de voir l'un de ses proches se joindre à ses ennemis.

**tunique de Nessus, une**
Un cadeau empoisonné.

*Myth.* Les histoires d'amour finissent souvent mal, comme cela est arrivé au héros Hercule, selon les différents mythes concernant sa mort, dont les versions des *Trachiniennes* de Sophocle et des *Métamorphoses* d'Ovide sont les plus connues. Selon Ovide, lorsque le centaure Nessus voulut violer Déjanire, l'épouse d'Hercule, ce dernier le tua d'une flèche empoisonnée par le sang de l'hydre de Lerne qui se transmit ainsi au sang du centaure. Le centaure, avant de mourir, eut le temps d'offrir à la naïve Déjanire une tunique souillée de son propre sang qui, promettait-il, avait le pouvoir de ramener le cœur d'un époux volage. Quelques années plus tard, elle crut, à tort, qu'Hercule la trompait et, pour le ramener à elle, lui envoya en cadeau cette tunique qu'il revêtit. Par l'effet du poison qui l'imprégnait, elle le fit aussitôt souffrir atrocement en lui brûlant la peau, puis la chair et les os, sans qu'il puisse l'arracher. Pour échapper à ces douleurs, il préféra mourir et se fit brûler sur un bûcher funéraire. Cette mort injuste, ainsi que ses mérites, lui valurent d'être accepté par Jupiter dans l'Olympe et de devenir ainsi un immortel. La triste histoire de Déjanire et d'Hercule explique que l'on utilise aussi l'expression « revêtir sa tunique de Nessus » pour dire que l'on souffre mille morts causées, involontairement, par celui ou celle que l'on aime.

***urbi et orbi***
À la Ville et au Monde.

*Hist.* Quand le pape, notamment à Pâques et à Noël, fait sa bénédiction solennelle, il s'adresse d'abord à Rome (la Ville) dont il est l'évêque, et au Monde, en tant que chef de l'Église catholique, d'où le terme de « bénédiction *urbi et*

## 2. 300 proverbes et expressions hérités du latin et du grec

*orbi* ». Cette formulation est un héritage direct de l'Antiquité romaine. Vers le temps d'Auguste, les Romains prirent conscience, ou plutôt se plurent à croire que la domination de Rome qu'ils désignaient eux-mêmes comme étant « la » Ville par excellence (*Urbis*) se confondait avec le Monde entier (*Orbis*, sous-entendu *terrarum* = le Monde entier). Le rapprochement entre les deux mots fut facilité par leur consonance. Ce n'est pas le seul emprunt que fit le pape à la Rome païenne, puisqu'il reprit à son profit le titre de « grand pontife » (*pontifex maximus*). Ce titre, porté par tous les empereurs, était celui du chef du principal collège de prêtres de Rome, celui des pontifes, ce qui en faisait le chef de la religion publique de Rome. D'une certaine manière, le pape est le successeur de l'empereur à Rome.

### *vae victis* !
Malheur aux vaincus !

*Hist.* Sous la République, la ville de Rome ne fut prise qu'une seule fois par un ennemi extérieur : les Gaulois, en 390 av. J.-C. Ceux-ci venaient d'écraser l'armée romaine peu de temps auparavant. À cette humiliation de la défaite, s'en ajouta une autre : les Gaulois exigèrent un tribut de mille livres d'or pour se retirer de la ville. Au moment de les peser, selon Tite-Live qui nous raconte l'épisode (*Histoire de Rome*, V, 48, 8), le magistrat romain chargé du versement voulut refuser le poids fourni par les Gaulois, en les accusant de tromperie... Alors, le chef gaulois Brennus jeta dans la balance son épée pour y ajouter encore du poids en s'exclamant « *Vae victis* ! ». Le droit du plus fort l'emporte toujours... Les Romains l'appliqueront d'ailleurs sans vergogne par la suite.

### vandale, un
Une personne qui détruit volontairement de belles choses.

*Hist.* L'adjectif vient du nom du peuple des Vandales qui, après avoir envahi l'Empire romain en 407, créèrent un puissant royaume en Afrique du Nord. Leur mauvaise réputation vient du pillage mémorable qu'ils firent à Rome en juin 455, sous la conduite de leur roi Genséric. Ce roi était venu à Rome pour punir l'assassinat de l'empereur Valentinien III, alors son allié. Le pape Léon III fit promettre à Genséric de ne mettre personne à mort, mais le roi autorisa

I. LA CUISSE DE JUPITER

ses soldats à piller la ville pendant quinze jours, récoltant ainsi un énorme butin. Contrairement au sens actuel de vandale et de vandalisme, ils ne détruisirent rien par hostilité contre l'art, mais il est vrai qu'ils ne respectaient rien : Procope de Césarée (*Histoire des guerres*, III, 5, 1-6) raconte ainsi qu'ils détachèrent la moitié du toit du temple de Jupiter Capitolin, dont les tuiles étaient faites de bronze doré à la feuille d'or... Ils avaient ainsi détruit l'un des monuments les plus prestigieux de Rome.

**vénérien**
Qui a un rapport avec l'amour physique ou les organes génitaux.

*Myth.* L'adjectif signifie ce qui a trait à Vénus, la déesse de l'amour et de la beauté, mais il s'applique surtout aux maladies dites « vénériennes », qui sont, parfois, les fâcheuses conséquences de l'amour. Vénus est ainsi moins bien lotie dans notre langage courant que son homologue grecque Aphrodite, qui, elle, a laissé son nom aux excitants des plaisirs, les aphrodisiaques*.

*veni, vidi, vici*
Je suis venu, j'ai vu, j'ai vaincu.

*Hist.* Par cette formule d'une grande concision, Jules César résuma dans un message sa victoire de Zéla, remportée le 2 août 47 av. J.-C. sur le roi du Pont Pharnace. Alors que les deux armées étaient face à face, Pharnace décida d'attaquer les Romains en train de bâtir leur camp : malgré l'effet de surprise et la supériorité en nombre de ses troupes, il fut vaincu à plates coutures, dut s'enfuir, et la guerre fut terminée. Les trois mots de César firent sa gloire autant que sa victoire et ils furent inscrits, selon Plutarque, sur une pancarte lors de la célébration de ses triomphes en 46. On emploie encore cette citation pour évoquer une situation difficile réglée en deux temps trois mouvements.

**vénus, une**
Une femme d'une grande beauté.
*Myth., hist.* Vénus est la déesse romaine de la grâce qui charme invinciblement. On rapproche son nom de *venenum* qui signifie à la fois charme magique et... poison ! Vénus fut ensuite assimilée à l'Aphrodite des Grecs, déesse

de la fécondité et de l'amour. Toutes deux avaient en commun de se distinguer par leur beauté qui subjugue ceux qui la voient, même s'il était fort dangereux pour un mortel de regarder une déesse : ainsi le devin Tirésias, ayant vu Aphrodite en train de se baigner, en fut aveuglé. Heureusement, il était nettement moins dangereux de contempler leurs images peintes ou sculptées par les artistes. Dans notre imaginaire, la beauté de Vénus est davantage celle de ces œuvres humaines que celle de la déesse, que l'on qualifie parfois de « callipyge », c'est-à-dire au beau postérieur...

**victoire à la Pyrrhus, une**
Une victoire remportée à un coût trop lourd.

*Hist.* Pyrrhus (319-272 av. J.-C.), nom latinisé de Pyrrhos, était un roi d'Épire et un cousin d'Alexandre. Il fut appelé au secours par la cité grecque de Tarente, située en Italie et menacée par les Romains. Débarqué en Italie, il remporta plusieurs victoires sur les Romains, mais avec de si lourdes pertes, qu'elles ne furent pas décisives. Ainsi, il passa pour avoir été vainqueur à la bataille d'Asculum qui dura deux jours en 279 av. J.-C., puisque les Romains prirent la fuite quand il lança ses éléphants de guerre. Mais les pertes, dont le nombre varie selon les sources, furent considérables de chaque côté : peut-être 6 500 du côté des Romains et 3 500 du côté de Pyrrhus. Selon Plutarque (*Vie de Pyrrhos*, 21, 14), voyant l'étendue de ses pertes le roi aurait alors répondu à l'un de ses proches qui le félicitait de la victoire : « Si nous remportons encore une [telle] victoire sur les Romains, nous serons complètement perdus. » Ce mot célèbre est sans doute à l'origine de l'expression, qui signifie qu'une victoire remportée avec de trop lourdes pertes n'est pas loin d'être une défaite.

**vivre à la spartiate**
Vivre dans l'inconfort, d'une manière austère (comme un Spartiate).

*Hist.* Le prestige de Sparte fut considérable dans l'Antiquité dès le VII$^e$ siècle et s'accrut encore après leur victoire sur Athènes à la suite de la longue guerre du Péloponnèse (431-404 av. J.-C.). On attribuait leurs succès militaires notamment à leur système d'éducation et à l'austérité de leurs mœurs. À partir de 7 ans révolus, les enfants étaient enlevés à leur famille et éduqués sous le contrôle de l'État, pour faire d'eux des guerriers d'élite. Dressés à l'endurance et à l'obéissance, ils avaient la tête rasée, étaient mal vêtus, marchaient pieds nus et couchaient sur de simples paillasses. Mal nourris, ils devaient voler leur nourriture pour vivre et, s'ils étaient pris en flagrant délit, ils subissaient des punitions corporelles très dures, sans mot dire bien sûr. Cette dureté se relâchait tout de même un peu pour les jeunes gens puis les adultes qui devaient être en bonne forme physique pour faire les exercices militaires. Quoi qu'il en soit, les mœurs spartiates étaient devenues légendaires, à l'extrême opposé des non moins légendaires mœurs des Sybarites*. On raconte d'ailleurs qu'un Sybarite, venu à Sparte, fut invité à l'un de leurs repas pris en commun. Déjà surpris de devoir manger sur un banc de bois, il fut épouvanté par la nourriture au point de dire : « J'étais jusque-là admiratif de la réputation de courage des Spartiates ; mais maintenant que je les ai vus, je dois dire qu'ils n'ont rien d'extraordinaire. Car même le plus lâche des hommes préférerait se tuer, plutôt que supporter ce genre de vie ! » (d'après Athénée, *Le Banquet*, XII, 15). Il voulait dire qu'un homme courageux devrait préférer la mort à une nourriture aussi infecte. Qu'avaient-ils donc servi ? Leur fameux brouet noir, obligatoire au menu de ces repas pris en commun. En voici la recette : viande et sang de porc accommodés au sel et au vinaigre. De nos jours, vivre à la spartiate, c'est vivre dans un confort rudimentaire, occasionnel ou non.

### voix de stentor, une
Une voix forte et retentissante.

*Myth.* Stentor est l'un des guerriers grecs de la guerre de Troie. Homère (*Iliade*) nous dit qu'il avait « une voix de bronze, aussi forte que celle de cinquante hommes réunis », ce qui poussa Héra à prendre son apparence et sa voix pour s'adresser aux Grecs. Une légende raconte qu'il osa défier par vanité Hermès, le héraut des dieux, et qu'il succomba dans cette lutte vocale.

### vouer aux gémonies
Condamner quelqu'un ; le maudire.

*Hist.* Les Gémonies (nom féminin pluriel) sont à Rome les « escaliers des gémissements » (*gemoniae scalae*). Ces escaliers montaient du *forum* vers le sommet de la citadelle du Capitole et longeaient la prison publique. Les cadavres de certains condamnés à mort y étaient exposés, en particulier lors des guerres civiles, avant d'être jetés dans le Tibre. Il s'agissait ainsi de priver les condamnés de sépulture et de les expulser totalement de la cité, comme des maudits, ce qui était considéré par les Romains comme plus grave que la mort elle-même. Aujourd'hui, en français, l'expression a perdu un peu de sa force et ne signifie souvent qu'« accabler quelqu'un de reproches » et ne va plus jusqu'au vœu de voir son cadavre exposé…

# 3
# Quelques mots transposés du latin

*a contrario* : *Lat.* Au contraire. *Fr.* loc. adv. Raisonnement *a contrario* : qui, à partir d'une hypothèse, aboutit à une solution opposée.

*a fortiori* : *Lat.* À plus forte raison. *Fr.* loc. adv. Raisonnement *a fortiori* : qui part du moins évident vers le plus évident.

*a posteriori* : *Lat.* En partant de ce qui vient après. *Fr.* loc. adv. En partant des données de l'expérience.

*a priori* : *Lat.* En partant de ce qui vient avant. *Fr.* loc. adv. En partant de données antérieures à l'expérience.

*a silentio* : *Lat.* Par le silence. *Fr.* loc. adv. Argument tiré de l'omission d'un fait par l'interlocuteur.

*ad hoc* : *Lat.* À cet effet. *Fr.* loc. adj. Expert dans le domaine. Ou : spécialement réservé à cet usage.

*ad hominem* : *Lat.* Contre l'homme. *Fr.* loc. adj. Argument *ad hominem* : qui attaque la personne à laquelle on s'adresse au lieu d'attaquer ses idées.

*ad libitum* : *Lat.* Selon son plaisir. *Fr.* loc. adv. Au choix.

*ad patres* : *Lat.* Vers les ancêtres. *Fr.* loc. adv. Aller *ad patres* : mourir ; envoyer *ad patres* : tuer.

*ad vitam aeternam* : *Lat.* Pour la vie éternelle. *Fr.* loc. adv. Pour toujours.

*addenda* : *Lat.* Choses qui doivent être ajoutées. *Fr.* n. m. Ajouts ou notes à la fin d'un ouvrage.

*agenda* : *Lat.* Choses qui doivent être faites. *Fr.* n. m. Carnet sur lequel on note ce que l'on a à faire jour par jour.

**album** : *Lat.* Tableau blanchi au plâtre où étaient exposés des avis officiels. *Fr.* n. m. Cahier destiné à recevoir des dessins, des photos. Ou : recueil imprimé d'illustrations.

**aléa** : *Lat.* Jeu de dés, hasard. *Fr.* n. m. Hasard. Ou : risque indéterminé.

## 3. Quelques mots transposés du latin

***alias*** : *Lat.* À un autre moment, autrement. *Fr.* adv. Autrement appelé (de tel autre nom), ou : ailleurs.

**alibi** : *Lat.* Ailleurs. *Fr.* n. m. Moyen de défense tiré du fait qu'on se trouvait, au moment d'une infraction, dans un autre lieu. Ou : circonstance permettant de se disculper.

***Alma Mater*** : *Lat.* La mère nourricière. *Fr.* Expr. lat. Désigne la nature, la patrie, l'université, ou tout bienfaiteur.

***alter ego*** : *Lat.* Un autre moi-même. *Fr.* n. m. inv. Personne de confiance que l'on charge d'agir en son nom.

**animal** : *Lat.* Être vivant. *Fr.* n. m. Être vivant organisé.

**aquarium** : *Lat.* Réservoir d'eau, abreuvoir. *Fr.* n. m. Récipient à parois vitrées pour y abriter des poissons.

***auditorium*** : *Lat.* Lieu de rassemblement pour écouter des poètes. *Fr.* n. m. Salle aménagée pour l'audition de conférences ou de concerts.

**aura** : *Lat.* Souffle léger, brise. *Fr.* n. f. Principe subtil d'une substance. Ou : atmosphère qui semble entourer un être.

**bis** : *Lat.* Deux fois. *Fr.* adv. / n. m. Une seconde fois ; encore une fois.

**bonus** : *Lat.* Bon. *Fr.* n. m. inv. Gratification accordée par une entreprise à un employé. Ou : système d'assurance automobile, où la prime est fonction des sinistres.

**campus** : *Lat.* Plaine, vaste espace. *Fr.* n. m. inv. Ensemble universitaire édifié au milieu d'espaces verts.

**cancer** : *Lat.* Crabe, écrevisse, constellation du Cancer. *Fr.* n. m. Constellation en forme de crabe. Signe du zodiaque. Tumeur maligne due à la multiplication anarchique des cellules. Ce qui ronge, détruit.

***casus belli*** : *Lat.* Cas de guerre. *Fr.* n. m. inv. Acte de nature à motiver une déclaration de guerre.

**colombarium** : *Lat.* Colombier. *Fr.* n. m. Bâtiment qui contient des urnes funéraires.

**consensus** : *Lat.* Accord. *Fr.* n. m. inv. Accord de plusieurs personnes dans un certain domaine.

**consortium** : *Lat.* Participation, communauté. *Fr.* n. m. Groupement d'entreprises en vue d'une opération économique.

**constat** : *Lat.* Il est certain. *Fr.* n. m. Procès-verbal dressé sur ordre de justice pour constater un fait.

**consul** : *Lat.* Magistrat supérieur romain. *Fr.* n. m. Agent diplomatique dans un pays étranger.

***continuum*** : *Lat.* continu, joint. *Fr.* n. m. Espace qui n'est pas interrompu.

**corpus** : *Lat.* Corps (humain) ; ensemble. *Fr.* n. m. inv. Recueil réunissant la totalité des documents concernant un domaine.

**credo** : *Lat.* Je crois. *Fr.* n. m. inv. Profession de foi chrétienne. Principe sur lequel on fonde son opinion ou sa conduite.

**cumulus** : *Lat.* Amas, tas. *Fr.* n. m. inv. Gros nuage arrondi de couleur blanche. Réservoir d'eau chaude.

***curriculum vitae*** : *Lat.* Déroulement, cours de la vie. *Fr.* n. m. inv. Ensemble d'indications concernant l'état civil, les diplômes et l'expérience professionnelle d'une personne.

**cursus** : *Lat.* Cours, course. *Fr.* n. m. inv. Le cours des études ou d'une carrière dans une matière.

***de facto*** : *Lat.* De fait, dans les faits. *Fr.* loc. adv. De fait (par opposition à *De jure*).

***de visu*** : *Lat.* De vue. *Fr.* loc. adv. Après l'avoir vu.

***desiderata*** : *Lat.* Choses désirées. *Fr.* n. m. Souhaits, revendications.

***distinguo*** : *Lat.* Je distingue. *Fr.* n. m. inv. Action d'énoncer une distinction dans une argumentation.

***ego*** : *Lat.* Moi, je. *Fr.* n. m. inv. Le sujet pensant, le moi.

***errata*** : *Lat.* Choses sur lesquelles on s'est trompé. *Fr.* n. m. (pluriel) Liste des fautes qui se sont glissées dans l'impression d'un ouvrage.

***et caetera*** : *Lat.* Et toutes les autres choses. *Fr.* loc. adv. Et ainsi de suite.

***ex abrupto*** : *Lat.* De manière brusque. *Fr.* loc. adv. Brusquement.

***ex æquo*** : *Lat.* À égalité. *Fr.* loc. adv. À égalité.

***ex cathedra*** : *Lat.* Du haut de la chaire. *Fr.* loc. adv. En vertu de l'autorité que l'on tient de son titre. Ou : d'un ton dogmatique.

***ex nihilo*** : *Lat.* De rien. *Fr.* loc. adv. À partir de rien.

**ex-voto** : *Lat.* (suscepto) Conformément au vœu fait. *Fr.* n. m. inv. Plaque avec une formule de reconnaissance en accomplissement d'un vœu.

**examen** : *Lat.* Aiguille de la balance, action de peser. *Fr.* n. m. Action d'examiner avec attention. Ou : série d'épreuves destinée à évaluer les aptitudes d'une personne.

***excursus*** : *Lat.* Excursion, irruption, digression. *Fr.* n. m. inv. Digression à l'occasion du commentaire d'un passage d'un auteur ancien.

## 3. Quelques mots transposés du latin

***exeat*** : *Lat.* Qu'il sorte. *Fr.* n. m. inv. Permission de sortie.
***exit*** : *Lat.* Il sort. *Fr.* v. Indication de la disparition de quelqu'un ou quelque chose.
***extra muros*** : *Lat.* Hors les murs. *Fr.* adv. et adj. En dehors de l'enceinte d'une ville.
**fac-similé** : *Lat.* Fais une chose semblable. *Fr.* n. m. Reproduction exacte d'un écrit ou d'un dessin.
***folio*** : *Lat.* Feuille. *Fr.* n. m. Feuillet d'un manuscrit.
**forum** : *Lat.* Place publique. *Fr.* n. m. Colloque, symposium.
**gratis** : *Lat.* Gratuitement. *Fr.* adv. et adj. Sans contrepartie pécuniaire.
***hic et nunc*** : *Lat.* Ici et maintenant. *Fr.* loc. adv. Sur-le-champ.
**idem** : *Lat.* La même chose. *Fr.* adv. Le même.
***illico*** : *Lat.* Sur la place, sur-le-champ. *Fr.* adv. Immédiatement.
***impedimenta*** : *Lat.* Empêchements, bagages encombrants. *Fr.* n. m. Ce qui entrave une activité.
***in articulo mortis*** : *Lat.* Au moment critique de la mort. *Fr.* loc. adv. À l'article de la mort.
***in extenso*** : *Lat.* Dans toute son étendue. *Fr.* loc. adv. D'un bout à l'autre.
***in extremis*** : *Lat.* À la dernière extrémité. *Fr.* loc. adv. Au tout dernier moment.
***in fine*** : *Lat.* À la fin. *Fr.* loc. adv. Finalement.
***in situ*** : *Lat.* Dans le site, dans la situation. *Fr.* loc. adv. Dans son cadre naturel ou normal.
**index** : *Lat.* Qui indique, liste. *Fr.* n. m. inv. Doigt de la main. Table alphabétique à la fin d'un ouvrage.
***intra muros*** : *Lat.* En dedans des murs. *Fr.* loc. adv. À l'intérieur de la ville.
***ipso facto*** : *Lat.* Par le fait même. *Fr.* loc. adv. Par voie de conséquence.
**junior** : *Lat.* Plus jeune. *Fr.* n. m. Le fils par rapport au père ou le frère cadet par rapport au frère aîné.
**lapsus** : *Lat.* Action de trébucher, erreur. *Fr.* n. m. inv. Faute que l'on commet involontairement en parlant ou en écrivant.
**lavabo** : *Lat.* Je laverai. *Fr.* n. m. Appareil sanitaire destiné à la toilette.
**libido** : *Lat.* Envie, désir, caprice. *Fr.* n. f. inv. Recherche instinctive du plaisir.

I. LA CUISSE DE JUPITER

**magnum** : *Lat.* Une grande chose. *Fr.* n. m. Grosse bouteille, généralement de champagne.

**major** : *Lat.* Plus grand. *Fr.* n. m. Supérieur. Candidat reçu premier au concours d'une grande école.

***manu militari*** : *Lat.* Par la force militaire. *Fr.* loc. adv. Avec le concours de la force armée.

**maximum** : *Lat.* Le plus grand. *Fr.* n. m. Limite supérieure.

***mea culpa*** : *Lat.* Par ma faute. *Fr.* n. m. inv. Aveu d'une faute commise.

**mémento** : *Lat.* Souviens-toi. *Fr.* n. m. Carnet où l'on inscrit les choses à ne pas oublier. Ouvrage où sont consignées les notions élémentaires d'une science.

**minimum** : *Lat.* Le plus petit. *Fr.* n. m. Plus petit nombre, plus petite quantité.

**minus** : *Lat.* Ayant moins d'intelligence que la moyenne. *Fr.* n. m. inv. Personne incapable ou peu intelligente.

***modus vivendi*** : *Lat.* Manière de vivre. *Fr.* n. m. inv. Accommodement dans le but de se supporter mutuellement. Mode de vie.

**mordicus** : *Lat.* En mordant. *Fr.* adv. Obstinément.

***mutatis mutandis*** : *Lat.* En changeant ce qui doit être changé. *Fr.* loc. adv. En changeant ce qui doit changer pour rendre la comparaison possible.

***nolens volens*** : *Lat.* Ne voulant pas, voulant. *Fr.* loc. adv. Bon gré, mal gré.

***nota bene*** : *Lat.* Note, note bien. *Fr.* loc. adv. Note, observation, remarque.

***numerus clausus*** : *Lat.* Nombre fermé. *Fr.* n. m. inv. Limitation discriminatoire du nombre des personnes admises à certaines fonctions ou certains examens.

**omnibus** : *Lat.* Pour tous. *Fr.* n. m. inv. Qui dessert toutes les gares.

***pater familias*** : *Lat.* Père de famille. *Fr.* n. m. inv. Père autoritaire.

**pensum** : *Lat.* Poids de laine que l'esclave devait filer, tâche quotidienne. *Fr.* n. m. Travail ennuyeux, corvée.

***persona grata*** : *Lat.* Personne bienvenue. *Fr.* loc. lat. Personne autorisée.

***post mortem*** : *Lat.* Après la mort. *Fr.* loc. adv. Consécutif à la mort.

***post-scriptum*** : *Lat.* Après ce qui a été écrit. *Fr.* n. m. inv. Complément ajouté au bas d'une lettre.

### 3. Quelques mots transposés du latin

***primo*** : *Lat.* Au commencement. *Fr.* adv. En premier lieu.

***primus inter pares*** : *Lat.* Le premier entre ses pairs. *Fr.* n. m. inv. Personne qui est à la fois le collègue et le supérieur de ses égaux.

***processus*** : *Lat.* Progrès, progression. *Fr.* n. m. inv. Suite de faits présentant une certaine régularité dans leur déroulement.

***quasi*** : *Lat.* En quelque sorte, pour ainsi dire. *Fr.* adv. Presque.

***quidam*** : *Lat.* Un certain homme. *Fr.* n. m. inv. Personne dont on ignore le nom.

**quiproquo** : *Lat.* Du latin : *quid pro quo*, un quoi pour un ce que. *Fr.* n. m. Erreur qui consiste à prendre une personne ou une chose pour une autre.

***quorum*** : *Lat.* Desquels. *Fr.* n. m. Nombre minimum de personnes requis pour valider les décisions d'une assemblée.

***recto*** : *Lat.* Abréviation de *recto folio* : sur le feuillet qui est à l'endroit. *Fr.* n. m. inv. Endroit d'un feuillet. Dans un livre ouvert, la page de droite.

***requiem*** : *Lat.* Repos. *Fr.* n. m. Prière pour les morts.

***satisfecit*** : *Lat.* Il a satisfait. *Fr.* n. m. Attestation de réussite donnée par un maître à un élève.

**senior** : *Lat.* Plus vieux. *Fr.* n. m. Quelqu'un qui appartient au « troisième âge ».

**sic** : *Lat.* Ainsi. *Fr.* adv. Se met à la suite d'une citation pour souligner le fait que l'on cite exactement.

***sine die*** : *Lat.* Sans jour. *Fr.* adv. Sans fixer de date.

***statu quo (ante)*** : *Lat.* dans l'état où les choses étaient auparavant. *Fr.* n. m. inv. Dans l'état actuel des choses.

***summum*** : *Lat.* Sommet, point le plus élevé. *Fr.* n. m. Le plus haut point, le plus haut degré.

***tabula rasa*** : *Lat.* Tablette de cire vierge, table rase. *Fr.* loc. lat. État de l'esprit vierge, avant toute représentation.

***terminus*** : *Lat.* Limite, borne. *Fr.* n. m. inv. Dernière gare d'une ligne de transport collectif.

**tribunal** : *Lat.* Estrade où siègent les magistrats, tribune. *Fr.* n. m. Juridiction d'un ou plusieurs magistrats. Lieu où siège cette juridiction.

***vade-mecum*** : *Lat.* Viens avec moi. *Fr.* n. m. inv. Ce que l'on porte d'habitude avec soi. Livre contenant les principaux éléments d'une science, d'un art.

***verso*** : *Lat. Folio verso* : sur le feuillet qui est à l'envers. *Fr.* n. m. inv. Revers d'un feuillet.

**veto** : *Lat.* J'interdis. *Fr.* n. m. Opposition catégorique.

**via** : *Lat.* Par le chemin, par la voie. *Fr.* prép. En passant par.

**vice versa** : *Lat.* La place étant tournée, inversement. *Fr.* adv. Réciproquement, inversement.

**villa** : *Lat.* Ferme, maison de campagne. *Fr.* n. f. Maison moderne agrémentée d'un jardin.

**virago** : *Lat.* Femme robuste. *Fr.* n. f. inv. Femme autoritaire.

**virus** : *Lat.* Suc, venin, poison. *Fr.* n. m. inv. Micro-organisme infectieux.

**visa** : *Lat.* Choses vues. *Fr.* n. m. Formule exigée pour entrer dans certains pays.

**vivarium** : *Lat.* Parc à gibier, vivier. *Fr.* n. m. Établissement où l'on garde de petits animaux vivants.

**vivat** : *Lat.* Qu'il vive. *Fr.* n. m. Applaudissement.

# Index des principaux noms propres

Achille, 63, 69
Adonis, 14
Alexandre le Grand, 53, 56, 72
Amalthée, 37
Amphitryon, 16
Apelle, 53
Aphrodite, 11, 14, 15, 16, 32, 35, 42, 50, 59, 76
Apollon, 17, 27, 45, 46, 51, 57, 63, 69, 71
Archimède, 38
Aréopage, 17
Argus, 21
Ariane, 39
Athéna, 23, 26, 37, 59, 66, 67
Atlas, 19
Augias, 52, 73
Auguste (Octave), 11, 13, 25, 48, 62, 72, 75
Aventin, 63

Bacchus, 21
Bellérophon, 26, 33
Brutus, 73

Caligula, 55
Capitole, 43, 79
Capoue, 30, 41
Carthage, 29
Cassandre, 45
Caton l'Ancien, 29
Cerbère, 24, 73
César, 9, 11, 14, 20, 25, 36, 38, 40, 47, 53, 55, 58, 59, 62, 73, 76
Charybde, 14, 25
Chimère, 26, 33
Cicéron, 33, 41, 54, 58, 61
Cléopâtre, 9, 53, 54
Crésus, 9, 64, 71
Cythère, 16, 32

Damoclès, 33
Danaens, 69
Danaïdes, 71
Dédale, 29, 39
Démosthène, 58
Diogène, 28, 56
Dionysos, 21, 24, 65, 67
Dracon, 31

Égérie, 32
Épicure, 34
Eros, 16, 35

Fortune, 20, 65
Fourches caudines, 58
Freud, 26
Furies, 40, 41, 48

Gémonies, 78
Gordios, 72

Hannibal, 29, 30, 41
Harpies, 41
Hercule (ou Héraklès), 20, 24, 52, 72, 74

I. LA CUISSE DE JUPITER

Hermaphrodite, 42
Hermès, 21, 23, 37, 42, 78
Hippocrate, 19
Homère, 15, 25, 26, 40, 45, 50, 55, 63, 69, 70, 78
Horace, 9, 15, 22, 24, 30, 34, 48, 50, 51, 54

Juvénal, 48, 49, 56

Laconie, 45
La Fontaine, 50, 51, 60
Laocoon, 26, 69
Lares, 61, 64
Lesbos, 15
Lucullus, 49, 62

Marc Antoine, 53, 54, 58
Mausole, 47
Mécène, 48
Méduse, 33, 37
Mégère, 41, 48
Mentor, 48
Messaline, 49
Métis, 66
Midas, 71, 72
Mithridate, 49, 62
Molière, 16
Morphée, 9, 36

Narcisse, 49, 50
Nessus, 74

Œdipe, 26
Ovide, 20, 74

Pactole, 64, 71
Pan, 57, 71
Pandore, 22, 23, 61
Pâris, 59, 69
Parques, 39
Parthes, 40
Pascal, 53

Pégase, 9, 26, 33
Pénates, 61
Pénélope, 55, 70
Philippe de Macédoine, 31
Philippe II, 58
Pirée, 60
Platon, 15, 27, 35, 44
Plaute, 16, 42
Pline l'Ancien, 13, 16, 44, 53, 60, 63
Plutarque, 38, 45, 53, 59, 63, 76, 77
Procuste, 46
Prométhée, 22, 23, 60
Psyché, 23
Pyrrhus, 77

Rome, 14, 17, 29, 30, 32, 38, 39, 40, 41, 43, 47, 48, 49, 50, 51, 54, 55, 56, 58, 59, 60, 63, 65, 71, 73, 74, 75, 78
Rubicon, 14, 40

Sapho, 15
Satyres, 65
Scylla, 14, 25
Sénèque, 19, 36
Serenus Sammonicus, 13
Sibylle, 57
Sirènes, 25
Sisyphe, 33, 64
Sparte, 45, 77
Stace, 46
Stentor, 78
Suétone, 13, 18, 20, 55, 62, 73
Sybarites, 68, 78

Tantale, 68
Tarpéia, 43
Térence, 51
Titans, 19, 50, 60, 70
Tite-Live, 32, 75

Index des principaux noms propres

Troie, 25, 45, 59, 63, 69, 70, 78

Ulysse, 15, 25, 26, 48, 55, 70
Vandales, 75

Végèce, 66
Vénus, 11, 12, 35, 76
Vespasien, 18
Virgile, 20, 26, 28, 46, 47, 48, 69

# Bibliographie

Ainsi, *acta est fabula*… Si ces récits vous ont donné l'eau à la bouche, nous vous invitons à aller aux auteurs anciens. Faites un détour par La Fontaine, si vous voulez, mais n'hésitez pas à lire les sources des récits mythologiques ou historiques. L'*Iliade* et l'*Odyssée* d'Homère, la *Théogonie* et *Les travaux et les jours* d'Hésiode, les œuvres des tragiques grecs (Eschyle, Sophocle, Euripide), les *Fables* d'Ésope, l'*Énéide* de Virgile, l'*Histoire romaine* de Tite-Live, les œuvres d'Horace, les *Métamorphoses* d'Ovide, un choix de textes de l'*Histoire naturelle* de Pline l'Ancien et les *Vies parallèles* de Plutarque, tous disponibles dans des éditions de poche très accessibles.

De nombreux dictionnaires, historiques ou littéraires, sont à la disposition des curieux qui veulent approfondir leurs connaissances :

*Dictionnaire des antiquités grecques et romaines d'après les textes et les monuments* (dir. Ch. Daremberg et E. Saglio), Hachette, 1873-1929. C'est l'un des rares monuments de l'érudition française qui n'a jamais été remplacé. Il est consultable, en libre accès, par Internet, sur le site de l'université de Toulouse.

*Dictionnaire des mythologies et des religions des sociétés traditionnelles et du monde antique* (dir. Y. Bonnefoy), Flammarion, 2 vol., 1981

*Dictionnaire de l'Antiquité* (dir. J. Leclant), PUF, 2005

*Dictionnaire de l'Antiquité. Mythologie, littérature et civilisation* (dir. M. C. Howatson), Robert Laffont, 1993 (trad. française), collection « Bouquins »

*Dictionnaire culturel de la mythologie gréco-romaine* (dir. R. Martin), Nathan, 1993

*Dictionnaire de la mythologie grecque et romaine* (P. Grimal), PUF, 1951 et réèd.

Enfin, il existe une collection de petits dictionnaires commodes, publiés par Belin :

Lesay (J. D.), *Les personnages devenus mots*, Belin, 2004
Papin (Y.-D.), *Trésors des expressions bibliques et mythologiques*, Belin, 1989
Weil (S.) et Rameau (L.), *Trésors des expressions françaises*, Belin, 1981
Wolff (E.), *Les mots latins du français*, Belin, 1993

# Deuxième partie
# Le dico du franglais
## par Jean-Bernard Piat

*Pour Marie,
qui m'a aidé de ses suggestions.*

# Avant-propos

Le franglais ! Sujet polémique depuis bien longtemps, et d'actualité permanente depuis la parution en 1964 du célèbre brûlot de René Étiemble *Parlez-vous franglais ?*, pamphlet au vitriol contre le « sabir atlantic » *(sic)*. Il y a eu des modes d'anglomanie linguistique aux XVIII$^e$ et XIX$^e$ siècles. Or, à l'époque, d'aucuns vitupéraient déjà les anglicismes jugés abusifs. Sait-on encore que l'adjectif « sentimental » est un emprunt à l'anglais datant du XVIII$^e$ siècle ? La partie de ping-pong langagier entre Grande-Bretagne et France n'en est donc pas à son premier service. C'est au milieu du XX$^e$ siècle que les choses ont commencé à se corser en raison de l'adoption en français d'un nombre excessif de vocables d'origine anglo-américaine, pour les raisons économiques, financières, politiques, culturelles que l'on connaît. C'est donc la dimension excessive du phénomène qui pose problème.

Car il y a problème dans la mesure où ces emprunts empêchent la création de néologismes, supplantent des mots français existants, dénaturent la syntaxe. Il y a en outre problème à partir du moment où se produit un déséquilibre dérangeant entre l'adoption massive d'américanismes en français par rapport aux apports d'autres langues – et cela n'est pas exclusivement propre au français : les Allemands notamment se plaignent du *Denglisch*.

Ce petit livre recense les anglicismes les plus courants utilisés en français, dans des domaines fort variés, en adoptant une attitude qui ne se veut pas neutre, mais dénuée de parti pris systématique : celle du juste milieu entre purisme intégriste et laxisme insouciant.

Il semble en effet insensé, injustifié et stérile, de prétendre rejeter à la mer ou franciser *tous* les anglicismes ! Pourquoi se passer de *cow-boy*, de *boycott*, de *handicap*, de *gentleman*, de *rock*, de *jazz*, de *pudding*, de *grog*, voire du fameux *week-end* et de tant d'autres, qui enrichissent le français ou le relèvent d'un grain de piment par leur singularité idiomatique ? À l'inverse, pourquoi mâtiner son français de moult anglicismes non filtrés, goulûment gobés par incompréhension, ignorance crasse, snobisme, absence de tout sens du ridicule, voire simple inconscience ? Pourquoi parler d'*overdose* (au lieu de « surdose »), de *casting* (au lieu de « distribution » et d'« audition »), de *pacemaker* (au lieu de « stimulateur cardiaque »), de *challenge* (au lieu de « défi ») ? Sans compter les mots à la fois hilarants et consternants que sont les faux anglicismes, tels que *smoking, camping-car, parking, pressing, pin's, rugbyman, surbooking, relax, relooker,* etc.

Il ne faut de toute façon pas croire, une fois un anglicisme contestable installé, que « c'est trop tard », que « c'est l'évolution normale de la langue », etc. Rappelons que les anglicismes peuvent très bien passer de mode, que, par exemple, on utilisait, jadis et naguère, *partner, public relations, plaid* ou « fashionablement » *(sic)* ! Il y a des anglicismes à la mode, et d'autres qui tombent en désuétude...

Il faudrait surtout s'interroger sur les motivations profondes qui conduisent à préférer utiliser tant de mots anglais aujourd'hui. Ne s'agirait-il pas d'abord d'un complexe d'infériorité plus ou moins conscient contre lequel il faut évidemment lutter, puisqu'il dénote un état d'inféodation à une pensée unique ? C'est-à-dire de cette idée, pernicieuse et insidieuse, que le français serait dépassé, qu'il ne saurait répondre aux exigences du monde contemporain, et autres fariboles ? L'anglais est une extraordinaire langue de communication planétaire qu'il est absolument indispensable de nos jours de maîtriser le mieux possible. C'est la langue anglaise qu'il faut connaître sur le bout du doigt, c'est la langue française qu'il faut maîtriser impeccablement, sans qu'il y ait interférence constante entre les deux langues.

D'autre part, il est manifestement dangereux, pour la santé d'une langue, de ne pas forger de néologismes. Il faut au contraire s'efforcer sans relâche de trouver des équivalents français à nombre de mots anglais. La survie du français en dépend partiellement. Il ne s'agit pas de défendre un français « pur » (ce qui n'aurait guère de sens), mais un français *exigeant* – c'est le vrai sens de « bon français » – envers son propre génie. Mais, là encore, sans que l'on sombre dans un systématisme qui refuserait droit de cité à des anglicismes ou américanismes évoquant des faits culturels appartenant spécifiquement au monde anglophone, voire utilisés pour rire, pour le plaisir, par jeu ou par effet de style. On peut aussi s'offrir de temps à autre ce qu'on appelle un « xénisme », c'est-à-dire un emprunt culturel s'affirmant comme tel.

Une autre voie, peut-être moins pratiquée de nos jours que dans le passé, est la francisation des anglicismes. Cela dit, l'esprit de système ne saurait, là non plus, s'imposer.

On voit donc que la question est pour le moins complexe, puisqu'il y a anglicisme et... anglicisme ! Et l'organisation même de ce petit ouvrage reflète cette diversité : on s'en rendra compte en jetant un simple coup d'œil au sommaire.

N.B. Selon la formule consacrée, ces listes sont loin d'être exhaustives. Ont été éliminés en particulier les anglicismes qui, relevant d'un domaine très spécialisé, sont d'occurrence trop rare.

Jean-Bernard PIAT

# Liste des abréviations et symboles

APFA : Actions pour promouvoir le français des affaires
CGTN : Commission générale de terminologie et de néologie
ÉUA : États-Unis d'Amérique
GB : Grande-Bretagne
*JO* : terme publié au *Journal officiel*
adj. : adjectif
arg. : argot
déf. : définition
fam. : familier
litt. : littéralement
subst. : substantif
v. : verbe
v.t. : verbe transitif
v.i. : verbe intransitif
= : équivalent de
>< : contraire de
< : vient de

# 1
# Anglicismes francisés « en profondeur »

Il s'agit pour la plupart d'anglicismes anciens, « historiques », qu'il est dans beaucoup de cas impossible de reconnaître sous leur habillage français, tant la transformation a été profonde. C'était la tendance dominante des siècles passés, tendance dite « ethnocentrique » : on cherchait à acclimater, à « naturaliser » le mot étranger en l'adaptant à sa propre langue.

**bifteck** ‹ *beefsteak*

**bigot** ‹ *By God !* (« Par Dieu ! »)

**blackbouler** ‹ *to blackball*

**cachemire** ‹ *cashmere*
Du nom de la région de l'Inde et du Pakistan

**châle** ‹ *shawl*

**comité** ‹ *committee*

**désappointé** ‹ *disappointed*
L'adjectif, repris à l'anglais, s'est imposé vers la fin du XVIIIe siècle. Mais, en fait, le verbe anglais *to disappoint* venait lui-même de « désappointer », lequel, toutefois, avait à l'origine en français le sens de « destituer de sa charge ».

**dogue** ‹ *dog*
En réalité, le mot anglais qui désigne ce type de chien est le mot *mastiff*, lui-même issu de l'ancien français « mastin » (devenu « mâtin »).

103

## II. LE DICO DU FRANGLAIS

**échoppe** ‹ *shop*

**édredon** ‹ *eiderdown*

**fioul** ‹ *fuel*

**flibustier** ‹ *filibuster*
Le mot anglais est lui-même issu du néerlandais.

**flockage** ‹ *flocking*

**haquenée** ‹ *hackney*
Déf. : « Petit cheval ou jument allant l'amble, autrefois monture de dame ou pour le voyage. » (*Le Petit Larousse*).

**héler** ‹ *to hail* (« saluer »)

**hors-bord** ‹ *outboard*

**moire** ‹ *mohair*

**névrose** ‹ *neurosis*
Le mot *neurosis* a été créé en 1777 par le médecin écossais William Cullen.

**paletot** ‹ *paltok*
Le mot vient du moyen anglais *paltok*, signifiant « jaquette », mais *paltok* pourrait lui-même venir de l'ancien français, formé de « palle » (« manteau ») et de « toque »...

**pannequet** ‹ *pancake*

**paquebot** ‹ *packet-boat*
Un *packet-boat* transportait, à proprement parler, des paquets de courrier, puis ce type de bateau prit l'habitude d'accepter des passagers, d'où le glissement de sens.

**partenaire** ‹ *partner*
Le mot est en fait un réemprunt, car *partner* vient lui-même de l'ancien français « parçuner » (= « associé »). L'origine du mot est le latin *partitio* (« partage »).

## 1. Anglicismes francisés « en profondeur »

**patchouli** ‹ *patchouli, patchleaf* (mot anglais issu du tamoul)

**péniche** ‹ *pinnace*
Le mot vient de l'anglais *pinnace*, lui-même issu du moyen français « pinace » ou « pinasse » (= « bateau en bois de pin »), l'origine du mot étant espagnole (*pinaza*) !

**raout** ‹ *rout*
Le mot, signifiant « réception mondaine », vient de l'anglais *rout*, qui, outre le même sens (désuet), a celui de « déroute », le mot *rout* venant du reste du français « route ».

**redingote** ‹ *riding-coat*
Le mot anglais signifie littéralement « habit d'équitation ».

**romsteck** ou **rumsteck** ‹ *rumpsteak*
Littéralement, *rump steak* signifie « tranche de croupe ».

# 2
# Calques et leurs (éventuels) équivalents français

Ce sont des anglicismes qui, n'ayant pas subi de transformation morphologique en profondeur, sont de simples « calques » du mot ou de l'expression anglais. Quand le mot français existait déjà et qu'il prend seulement un nouveau sens, c'est-à-dire le sens du mot anglais correspondant, on parle d'« emprunt sémantique ». Toutefois, on ne s'avise pas toujours qu'il s'agit d'anglicismes, car il faut évidemment pour cela bien connaître la langue anglaise. Étiemble parle d'anglicismes et d'américanismes « latents » ou « clandestins ». Il s'agit souvent de doublons qui n'enrichissent guère notre langue, voire supplantent des mots bien installés, sans réelle nécessité. Mais, là encore, aucun principe intangible (de rejet systématique, par exemple) ne saurait faire loi. Comment ne pas tordre le nez devant « se crasher », « nominer », « rebooter », « forwarder », « downloader » et autres sottises, mais pourquoi forcément rejeter « convivial », « obsolète », « sinécure », « tourisme », « mettre la pédale douce », « adopter un profil bas »... ?

**addiction** *(addiction)*
« dépendance », « assuétude »

**administration** *(administration)*
« gouvernement », « exécutif »
On devrait traduire *The American Administration* par « le gouvernement américain » ou « l'exécutif américain ». L'utilisation de cet américanisme en français est regrettable, car il prête à confusion.

## 2. Calques et leurs (éventuels) équivalents français

**air conditionné** (*air conditioning,* litt. conditionnement de l'air)
« climatisation », « air climatisé »

**alternative** (*alternative*)
« possibilité », « solution de rechange »
Le sens français correct (« choix ») recule de plus en plus devant le sens du mot en anglais. Rappelons donc que l'on ne doit pas dire, par exemple : « Il n'y a pas d'*autre* alternative. » L'alternative, en français, est un « choix », une bifurcation. Bon français : « Je suis placé devant l'alternative suivante : partir ou rester. »

**alternative (médecine)** (*alternative medicine*)
« médecines douces », « médecines parallèles »

**approche** (*approach*)
« conception », « vision », « façon de procéder », « point de vue », « démarche »

**attractif** (*attractive*)
« attrayant », « attirant », « alléchant », « engageant », « séduisant »

**audience** (*audience*)
« auditoire », « public »

**avancée** (*advance*)
« progrès »

**bandit manchot** (*one-armed bandit*)
« machine à sous »

**banque de données** (*data bank*)
De façon plus générale, les sens figurés de « réserve », « réservoir », « ensemble », « série » du mot « banque » sont des emprunts sémantiques à l'anglais.

**bas-bleu** (*blue stocking*)
Ce terme vient du « Cercle des bas-bleus », salon littéraire tenu en Angleterre au XVIIIe siècle, qui réunissait des gens d'esprit ne se préoccupant guère d'élégance...

**basé à...** (*based in...*)
« qui a son siège social à... », « sis à... », « domicilié à... »

107

II. LE DICO DU FRANGLAIS

**basé sur...** *(based on...)*
« fondé sur... », « qui repose sur... »

**basique** *(basic)*
« élémentaire », « de base » ; « fondamental »

**bébé-éprouvette** *(test-tube baby)*

**benchmarker** *(to benchmark)*
« évaluer par comparaison », « comparer » (voir chapitre IV, *benchmarking*)

**booster** *(to boost)*
« propulser », « pousser », « stimuler », « donner un coup de pouce à », « doper », « relancer »

**briefer** *(to brief)*
« mettre au courant », « informer », « tenir informé », « donner des instructions (= des consignes) à », « mettre au parfum » (fam.) (voir chapitre III, *briefing*)

**cannibaliser** *(to cannibalize)*

**chaînon manquant** *(missing link)*

**charge – en charge de...** *(in charge of...)*
« responsable de... », « chargé de... », « préposé à... »

**checker** *(to check)*
« vérifier », « contrôler »
Exemple même de calque inutile et ridicule

**chiropracteur** *(chiropractor)*
« chiropraticien »

**choqué** *(shocked)*
Dans son acception franglaise : « traumatisé », « sonné », « sous le choc » ; « commotionné »

**colombe ›‹ faucon** *(dove ›‹ hawk)*

**commerce mobile** *(m-commerce)*
« commerce sans fil »

2. Calques et leurs (éventuels) équivalents français

**compagnie** *(company)*
« entreprise », « société (commerciale) »

**compulsif** *(compulsive)*
« invétéré » ; « maladif »

**confortable** *(comfortable)*
Dans son acception franglaise : « à l'aise », « confortablement installé »

**contacter** *(to contact)*
« se mettre en rapport avec », « faire signe à », « joindre »

**contributeur** *(contributor)*
« rédacteur » ; « collaborateur », « intervenant »

**contrôle** *(control)*/**contrôler** *(to control)*
Les mots sont utilisés correctement en français dans leur sens de « vérification » et de « vérifier ». Dans leur acception franglaise, utiliser :
*contrôle* : « maîtrise », « commande », « régulation », « pilotage », « stabilisation », « frein »
*être sous contrôle* : « être maîtrisé »
*avoir la situation sous contrôle* : « avoir la situation en main »
*contrôler* : « maîtriser », « contenir », « dominer », « juguler », « avoir la haute main sur »...
*contrôle de soi* : « maîtrise de soi », « sang-froid », « calme », « flegme »
*contrôle des naissances (birth control)* : « limitation de la natalité » (l'expression décalquée est hautement réjouissante si l'on y réfléchit tant soit peu !)

**convention** *(convention)*
Dans son acception franglaise : « congrès », « assemblée »

**conventionnel** *(conventional)*
« classique » (en parlant de l'armement)

**convivial** *(convivial)*
« chaleureux », « joyeux » ; « ergonomique » (ordinateur)
Cet adjectif rend toutefois bien l'idée de joie, d'indulgence, de chaleur humaine partagée. Il est assez proche d'un germanisme, lui aussi jugé intraduisible, *gemütlich*.

II. LE DICO DU FRANGLAIS

**coordinateur** *(coordinator)*
« coordonnateur »

**crasher (se)** *(to crash)*
« s'écraser » (en parlant d'un avion)

**crédible** *(credible)*
Cet adjectif, issu du latin *credibilis*, fut employé en français jusqu'au XVIIe siècle avant de sortir de l'usage. C'est sous l'influence de l'anglais qu'il a repris du service au XXe siècle.

**crédit revolving** *(revolving credit)*
« crédit renouvelable », « crédit permanent »

**crème glacée** *(ice cream)*
« glace »

**customisé** *(customized)*
« sur mesure », « à la carte », « personnalisé »

**décade** *(decade)*
« décennie »
Une « décennie » est une période de dix ans, une « décade » est une période de dix jours (en bon français).

**déclassifier** *(to declassify)*
« rendre public » (en parlant des documents classés secret défense)

**dédié (à)...** *(dedicated [to]...)*
« consacré (à) ... », « voué (à)... », « réservé (à)... »

**département** *(department)*
Dans son acception franglaise : « service », « division »

**déplacés** *(displaced people)*
« réfugiés »

**dérégulation** *(deregulation)*
« déréglementation »

**détecter/détective** *(to detect/detective)*
Les mots ont beau venir du latin *detegere*, « découvrir », c'est

2. Calques et leurs (éventuels) équivalents français

sous l'influence de l'anglais qu'ils sont passés en français. Il faut savoir que *detective* a également en anglais le sens d'« enquêteur policier ».

**déterminé à...** *(determined to...)*
« décidé à... »

**développement** *(development)*
« fait (nouveau) »
les derniers *développements* : « la tournure des événements », « les derniers événements »
« mise au point » (d'un système), « élaboration » ; « exploitation », « mise en valeur »

**développer** *(to develop)*
« mettre au point » (stratégie, système), « élaborer » ; « contracter » (maladie), « attraper »

**digital** *(digital)*
« numérique »
Il est notamment plus clair de parler d'« affichage numérique » que d'« affichage digital », franchement plus sibyllin pour un Français qui ne sait pas forcément que « digital » vient de l'anglais *digit* (« chiffre »)...

**dispatcher** *(to dispatch)*
« répartir », « ventiler » ; « réguler » (la circulation)

**domestique** *(domestic)*
*vol domestique* : « vol intérieur »

**drastique** *(drastic)*
« draconien », « radical »
En fait, le mot « drastique » existait depuis longtemps en français médical dans le sens de « purgatif »

**dupliquer** *(to duplicate)*
« reproduire »

**éditorial** *(editorial)*
Il faut savoir que *editorial* vient du mot *editor*, qui signifie « rédacteur en chef » en anglais.

## II. LE DICO DU FRANGLAIS

**efficient** *(efficient)*
« efficace »

**éligible** *(eligible)*
*être éligible à…* : « satisfaire aux conditions pour… », « avoir droit à… »

**énergisant** *(energizing)*
« stimulant », « tonique », « tonifiant », « revitalisant », « roboratif », « revigorant »

**entrée** *(entry)*
« article » (de dictionnaire)

**environnemental** *(environmental)*
« écologique »
L'utilisation par le grand public du substantif *environnement* dans son acception écologique date environ des trois dernières décennies. L'utilisation de l'adjectif est encore plus récente.

**été indien** *(Indian summer)*
L'« été indien » n'évoquant forcément pas grand-chose en France, rappelons qu'il a toujours existé un équivalent en français : l'« été de la Saint-Martin » (autour du 11 novembre).

**expertise** *(expertise)*
Dans son acception franglaise : « savoir-faire », « compétence ». « Expertise » ayant un tout autre sens en français, il est regrettable que ce glissement de sens se soit imposé…

**festif** *(festive)*
Le mot fut utilisé en français jusqu'au XVIIe siècle dans le contexte des fêtes religieuses. Il fut adopté en anglais, disparut en français, puis réemprunté (dans un contexte profane) vers 1970.

**feu – donner à quelqu'un le feu vert** *(to give someone the green light)*

**feuille de route** *(roadmap)*
« plan d'action », « stratégie » ; « plan de développement » (d'un logiciel)

## 2. Calques et leurs (éventuels) équivalents français

Le mot a été utilisé pour la première fois en 2003 par les diplomates dans une proposition visant à régler le problème israélo-palestinien. La traduction n'est guère heureuse, l'expression ayant désigné jusque-là dans le langage militaire français un « ordre de rejoindre, assorti d'un itinéraire » (*dictionnaire.sensagent.com*) !

**finaliser** *(to finalise)*
« parachever », « peaufiner », « mettre la dernière touche à »

**firme** *(firm)*
« société (commerciale) », « entreprise »
Le mot anglais est lui-même issu de l'espagnol *firma*.

**flanelle** *(flannel)*

**flexible** *(flexible)*
« souple », « qui fait preuve de souplesse », « adaptable »
*horaires flexibles* : « horaires aménagés »

**flipper** (v.) *(to flip)*
« paniquer »
Le verbe argotique anglais, en rapport avec l'usage de drogues, signifie d'abord « être angoissé par suite d'un état de manque ».

**fondamentaux** *(fundamentals)*
« fondements », « bases (de l'économie) » ; « indices macroéconomiques »

**force de dissuasion** *(dissuasion force)*

**formel** *(formal)*
En parlant d'un comportement, d'une façon d'être ou de faire :
« formaliste », « guindé », « cérémonieux »

**futur** *(future)*
Sous l'influence de l'anglais, le substantif « futur » supplante de manière abusive le mot « avenir » en français. Ainsi, il est plus idiomatique de dire « à l'avenir » que « dans le futur ».

**générer** *(to generate)*
Dans son acception franglaise : « provoquer », « entraîner », « causer », « occasionner », « susciter »

## II. LE DICO DU FRANGLAIS

**global** *(global)*
« mondial », « planétaire », « universel », « international »
Le *global village* cher à Marshall McLuhan est correctement traduit par « village planétaire ».

**globalisation** *(globalisation)*
« mondialisation »

**guerre froide** *(cold war)*

**icone** *(icon)*
Attention : il y a (théoriquement) « icone » et « icône ». Un « icone » (mot masculin, sans accent circonflexe) est le terme d'informatique que l'on connaît. Une « icône » (mot féminin, avec accent) est le terme d'art que l'on connaît.

**icône** *(icon)*
Dans son acception franglaise : « idole », « figure emblématique »

**impacter sur...** *(to impact on...)*
« influer sur... », « influencer », « avoir un effet sur... »

**implémenter** *(to implement)*
« appliquer », « mettre en œuvre », « mettre en place », « mettre sur pied »

**impulser** *(to impulse)*
« promouvoir », « encourager », « stimuler », « lancer », « donner un coup de pouce à »
Le verbe existait en français au XVIe siècle, puis est sorti de l'usage. Il a été réactualisé sous l'influence de l'anglais.

**incapacitant** *(incapacitating)*
« paralysant »

**informel** *(informal)*
« sans cérémonie », « à la bonne franquette », « sans façon », « simple », « souple » ; « officieux »

**initier** *(to initiate)*
Dans son acception franglaise : « prendre l'initiative de »,

## 2. Calques et leurs (éventuels) équivalents français

« entreprendre », « mettre en chantier », « lancer », « engager », « instaurer », « amorcer »

**intelligence économique** *(business intelligence)*
« veille économique »

**juste-à-temps, JAT** *(just-in-time, JIT)* [économie d'entreprise]
« production en flux tendu »

**kidnapper** *(to kidnap)*
« enlever »
Le mot anglais est formé de *kid* (« enfant ») et de *to nap* (« s'emparer de », ancien mot d'argot). Rappelons que les stricts équivalents de *kidnapping* sont « rapt (d'enfant) » ou « enlèvement ».

**lavage de cerveau** *(brainwashing)*

**lilliputien** *(lilliputian)*
L'adjectif vient du pays imaginaire de Lilliput, dans *Les Voyages de Gulliver* de Swift.

**loi de la jungle** *(law of the jungle)*

**lutte pour la vie** *(struggle for life)*

**lyncher** *(to lynch)*
*Lyncher*, c'est littéralement « appliquer la loi de Lynch ». De fait, William Lynch (1742-1820), capitaine dans l'État de Virginie, se rendit célèbre par l'application de cette « loi » édictée par ses soins.

**magnat** *(magnate)*

**majeur** *(major)*
« primordial », « de premier plan », « essentiel », « incontournable »
L'adjectif « majeur » existe certes en français avec ces sens-là, mais *major* est beaucoup plus employé et idiomatique en anglais. Il convient donc de ne pas systématiquement traduire *major* par « majeur »...

## II. LE DICO DU FRANGLAIS

**manager** *(to manage)*
« diriger », « gérer », « encadrer »

**matcher** *(to match)*
« assortir », « harmoniser »

**mot-valise** *(portmanteau word)*
« amalgame »

**M.** *(Mr)*
« M. » (pour « Monsieur »)
*Mr* (sans point en bon anglais, du reste) est en fait l'abréviation anglaise de *Mister*.

**natif** *(native)*
« indigène » ; « autochtone »

**nominer** *(to nominate)*
« désigner », « nommer », « proposer », « sélectionner », « distinguer »

**novélisation** *(novelization)*
« transposition romanesque »

**objecteur de conscience** *(conscientious objector)*

**obsolète** *(obsolete)*
« dépassé », « démodé », « désuet », « tombé en désuétude », « vétuste », « hors d'usage »
Ce terme, venu du latin *obsoletus*, ne s'utilisait naguère encore qu'en linguistique. Il est passé dans l'usage courant sous l'influence du mot anglais.

**opérationnel** *(operational)*

**opératique** *(operatic)*
« lyrique »

**opportunité** *(opportunity)*
« occasion », « aubaine »
Rappelons qu'en bon français l'« opportunité », c'est seulement le fait d'être opportun.

2. Calques et leurs (éventuels) équivalents français

**optionnel** *(optional)*
« facultatif »

**pandémonium** *(pandemonium)*
Ce mot, grec de formation, a été créé par Milton pour désigner, dans *Le Paradis perdu*, le lieu de rassemblement de tous les démons.

**partition** *(partition)*
Dans son acception franglaise : « partage (politique) », « séparation », « division »
C'est sous l'influence de l'anglais que ce sens, qui existait jadis en français, a été remis en usage, notamment dans le domaine politique.

**pédale – mettre la pédale douce** *(to soft-pedal)*
« ne pas insister », « y aller mollo » (fam.)

**pétition** *(petition)*

**pixel** *(pixel)*
Abréviation de *picture element* (« élément d'image »)

**plate-forme** *(platform)*
Dans son acception franglaise figurée : « programme » (politique, etc.)

**point de non-retour** *(point of no return)*

**politiquement correct** *(politically correct)*
« bien-pensant », « euphémique », « du prêt-à-penser », « de la langue de bois »

**polluer** *(to pollute)*
Le sens environnemental a été adopté en français sous l'influence de l'anglais vers la fin des années 1950. Jusque-là, le mot signifiait « profaner » en français.

**poster** *(to post)* [Internet]
« publier »

**pratiquement** *(practically)*
Dans son acception franglaise : « presque », « quasiment »

**pressurisation** *(pressurization)*
« mise en pression »

**proactif** *(proactive)*
« plein d'initiative », « qui fait preuve d'initiative », « volontaire », « dynamique »
À la mode dans le jargon des entreprises.

**problème (pas de)** *(no problem)*
« pas de souci »

**procédure** *(procedure)*
Le sens, distinct du sens juridique, d'« ensemble d'étapes successives dans la conduite d'une opération » est emprunté à l'anglais et date de 1959. Mais le mot *procedure* avait lui-même été emprunté au français « procédure » par les Anglais au XVII$^e$ siècle.

**profil – adopter un profil bas** *(to keep a low profile)*
« se faire tout petit », « se faire discret », « ne pas se faire remarquer »

**profits** *(profits)*
« bénéfices »

**profitabilité** *(profitability)*
« rentabilité »

**prompteur** *(teleprompter)*
« télésouffleur »

**publiciste** *(publicist)*
« publicitaire »
Rappelons qu'en français, un « publiciste » est un « juriste spécialisé en droit public ».

**purée de pois** *(peasouper)*
On notera que le vrai mot anglais pour désigner cet épais brouillard est *peasouper*, et non *pea soup*, qui s'applique à la soupe proprement dite.

**randomisation** *(randomization)*
« sélection aléatoire »

2. Calques et leurs (éventuels) équivalents français

Ce mot savant est plus clair pour un anglophone, vu que l'adjectif (courant) *random* signifie « aléatoire » et l'expression *at random* « au hasard ».

**réaliser** *(to realize)*
Dans son acception franglaise : « se rendre compte de », « s'aviser de », « s'apercevoir de »
Un des anglicismes « clandestins » parmi les plus connus et cités.

**rebooter** (un ordinateur) *(to reboot)*
« redémarrer », « relancer », « réamorcer »

**récession** *(recession)*
Dans son acception franglaise : « crise économique », « marasme »

**réhabiliter** *(to rehabilitate)*
Dans son acception franglaise : « rénover », « remettre à neuf », « remettre en état », « restaurer »

**remédiation** *(remediation, remedial work)* [enseignement]
L'APFA signale qu'il faut distinguer la « remédiation » (résolution des difficultés d'apprentissage) du « rattrapage » (qui est une simple remise à niveau)...

**remastériser** *(to remaster)*
« restaurer », « rematricer » *(JO)*
Attendu qu'il s'agit de refaire la « bande-mère » (*master* en anglais) de l'œuvre, il faut reconnaître que le terme recommandé au *JO* est particulièrement adapté.

**résilience** *(resilience)*

**revenir – Je reviendrai vers vous.** *(I'll get back to you.)*
« Je vous rappellerai. »/« Je reprendrai contact avec vous. »/« Je vous referai signe. »

**revisité** *(revisited)*
En parlant d'un livre, etc. : « revu et corrigé », « réinterprété »

**rideau de fer** *(iron curtain)*
L'expression fut pour la première fois utilisée en 1920 dans

son sens figuré politique par Ethel Snowden, femme politique et féministe britannique. Mais c'est assurément Winston Churchill qui rendit l'expression célèbre par son discours de Fulton (5 mars 1946), dans lequel il déclarait : « De Stettin sur la Baltique à Trieste sur l'Adriatique, un rideau de fer s'est abattu sur le continent. »

**romance** *(romance)*
« idylle »
Le mot anglais a des sens plus larges, dont celui d'« histoire d'amour », que n'a pas le français.

**sabbatique** *(sabbatical)*
Il s'agit d'un emprunt sémantique dans l'expression « année sabbatique » (*sabbatical year*).

**scanner** *(to scan)*
« numériser »

**scratcher** *(to scratch)*
« rayer » (un concurrent d'une liste, d'une compétition), « éliminer »

**sélect** *(select)*
« choisi », « de (premier) choix », « chic », « élégant », « distingué », « trié sur le volet »

**self-défense** *(self-defence)*
« autodéfense »

**sens (faire)** *(to make sense)*
« avoir du sens », « être logique »

**sévère** *(severe)*
Dans son acception franglaise, notamment en parlant d'une maladie : « grave », « sérieux », « carabiné » (fam.)

**shunter** *(to shunt)*
« monter en dérivation »

**sinécure** *(sinecure)*
Le mot anglais *sinecure* est lui-même issu du latin *sine cura*, utilisé dans l'expression complète *beneficium sine cura*,

## 2. Calques et leurs (éventuels) équivalents français

« bénéfice ecclésiastique sans souci ». Le mot a été emprunté à l'anglais vers le début du XIXe siècle.

**slogan** *(slogan)*
Ce mot gaélique passé en anglais désignait à l'origine un cri de guerre des montagnards écossais !

**sociétal** *(societal)*
« de société »
Le mot, en anglais comme en français, est assez cuistre...

**sophistiqué** *(sophisticated)*
« perfectionné », « complexe »
L'adjectif a subi un glissement de sens sous l'influence de l'anglais, puisque « sophistiqué » signifie en français « maniéré », « recherché », « artificiel », « affecté », « apprêté », « snob ».

**sous-développé** *(underdeveloped)*

**squeezer** *(to squeeze)*
« coincer » ; « presser comme un citron » ; « supprimer », « éliminer »

**standardiser** *(to standardize)*
« normaliser », « uniformiser »

**stopper** *(to stop)*
V.t. : « arrêter », « enrayer », « faire cesser », « interrompre », « mettre un terme à » ; « mettre fin à », « couper court à » ; (vêtement) « repriser », « raccommoder » ; v.i. : « cesser », « se terminer », « s'interrompre »

**stressant** *(stressful)*
« éprouvant », « perturbant », « épuisant nerveusement », « anxiogène »

**stressé** *(stressed)*
« sous pression », « tendu », « fébrile », « épuisé », « laminé », « débordé », « énervé », « crispé », « tourmenté », « angoissé »

**superviser** *(to supervise)*
« contrôler », « surveiller », « administrer », « gérer »

## II. LE DICO DU FRANGLAIS

**supporter** *(to support)*
Rappelons que « supporter une équipe » est un anglicisme (inutile), que l'on peut tout simplement remplacer par « soutenir une équipe ».

**table ronde** *(round-table)*

**tabloïd** *(tabloid)*
« journal à scandale »
Le mot, nom déposé en anglais à la fin du XIX$^e$ siècle, formé sur le mot *tablet* (issu du français « tablette »), désignait à l'époque en pharmacie un « comprimé ». Le journal « demi-format » qu'il désigne aujourd'hui est donc un journal au format... comprimé.

**tabou** *(taboo)*
Le mot anglais est lui-même issu du polynésien et attesté dans le *Voyage de Cook* (1777).

**tacler** *(to tackle)*
« intercepter »

**tagueur** *(tagger)*
« graffeur », « graffiteur »

**télescoper (se)** *(to telescope)*
« s'emboutir »
Il est préférable de remplacer *télescopage* par « collision en chaîne ».

**toasteur** *(toaster)*
« grille-pain »

**tourisme** *(tourism)*

**touriste** *(tourist)*
Le mot anglais est formé à partir du français « tour » au sens de « voyage circulaire ». Ces deux emprunts français se répandirent au cours du XIX$^e$ siècle. Rappelons que dès le XVII$^e$ siècle, les Britanniques se firent une spécialité du « Grand Tour », voyage circulaire – en France, aux Pays-Bas, en Allemagne, en Suisse, en Italie, puis en Grèce et en Turquie – que pratiquaient les fils de bonne famille afin de parfaire leurs études.

## 2. Calques et leurs (éventuels) équivalents français

Cette pratique fut adoptée plus tard, au XVIIIe et surtout au XIXe siècle, par les jeunes gens de la haute société européenne.

**traçabilité** *(traceability)*
« suivi », « pistage »

**trafic** *(traffic)*
« circulation »
Le sens anglais du terme (« circulation des véhicules ») est certes passé en français depuis longtemps, mais il demeure encore préférable et plus naturel de parler de « circulation » automobile. Rappelons que le sens classique du mot en français est celui de « commerce », « négoce ».

**truisme** *(truism)*
« lapalissade », « vérité de La Palice »

**valable** *(valuable)*
Dans son acception franglaise : « estimable », « utile », « précieux »

**vandaliser** *(to vandalize)*
« saccager »

**versatile** *(versatile)*
Dans son acception franglaise : « polyvalent »
Attention au glissement de sens sous l'influence de l'anglais. En français, l'adjectif n'a que des sens péjoratifs : « inconstant », « changeant », « lunatique », « qui change facilement d'opinion ». Le mot anglais est au contraire positif, signifiant « aux talents multiples ».

**zapper** *(to zap)*
Il y a deux sens distincts :
« passer d'une chaîne (de télévision) à l'autre », « papillonner ». Dans ce sens les Anglais disent aussi *to channel-hop*, les Américains *to channel-surf*. Quant aux Québécois, ils disent « pitonner ».
« supprimer », « occulter ». Se disait à l'origine pour « abattre » (un avion).

# 3
# Les réemprunts : gallicismes anglicisés avec retour à l'envoyeur

C'est là, peut-être, la catégorie la plus curieuse, puisqu'elle rassemble des mots français adoptés et transformés en anglais, puis repris ultérieurement par les Français, croyant alors avoir affaire à un mot anglais garanti d'origine ! Autrement dit, ce sont ce que les linguistes appellent des « réemprunts ».

Les éventuels équivalents français sont donnés à la suite entre guillemets.

### *auburn*
Le mot vient de l'ancien français « auborne » (lui-même dérivé du latin *albus*, « blanc »), qui avait le sens de « blond ».

### *bacon*
En ancien français, le mot signifie « lard maigre fumé ».

### *briefing*
Le mot vient de l'ancien français « bref » (lui-même issu du latin *brevis*) ou « brief », signifiant « court écrit », « sommaire », « résumé », « condensé », « liste ».
On peut le remplacer par « réunion d'information », « mise au point ». Les Québécois disent « breffage ».

### *budget*
Ce mot anglais, importé au XVIIIe siècle, vient du mot « bougette », sorte de sac de ceinture, servant de bourse, porté au Moyen Âge. Le mot fut introduit en Angleterre par les Normands lors de l'invasion de l'Angleterre par Guillaume le Conquérant en 1066. Le terme « bougette », déformé en *budget*

3. Les réemprunts : gallicismes anglicisés avec retour à l'envoyeur

par les Anglais, en vint par la suite à désigner le sac du trésorier du royaume, d'où son sens actuel dans les deux langues !

*cartoon*
« bande dessinée » ; « dessin animé », « film d'animation »
Du français « carton ».

*challenge*
Vient du moyen français « chalenge » *(sic)*, mot ayant le sens de « réclamation ». L'anglicisme actuel supplante abusivement « défi » et « gageure ».

*cricket*
Ce sport national anglais vient d'un mot... français, à savoir du moyen français « criquet », bâton planté en terre et que l'on visait au jeu de boules.

*flirt*
« amourette »
Tout d'abord, « flirt », dans son sens français (« idylle chaste et passagère »), se dit *flirtation* en anglais. En revanche, on dit en anglais : *She's a flirt* (« C'est une coquette »).
D'autre part, ce mot anglais viendrait bien d'un mot français, mais pas du mot français qu'on croit généralement, à savoir pas de « fleurette » (dans « conter fleurette »). Il vient en fait de « fleuretis », lui-même issu du mot anglo-saxon *fleard* (« bagatelle ») !

*gadget*
« bidule »
Origine obscure. Le mot serait d'origine française, car il viendrait de « gâchette » ou du mot dialectal « gagée » (« petit accessoire »).

*grizzly*
Le mot vient de l'ancien français « grisel » (= « gris »).

*grog*
Le mot est redevable à l'amiral anglais Vernon (XVIIIe siècle), qui portait des vêtements en *grogram*, c'est-à-dire en « grosgrain », sorte de tissu côtelé. « Old Grog », ainsi qu'il était surnommé, avait décidé de couper de rhum les rations d'eau des matelots...

## II. LE DICO DU FRANGLAIS

### *haddock*
« églefin fumé »
Signalons qu'existait déjà en ancien français le mot sous la forme « hadot ».

### *humour*
Le mot, emprunté à l'anglais au XVIIIe siècle, vient de l'ancien français « humeur », au sens médical du terme. La médecine médiévale dénombrait en effet quatre « humeurs » (sang, bile, atrabile, flegme), censées déterminer le caractère. L'excès d'une de ces quatre humeurs, conduisant à l'excentricité, était source de rire.

### *interview*
Ce mot est issu du mot français « entrevue », mais a pris en anglais un sens spécifiquement journalistique, avant d'être utilisé en français dans cette acception.

### *jury*
Le mot anglais, réemprunté par les Français au XVIe siècle, vient de l'ancien français « juree » (participe passé au féminin de « jurer »), qui avait le sens de « serment » et d'« enquête (judiciaire) », au cours de laquelle les personnes interrogées prêtaient serment.

### *label*
Le mot est emprunté à l'anglais à la fin du XIXe siècle, mais vient de l'ancien français « label » (ou « lambel », ou « lambeau »), au sens de « ruban pendant en manière de frange ».

### *mail*
Le mot *mail* et son dérivé *e-mail* viennent du mot français « malle » (dans « malle-poste »).

### *maintenance*
« entretien »
Le mot, emprunté par l'anglais au moyen français « maintenance » (au sens de « protection » ou « soutien »), a été récemment repris à l'anglais dans le sens d'« entretien ».

### *management*
« gestion »

3. Les réemprunts : gallicismes anglicisés avec retour à l'envoyeur

De « ménagement » (au sens de « gestion »), mot en usage en français jusqu'au XVIIIe siècle.

### *mayday*
« signal de détresse »
Du français... « m'aider ».

### *nuisance*
Le mot anglais est issu du même mot français du Moyen Âge, signifiant « dommage », « préjudice ».

### *panel*
Le mot vient de l'ancien français « panel » (= « panneau »), au sens de parchemin sur lequel on consigne une liste.
les personnes sondées : « échantillon », « groupe témoin », « palette »
les experts : « table ronde »

### *patch*
Le mot vient sans doute de l'ancien français « pièche » (= « pièce »).
Équivalent dans le sens médical : « timbre (cutané) », « pastille »

### *pedigree*
L'origine de ce mot est assez intrigante. Il vient sans doute de l'ancien français « pié de grue » (« pe de gru » en anglo-normand). L'empreinte de la patte de la grue évoquait en effet les trois petits traits rectilignes utilisés dans les registres officiels anglais pour désigner les degrés ou ramifications des arbres généalogiques (selon Bloch et Wartburg)... Cela dit, le mot pourrait aussi venir du français « pied de gré » (« gré » ayant le sens de « marche d'escalier »). Mais la graphie des deux dernières syllabes aurait pu également être influencée par le mot « degré ». Tout cela paraît en tout cas bien français.

### *poney*
Le mot anglais *pony*, qui a donné « poney » en français, vient sans doute du moyen français « poulenet », diminutif de « poulain ». La graphie « ponet » a existé en français et existe au féminin : une « ponette ».

## II. LE DICO DU FRANGLAIS

### *porridge*
Ce mot est une déformation du français... « potage ».

### *puzzle*
« jeu de patience »
Précisons que le mot anglais, d'utilisation beaucoup plus large, signifie « énigme », « mystère », et que le verbe *to puzzle* a le sens de « rendre perplexe ». Le mot anglais pourrait venir de l'ancien français « aposer », c'est-à-dire « opposer ».

### *rail*
Ce mot, emprunté à l'anglais, est en fait un mot d'ancien français, « raille » ou « reille », signifiant « barre ». Quant à ce terme, il venait lui-même du latin *regula* (« règle »).

### *rosbif*
« rôti de bœuf »
Le mot vient de *roast beef*, mais le mot *beef* vient lui-même de « bœuf ». Il est du reste savoureux de constater que, dans la langue anglaise, les animaux de boucherie portent des noms anglais quand ils sont sur pied *(cow fox, sheep, calf, pig)* et des noms d'origine française quand ils sont dans l'assiette *(beef, mutton, veal, pork)* ! Attention, *roast beef* étant indénombrable en anglais, on dit *a joint of beef* pour « un rôti de bœuf ».

### *sport*
Le mot, emprunté à l'anglais au début du XIX$^e$ siècle, vient de l'ancien français « desport », qui avait le sens de « divertissement ».

### *square*
Le mot *square*, signifiant littéralement « carré », vient du français « équerre ». Dans son acception particulière, le mot anglais désigne une « place » (de ville), non l'éventuel jardin qui s'y trouve. En franglais, le mot désigne au contraire, comme on sait, un « jardin public ». Le *square* français se dit *public garden* en anglais.

### *squatter* (v.)
« occuper illégalement »
Le verbe vient certes de *to squat* (« s'accroupir »), mais ce verbe est lui-même issu de l'ancien français « esquatir » (= « écraser »).

3. Les réemprunts : gallicismes anglicisés avec retour à l'envoyeur

### *standard*
De l'ancien français « estendart » (= « étalon de poids »)
« norme », « critère », « étalon »
*un standard du jazz* : « un classique du jazz »
*modèle standard* (adj.) : « modèle courant »

### *stress*
Vient de deux mots d'ancien français, « estrece » (= « étroitesse »), qui cause une constriction d'angoisse, et de « destrece » (« détresse », qui se dit en anglais *distress*).
« tension nerveuse »

### *suspense*
Vient de l'expression française « en suspens ». Équivalents éventuels : « intensité dramatique », « suspens ».

### *tennis*
Ce mot anglais vient de l'interjection, lancée lors du service au jeu de paume, « Tenez ! », que les Anglais déformèrent en... « Tennis ! ».

### *test*
Le mot fut emprunté au XIV$^e$ siècle à l'ancien français « test » (lui-même issu du latin *testum*), qui signifiait « pot de terre servant à l'essai de l'or » (en alchimie).

### *ticket*
Du français « étiquette » (ancien français « estiquet »).
« billet » ; (sens figuré américain) « liste électorale »

### *tunnel*
Du moyen français « tonel », forme première de « tonneau » et « tonnelle ». En anglais, le mot a d'abord désigné un filet tubulaire pour attraper les oiseaux, avant de prendre son sens ferroviaire. Il a été emprunté en ce sens par le français au début du XIX$^e$ siècle.

### *vintage*
(subst.) « porto millésimé » ; (adj.) « d'époque » ; « rétro », « à l'ancienne »
En anglais, le nom signifie « millésime », l'adjectif « millésimé ». Le mot vient du français « vendange ».

# 4
# Anglicismes purs et simples et leurs équivalents français

Cette liste pourra intéresser le lecteur à plus d'un titre. Tout d'abord, elle éclairera éventuellement l'utilisateur de tel ou tel anglicisme sur la véritable signification de mots qui sont parfois employés sans qu'on les comprenne vraiment. Elle renseignera également sur la simple *existence* d'équivalents en français, ce qui n'est pas sans importance, puisque trop souvent on se persuade qu'« il n'existe pas de mot en français ». Les raisons en sont diverses : incompréhension du mot, paresse de trouver un équivalent, idée que tout ce qui est anglo-saxon ou américain est plus en phase avec notre époque, que le français serait « dépassé », que le mot anglais sonne mieux, est plus précis... Les deux premières raisons sont très souvent vraies, les suivantes très souvent fausses. Cela dit, l'emploi de l'équivalent ne saurait être systématique, et le locuteur reste seul juge de l'opportunité d'utiliser l'anglicisme ou son équivalent. Car c'est l'utilisation *systématique et répétée* d'anglicismes à tout bout de champ qui est ridicule.

***abstract***
« synthèse », « résumé »

***after-shave***
« (lotion) après-rasage »

***airbag***
« coussin gonflable »

***aquaplaning***
« aquaplanage », « aquaglisse »

4. Anglicismes purs et simples et leurs équivalents français

*at*
« arrobase » ou « arobase »
Il est tout à fait regrettable que cet intrigant « arobase » recule devant *at*...
Le symbole @ a plus d'une origine !
Il était déjà utilisé au Moyen Âge pour les adresses, représentant la préposition latine *ad* (« vers »). Le mot anglais *at* (« chez ») est issu de *ad*.
Mais dans les pays anglo-saxons, le symbole @ est aussi utilisé depuis longtemps pour désigner des prix unitaires et il apparaissait déjà sur le clavier des machines à écrire.
Quant à l'« arobase », c'est une unité de mesure espagnole, symbolisée par... @. Le mot vient de l'espagnol *arroba*, lui-même issu de l'arabe *ar-rub* (signifiant « quart de quintal »). Pour faire bonne mesure, le mot « arobase » pourrait également venir d'une appellation de typographie française, « a rond bas » (pour « a rond bas-de-casse »)...

*attaché-case*
« mallette »

*audit*
« vérification comptable », « vérification », « contrôle »
Le mot *audit* ne désigne pas en anglais la personne qui vérifie les comptes et la gestion d'une société. Il est donc bien préférable d'utiliser à la rigueur en ce sens « auditeur », ou, mieux, « contrôleur de gestion » et « commissaire aux comptes ».

*award*
« prix », « récompense », « trophée »

*baby-boom*
« explosion démographique », « pic de natalité »

*background*
« arrière-plan », « toile de fond », « contexte » ; « antécédents », « historique »

*back office*
[entreprise] : « service d'appui », « arrière-guichet » (Québec)
[banque] : « post-marché »

II. LE DICO DU FRANGLAIS

**back-up** (*backup* en anglais) (subst. et adj.)
« secours (informatique) » ; « sauvegarde » ; (adj.) « de sauvegarde », « de soutien », « de secours »

*badge*
« insigne », « macaron » (Québec)

*banana split*
« banane Melba », « banane chantilly »

*barmaid*
« serveuse »

*barman*
« serveur »

*beautiful people*
« beau monde », « beau linge »

*benchmarking*
« analyse comparative », « évaluation par comparaison », « référenciation », « étalonnage », « parangonnage »
Déf. : « Procédure d'évaluation par rapport à un modèle reconnu, inscrite dans une recherche d'excellence. » (*JO*)

*best-seller*
« succès de librairie »

*big bang*
« grand boum », « boum originel » ; (fig.) « onde de choc »

*bimbo*
« jolie nunuche »

**black-out** (*blackout* en anglais)
(étourdissement) « trou noir »
(rétention d'informations, *news blackout* en anglais) : « silence radio », « occultation », « censure »

*bluff*
« culot », « poudre aux yeux », « esbroufe »
*y aller au bluff* : « y aller à l'esbroufe »

4. Anglicismes purs et simples et leurs équivalents français

Le substantif *bluff* et le verbe *to bluff* se sont d'abord utilisés en anglo-américain au poker.

### *blush*
« fard à joues »

### *boat people*
« réfugiés de la mer », « naufragés politiques »

### *body-building*
« musculation », « culturisme »
Celui qui pratique le *body-building* n'est pas forcément quelqu'un de « beau, débile, dingue » (Alfred Gilder) !

### *bookmaker*
« preneur de paris »
Cela dit, le *bookmaker* reste pour nous une spécialité anglo-saxonne, attendu que le PMU a en France le monopole des paris. Le mot anglais signifie littéralement « personne qui tient un livre (de paris) ».

### *boom*
« essor », « bond », « boum », « flambée », « euphorie », « hausse », « succès », « expansion », « feu de paille »
connaître un *boom* : « faire florès »

### *boots*
« bottines »

### *borderline*
« limite », « un cas limite »

### *boss*
« patron », « chef », « directeur », « grand manitou »

### *bottom line*
« résultat financier »

### *bow-window*
« fenêtre en saillie », « encorbellement », « oriel », « échauguette »

## II. LE DICO DU FRANGLAIS

**box-office** (*box office* en anglais)
« guichet de location » ; « palmarès des recettes », « cote de popularité »
Le mot composé signifie littéralement « guichet (de location) de loges ».

*boycott*
« mise à l'index », « mise en quarantaine », « torpillage », « rejet »
Le mot vient du nom d'un riche propriétaire terrien irlandais, Charles Cunningham Boycott (1832-1897), qui refusa de baisser ses loyers et essuya de la part de ses fermiers un blocus le conduisant à la ruine.

*brain drain*
« fuite des cerveaux », « exode des cerveaux »

*brainstorming*
« remue-méninges » (Louis Armand)

**brain-trust** (*brain trust* en anglais)
« conseil de direction », « groupe de réflexion », « aréopage »

*break*
« pause », « coupure »

*browser* [Internet]
« logiciel de navigation », « navigateur »

*brunch*
« grand petit déjeuner », « buffet matinal »
Mot-valise formé de *breakfast* et de *lunch*.

*bug*
« bogue », « dysfonctionnement »
L'origine du mot en informatique est assez curieuse puisque *bug* signifie... « insecte », « bestiole » en anglais. Quel rapport ? Eh bien, les gros ordinateurs attiraient naguère, en chauffant, les insectes qui s'y introduisaient et en détraquaient le fonctionnement... D'où l'utilisation métaphorique du terme.

4. Anglicismes purs et simples et leurs équivalents français

***bulldozer***
« pelleteuse », « bouteur »

***burnout***
« épuisement (total) »

***business angel***
« investisseur providentiel », « bon génie »
Déf. : « Investisseur privé qui apporte capital et savoir-faire à de jeunes entreprises innovantes sans rechercher de rendement immédiat, dans une perspective de succès à terme. » (*JO*)

***business class***
« classe affaires »

***business model***
« modèle économique », « modèle d'entreprise »

***business plan***
« plan d'affaire », « projet de lancement »

***business school***
« école de commerce »

***b to b (business to business)***
« communication interentreprises »

***buzz***
« rumeurs », « bouche-à-oreille »
Littéralement : « bourdonnement »

***call centre*** (GB), ***call center*** (ÉUA)
« centre d'appels »

***cameraman***
« cadreur », « opérateur de prises de vue »

***cardigan***
Du nom du comte de Cardigan (1797-1868), qui portait ce type de gilet.

135

II. LE DICO DU FRANGLAIS

*carjacking*
« piraterie routière », « vol de voiture sous la menace »

*cash and carry*
« libre-service de gros », « payé-emporté »

*cash-flow*
« marge brute d'autofinancement », « liquidités »

*cast*
« distribution (artistique) »

*casting*
« distribution » ; « audition »
*directeur de casting* : « régisseur de distribution »

*category manager*
« chef de produit »

*challenger*
« chalengeur », « rival », « concurrent », « défieur »

*charity business*
« secteur caritatif » (APFA)

*charter*
« vol affrété », « vol nolisé »
On ne dit pas en anglais « un charter », mais *a charter flight* (littéralement « un vol avec charte »).

*chat*
« tchat », « clavardage » (Québec), « causette »

*cheap*
« bon marché » ; « quelconque », « ordinaire », « minable », « de pacotille »

*check-in*
« procédure d'enregistrement »

**check-list** (*checklist* en anglais)
« liste de contrôle », « pense-bête »

4. Anglicismes purs et simples et leurs équivalents français

*checkpoint*
« (poste de) contrôle »

**check-up** (*checkup* en anglais)
« bilan de santé »

*Cheese !*
« Ouistiti ! », « Sexe ! »

*chewing-gum*
« gomme (à mâcher) » (Québec)

*chips*
Le premier sens de *chips*, c'est « copeaux », « éclats ».
Le terme ne signifie « chips » qu'en américain. En anglais, le mot désigne des « pommes de terre sautées », les « chips » se disant *crisps*.

*citizen's band (CB)*
« canal banalisé » (« CB »)

*clash*
« affrontement », « choc frontal », « accrochage », « algarade », « altercation », « éclat », « heurt », « esclandre », « scandale », « grabuge »

*class action*
« action de groupe » (*JO*), « action collective »

*clean*
« propre », « net » ; « soigné », « impeccable » ; « dépouillé »

*climax*
« apogée », « point culminant », « temps fort », « acmé »

*club*
« cercle »
Le premier sens en anglais est celui de « masse », ce qui explique les deux glissements de sens : « masse, groupe de gens, qui se rassemblent pour une activité commune » et l'utilisation du mot au golf (voir ci-dessous).

II. LE DICO DU FRANGLAIS

*club* [golf]
« canne », « fer »

**club-house** (*clubhouse* en anglais)
« pavillon »

*cluster* (pour *business cluster*)
« pôle de compétitivité », « grappe (d'entreprises) » (*JO*)

*c/o* (= *care of*)
« chez », « aux bons soins de »

*coach*
« mentor », « conseiller », « répétiteur », « entraîneur »

*coaching*
« mentorat », « accompagnement »

*cocooning*
« coucounage » (APFA)

*cockpit*
« poste de pilotage », « habitacle »

*cocktail*
L'orthographe « coquetel » a été adoptée par plusieurs écrivains (M. Aymé, B. Vian, R. Nimier, M. Tournier...). Attention ! Un « coquetel » dans le sens de « réception » se dit en anglais *a cocktail party*.
Le mot viendrait de « coquetier » et aurait été utilisé par un cabaretier francophone de Louisiane. Les Américains auraient alors déformé le mot en *cocktail*, « queue de coq » !

**come-back** (*comeback* en anglais)
« retour »

*coming out*
« déclaration publique d'homosexualité »

*computer*
« ordinateur »
L'équivalent français, suprêmement astucieux, a réussi à s'imposer sans mal !

## 4. Anglicismes purs et simples et leurs équivalents français

Il fut soumis au président d'IBM France, dans une lettre du 16 avril 1955, par le latiniste Jacques Perret, professeur à la Sorbonne, à qui l'on avait demandé de proposer un mot pour désigner le premier IBM 650. Celle-ci débute en ces termes : « Cher Monsieur, que diriez-vous d'"ordinateur" ? C'est un mot correctement formé, qui se trouve même dans le Littré comme adjectif désignant Dieu qui met de l'ordre dans le monde. »

*concept car*
« voiture concept »
Déf. : « Véhicule destiné à présenter au public un savoir-faire novateur en vue d'applications futures sur des véhicules en série. » (*JO*)

*consultant*
« expert-conseil »

*consulting*
« conseil »

*container*
« conteneur »

*cookie* [informatique]
« témoin (de connexion) », « mouchard »

*cool*
Le moins que l'on puisse dire est que l'on ne manque pas d'équivalents en français pour les deux sens de l'adjectif et, partant, que l'utilisation de *cool* en français est souvent assez ridicule, alors qu'elle passe pour branchée !
« décontracté », « calme », « tranquille », « zen », « à l'aise », « insouciant », « flegmatique »...
« super », « génial », « extra », « formidable », « chouette » ...

*copyright*
« droits d'auteur », « droits déposés »

*corner*
[football] : « tir d'angle », « coup de pied de coin » (*JO*), « coup de coin » (Sénégal)
[commerce] : « espace », « emplacement promotionnel »

## II. LE DICO DU FRANGLAIS

***corporate***
*communication corporate* : « communication d'entreprise », « communication institutionnelle »
*corporate social responsibility, CSR* : « responsabilité sociale de l'entreprise », « RSE »
Ce mot n'est guère recommandable en français, *corporate* n'étant pas transparent pour un francophone... L'adjectif anglais *corporate* (à rapprocher du substantif anglais *corporation*, « grosse entreprise ») signifie tout bonnement « de l'entreprise », « des entreprises », « propre à l'entreprise », etc. D'autre part, les équivalents sont tout à fait naturels.

***cosy***
« douillet », « chaleureux », « confortable »

***couch potato***
« drogué de télé », « téléphage » (Québec), « télézard » (Québec)

**cow-boy** (*cowboy* en anglais)
Pourquoi rejeter ce mot, typique de la civilisation américaine ? Cela dit, Alfred Gilder signale astucieusement deux équivalents provençaux : « gardian » et « manadier ». Mais on imagine mal les utiliser à la place de *cow-boy*.

***crackers***
« biscuits salés » (Québec)

***crash*** [avion]
« écrasement »

***crash*** [Bourse]
« krach »

***crash test***
« essai de choc »

***credit crunch***
« resserrement de crédit »

***crooner***
« chanteur de charme », « roucouleur »

4. Anglicismes purs et simples et leurs équivalents français

*crossover*
« incursion »
Déf. : « Pratique consistant, pour un artiste, à passer d'un genre de musique à un autre. » (*JO*)

*cubitainer*
« caisse-outre » (APFA), « cubiteneur » (APFA)

*curry*
« cari »

*cutter*
« tranchet »

*deadline*
« date butoir », « date limite »

*deal*
« marché », « transaction », « affaire qui marche », « coup », « opération »

*dealer*
« revendeur (de drogue) », « trafiquant (de drogue) »
Il faut savoir que *dealer* n'est pas forcément péjoratif en anglais et possède le sens général de « marchand », « négociant ». Par exemple, *a car dealer*, c'est un « concessionnaire automobile ».

*debriefing* (**débriefing** en franglais)
« compte rendu de mission »

*derrick*
« tour de forage »

*design*
« stylisme » ; « esthétique », « ligne », « conception » ; « décoration »
*agence de design* : « bureau de style »

*designer*
« styliste », « graphiste », « maquettiste », « décorateur »

141

II. LE DICO DU FRANGLAIS

*diet*
Le mot étant utilisé dans de nombreux noms (composés) de marques, savoir que ce « faux ami » signifie seulement en anglais « régime », et non... « diète » (qui se dit *starvation diet*).

*digest*
« condensé »

*directory*
« annuaire », « répertoire »

*disc-jockey*
« discotaire » (A. Gilder), « platineur » (A. Gilder)

*docker*
« débardeur », « déchargeur », « arrimeur »

*downsizing*
[économie d'entreprise] « réduction d'effectif », « compression de personnel »
[automobile] « réduction »
Déf. : « Diminution de la masse, des dimensions et de la cylindrée d'un moteur, visant à réduire sa consommation et son encombrement, tout en conservant ses performances de couple et de puissance. » (*JO*)

*draft*
« ébauche », « brouillon »

*drive-in*
« ciné-parc » (Québec)

*driver* [informatique]
« pilote de périphérique », « gestionnaire de périphérique »

*duffle-coat, duffel-coat*
La graphie *duffel-coat*, moins courante, serait pourtant préférable, attendu que ce type de manteau trois quarts était à l'origine fabriqué avec du molleton de Duffel, commune de Belgique.

*dumping*
« vente à perte »
*faire du dumping* : « casser les prix », « brader »

4. Anglicismes purs et simples et leurs équivalents français

***duty-free shop***
« boutique hors taxes »

***e-commerce***
« commerce en ligne », « cybercommerce »

***empowerment***
[économie d'entreprise] = *team building* : « renforcement d'équipe » (*JO*)
[sciences humaines] : « autonomisation » (*JO*)

***engineering***
« ingénierie »

***entertainment***
« divertissement », « amusement », « loisirs »

***entrepreneur***
Ce mot français nous a été emprunté par l'anglais dans le sens de « chef d'entreprise », avec retour à l'envoyeur. Cela peut prêter à confusion, puisque le sens traditionnel d'« entrepreneur » en français est celui d'« entrepreneur en bâtiment », qui se dit *building contractor* en anglais.

***escalator***
« escalier roulant »

***Establishment***
« gens en place », « ordre établi »

***executive***
(n.) « cadre »
(adj.) « directorial »
*executive manager* : « directeur opérationnel »

***fading***
« évanouissement »

***fair play***
« franc-jeu »

143

II. LE DICO DU FRANGLAIS

*fantasy*
« fantasie »
Déf. : « Genre situé à la croisée du fantastique et du merveilleux, qui prend ses sources dans l'histoire, les mythes, les contes et la science-fiction. » (*JO*) La « fantasie » est d'origine anglo-saxonne.

*fashion victim*
« esclave de la mode », « victime de la mode », « accro de la mode »

*fast food*
Pas de véritable équivalent en usage. Éventuellement : « restovite », « prêt-à-manger », ou bien encore « restaupouce » (APFA). Ou, selon le jeu de mots consacré, « néfaste food ».

*fax*
« télécopie »
Le mot *fax* est l'abréviation de *facsimile*.

*feed-back*
« retour », « effet (de) retour », « réaction », « rétroaction », « rétroinfo »

*ferry-boat*
« (navire) transbordeur »

*fifty-fifty*
« cinquante-cinquante », « moitié-moitié »,
*faire fifty-fifty* : « couper la poire en deux »

*fighting spirit*
« esprit de compétition »

*finish* (au)
« à l'arraché », « au poteau »

*fitness* (club de)
« club de remise en forme »

*fixing* [Bourse]
« fixage » ; « cours »

*flagship* [commerce]
« magasin phare », « vaisseau amiral », « porte-drapeau »

4. Anglicismes purs et simples et leurs équivalents français

*flash* [médias]
« nouvelle éclair », « brève »

*flashback*
« retour en arrière »

*flashy*
« voyant », « criard », « tape-à-l'œil », « qui en jette »

*flop*
« échec », « fiasco », « four », « bide »

*flyer*
« prospectus », « papillon », « invitation », « affichette »

*focus* (**sur...**)
« gros plan » (sur...) (fig.), « coup de projecteur » (sur...)

*footstool*
« repose-pied »

**free-lance** (*freelance* en anglais)
« travailleur indépendant », « pigiste »
Il faut noter que l'anglais ne dit pas littéralement *travailler en free-lance*, mais *to work freelance*, qui peut du reste être rendu par « travailler à son compte ».
Ce mot étrange a été forgé par Walter Scott pour désigner un mercenaire médiéval qui louait sa... lance.

*freeware*
« logiciel gratuit », « gratuiciel », « logiciel public » (APFA)

*freezer*
« congélateur », « bac de congélation »

*French cancan*
« cancan »
L'expression est composée d'un mot anglais, *French*, et d'un mot français, « cancan ». Ce dernier vient de « canard », les danseuses effectuant cette danse échevelée évoquaient cet animal ! Pour les Anglais, ce quadrille typique des cabarets représentait la folle vie parisienne de la fin du XIXe siècle. Les anglophones disent couramment *cancan* (sans *French*).

## II. LE DICO DU FRANGLAIS

### *frigidaire*
« réfrigérateur »
On sait que ce mot, étant un nom de marque (américaine), est utilisé abusivement pour désigner n'importe quel réfrigérateur. En anglais, le mot n'est plus usité, les anglophones disent *fridge*.

### *frisbee*
« discoplane »

### *front office*
[banque, Bourse] « salle des marchés »
[entreprise] « service de clientèle »

### *fun*
« ludique », « amusant », « divertissant », « marrant »

### *funboard*
« planche folle », « acroplanche »

### *gag*
« effet comique », « farce »

### *gap*
« écart », « trou », « fossé », « lacune »

### *gas-oil*
« gazole »

### *gay*
« homosexuel »
Le sens originel en anglais est bien évidemment celui de « gai », « joyeux », « insouciant ». La connotation sexuelle – mais non homosexuelle – découle de l'idée d'insouciance, donc de liberté, d'affranchissement vis-à-vis des contraintes. Au XVII$^e$ siècle, *a gay man*, c'était un... « coureur de jupons ». C'est vers le début du XX$^e$ siècle que le sens s'est spécialisé pour signifier « homosexuel ». Un dictionnaire d'argot anglais datant de 1933 mentionne *gay cat* pour « jeune homosexuel ». Le mot est jugé aujourd'hui comme étant moins péjoratif que les équivalents que l'on connaît.

4. Anglicismes purs et simples et leurs équivalents français

*Gay Pride*
Le terme signifie littéralement « fierté homosexuelle ». Il est à noter qu'en anglais le défilé se dit *Gay Pride Parade*.

*gentleman's agreement*
« accord verbal », « engagement moral »

*gentrification*
« embourgeoisement »
Ce terme anglais vient de *gentry*, « petite noblesse ».
Déf. : « Processus par lequel le profil économique et social des habitants d'un quartier populaire se transforme au profit d'une couche sociale supérieure. » (Wikipédia)

*glamour*
« séduction », « éclat », « charme », « magie », « fascination », « prestige »

**gloss** (*lip gloss* en anglais)
« brillant à lèvres »

*golden boy*
« enfant de la Bourse » (Yves Laroche-Claire)

*golden hello*
« prime d'arrivée »

*gore*
*film gore* : « film d'horreur », « film d'épouvante », « film sanglant », « hémoglobobine » (A. Gilder), « film garanti sang pour sang hache » (Jean-Pierre Colignon)

*gramophone*
« phonographe »

*groggy*
« sonné », « étourdi »
Le premier sens en anglais était « sonné par la consommation de trop de grogs ».

*groupie*
« admiratrice »

## II. LE DICO DU FRANGLAIS

*guest star*
« vedette invitée »

*Gulf Stream*
« courant nord-atlantique »
Le golfe en question dans l'expression littérale « Courant du Golfe » est le golfe du Mexique.

*hacker*
« pirate (informatique) », « cyberpirate »

*half-track*
« autochenille »

*hamburger*
« hambourgeois » (Québec)

*handicap*
Le mot est une contraction de *hand in cap* (« main dans la casquette »).
L'expression désigne à l'origine un jeu de troc qui permettait d'échanger des objets. Une somme d'argent placée dans la casquette servait à compenser l'éventuel désavantage de tel ou tel joueur. Par la suite, le mot *handicap* fut utilisé dans les courses de chevaux avec le sens de « désavantage ».

*happening*
« défoulement collectif »

*happy few (the)*
« les heureux élus », « les rares élus », « les privilégiés »

*hard = hard-core*
« pornographique », « porno »

*hard discount*
« maxidiscompte », « super-ristourne », « super-rabais », « super-remise »

*hard discounter*
« maxidiscompteur », « magasin minimarge », « solderie », « casseur de prix » (APFA), « casse-prix » (APFA)

4. Anglicismes purs et simples et leurs équivalents français

*hardware* [informatique]
« matériel »

*has been*
« vieille gloire »
*C'est un has been.* – « Il a fait son temps. »/« Il est fini. »/« Il est hors jeu (= hors circuit). »/« Il a son passé derrière lui. »/« Il est sur le retour. »

*hedge fund*
« fonds spéculatif »
Déf. : « Fonds d'investissement à haut risque portant principalement sur des produits à effet de levier particulièrement élevé, c'est-à-dire permettant, pour des mises limitées, d'opérer sur des montants beaucoup plus importants, mais avec des risques considérables. » (*JO*)

*high technology = high tech* (**high-tech** en franglais)
« technologie de pointe »

*hit parade* (**hit-parade** en franglais)
« palmarès »
Le mot composé *hit parade* ne s'utilise plus guère en anglais. Les anglophones disent plutôt *the top ten* ou *the charts*.

*hobby*
« passe-temps », « violon d'Ingres », « dada »

**hold-up** (*holdup* en anglais)
« attaque à main armée », « braquage »

*home cinema*
« cinéma à domicile », « cinédom »

*hooligan*
« voyou », « vandale »
Ce mot a sans doute pour origine le nom d'une famille irlandaise rebelle, établie dans le sud-est de Londres vers la fin du XIX$^e$ siècle.

*hot desking*
« bureaux à la carte »

**hot-dog** (*hot dog* en anglais)
« chien chaud » (Québec), « sauci-pain », « croque-saucisse » (J. Boly)
L'origine de *hot dog* est assez saugrenue... La forme de la saucisse a évoqué dès le début celle du teckel, appelé plaisamment en anglais *sausage dog* (littéralement « chien-saucisse »). Le mot *sausage* ayant été escamoté, le tour était joué !

*hot line*
« aide en ligne », « téléassistance »

*house-boat*
« coche de plaisance »

*hovercraft*
« aéroglisseur »

*hub*
« plate-forme de correspondance », « plaque tournante », « pôle (d'échanges) », « pivot », « point nodal » (dans le domaine ferroviaire)
Déf. : « Point d'embarquement ou de débarquement de voyageurs ou de marchandises assurant de multiples correspondances entre diverses compagnies de transport d'un même réseau ou l'interconnexion entre différents réseaux ou modes de transport. » (*JO*)

*incentive*
« stimulation », « stimulus », « motivation », « encouragement » ; « voyage de motivation » (*incentive tour* en anglais)

*incoterms (International Commercial Terms)*
« CIV » (Conditions internationales de vente)

*item*
« élément », « point », « article »
C'est sous l'influence de l'anglais que ce mot... latin (adverbe signifiant « de même » dans une énumération) a repris du service en français vers 1960.

*jack*
« fiche », « connecteur »

## 4. Anglicismes purs et simples et leurs équivalents français

***jackpot***
*gagner le jackpot* : « décrocher la timbale », « tirer le gros lot », « rafler la mise »

***jam session***
« bœuf »
Le sens argotique d'« improvisation musicale » (en jazz) viendrait peut-être du nom du célèbre cabaret parisien des Années Folles *Le Bœuf sur le Toit*.

***jerrycan***
« bidon », « nourrice »
Le mot anglais signifie littéralement « bidon boche » !

***jet set***
« gratin mondain »
Littéralement, le mot signifie « coterie voyageant en avion à réaction ».

***jingle***
« indicatif », « ritournelle (publicitaire) », « sonal »

***job***
« emploi », « (petit) boulot », « travail », « poste », « fonction », « métier »
Pour désigner un petit boulot, les Québécois parlent d'une « jobine ».

***joint*** [drogue]
« pétard »

***joint-venture***
« coentreprise »
Déf. : « Projet économique élaboré par une association d'entreprises selon des modalités diverses et permettant en général de bénéficier des synergies des entreprises associées. » (*JO*)

***joystick***
[aviation] « manche à balai »
[jeu vidéo] « manette (de jeu) »

***jumbo-jet***
« gros-porteur »

## II. LE DICO DU FRANGLAIS

*jumping*
« (épreuve de) saut d'obstacles », « concours hippique »

*junkie*
« toxicomane », « toxico », « drogué »

*kit*
« lot », « ensemble » ; « trousse », « nécessaire » ; « prêt-à-monter »
*vendu en kit* : « vendu en prêt-à-monter »
*kit de survie* : « équipement de survie », « trousse de secours »
*kit mains libres* : « système mains libres »

*kitchenette*
« cuisinette »

*Kleenex*
« mouchoir en papier »
Le mot Kleenex est un nom de marque déposée, donc abusivement utilisé pour désigner n'importe quel mouchoir en papier. Notons que les anglophones utilisent beaucoup plus volontiers le mot *tissue*.

*knickerbockers, knickers*
« culotte de golf »
Certes, les Américains, comme les Français, utilisent l'abréviation *knickers*. Mais il faut quand même savoir que pour les Britanniques *knickers* signifie « petite culotte » (de femme) !

**knock-out, K.-O.** (*knockout* en anglais)
« assommé »
Ce mot appelle plusieurs remarques. On dit bien en anglais « gagner par knock-out » (*to win by a knockout*). Mais, en tant qu'adjectif, *knockout* signifie en anglais « qui assomme », « formidable », en parlant du coup porté, et ne signifie pas « assommé » (qui se dirait *knocked out*). « Je suis K.-O. » est donc un faux anglicisme.

*lad*
« garçon d'écurie », « palefrenier »

*Latin lover*
« chaud Latin » (Alfred Gilder) !

## 4. Anglicismes purs et simples et leurs équivalents français

***leader***
« dirigeant », « guide », « chef », « chef de file », « pilote », « numéro un », « figure de proue », « meneur de jeu »

***leadership***
« commandement », « direction » ; « suprématie », « primauté », « hégémonie », « domination »

***leggings*** ou ***leggins***
« jambières » ; « guêtres »

***light***
« allégé »

***links***
« (terrain de) golf »

***live***
« en direct » ; « en concert », « sur le vif »

***lob*** [tennis]
« chandelle »

***lobby***
« groupe de pression »
Le sens dérivé vient des sens concrets du mot *lobby* : « antichambre », « vestibule », « couloir ». En anglais, *the lobby of the House*, c'est « la salle des pas perdus de la Chambre », d'où l'idée d'intrigues et de manigances...

***lobbying***
*faire du lobbying* : « jouer de son influence », « agir en coulisse », « faire couloir » (Côte d'Ivoire)

***lock-out*** (***lockout*** en anglais)
« fermeture (d'usine) »

***login*** [informatique]
« nom d'utilisateur », « identifiant de connexion »

***lol (laughing out loud)***
« mdr » (« mort de rire »)

## II. LE DICO DU FRANGLAIS

*look*
« allure », « mine », « aspect », « air », « apparence », « image », « genre », « ligne », « profil », « dégaine »

*loft*
« plateau aménagé »
Signalons que, normalement, le mot anglais *loft* signifie « grenier » ou « étage supérieur d'un local professionnel ». On ne devrait donc pas parler de *loft* au rez-de-chaussée... ! Dans le sens élargi, l'anglais dira plutôt *open space*.

*looping*
« voltige », « boucle »

*loser*
« perdant », « malchanceux », « guignard »

*lyrics* [chanson]
« paroles »

*macadam*
Du nom de l'ingénieur écossais J.L. McAdam (1756-1836)

*magnet* (**magnet's** en franglais !)
« aimantin »

*mailing*
« publipostage »

*mailing list*
« liste de diffusion »

*mangrove*
« palétuviers »
Le mot anglais est lui-même issu du malais.

*marketing*
« mercatique », « étude de marché », « stratégie commerciale »

*marketing mix*
« marchéage », « plan mercatique »
Le « marchéage » est la coordination de toutes les actions commerciales.

## 4. Anglicismes purs et simples et leurs équivalents français

***master*** [université]
« mastère »

***master class*** [musique classique]
« cours d'interprétation »

***medley***
« pot-pourri »

***meeting***
« rassemblement (politique) » ; « rencontre (sportive) », « manifestation (sportive) »
L'utilisation de cet anglicisme est regrettable, attendu que les anglophones donnent un sens général au mot *meeting* (« réunion ») – par exemple : *He's in a meeting.* (« Il est en réunion. ») – et qu'ils utilisent plutôt le mot *rally* pour parler de meeting politique...

***melting-pot*** (***melting pot*** en anglais)
« creuset »

***merchandising***
« marchandisage »
Déf. : « Ensemble des méthodes et des techniques ayant trait à la présentation et à la mise en valeur des produits sur les lieux de vente. » (*JO*)

***mobile home***
« résidence mobile »

***monitoring***
« surveillance », « télésurveillance »
Rappelons que le verbe anglais *to monitor* signifie « contrôler », « surveiller », et qu'un « moniteur » (en informatique) est à proprement parler un « écran de contrôle ». (*Monitor* en latin signifie « celui qui avertit ».)

***morphing*** [informatique et audiovisuel]
« morphose »
Déf. : « Transformation progressive d'une image en une autre par traitement informatique. » (*JO*)

## II. LE DICO DU FRANGLAIS

*mug*
« gobelet », « chope »

**music-hall** (*music hall* en anglais)
« théâtre de variétés », « café-concert »

*must* (**un**)
« incontournable », « le summum », « le *nec plus ultra* » ; « un objet culte »

*net-...*
« cyber... »

*network*
« réseau »

*networking* [économie d'entreprise]
« réseautage »

*new-look*
« nouvelle formule », « nouvelle présentation », « tout beau tout neuf »

*newsgroup* [Internet]
« forum »

*newsletter*
« lettre d'information », « infolettre »

*newsmagazine, news*
« magazine d'information », « hebdomadaire », « hebdo »

**night-club** (*nightclub* en anglais)
« boîte de nuit »

*no man's land*
« zone démilitarisée », « glacis », « zone tampon », « zone frontière » ; « terrain neutre »

*non-stop*
« sans arrêt », « sans interruption », « sans trêve », « sans répit », « sans discontinuer », « sans désemparer », « en continu » ; « sans escale »

4. Anglicismes purs et simples et leurs équivalents français

***no-show***
« voyageur défaillant », « défaillant »

***nugget***
« croquette »
Littéralement, le mot signifie « pépite ».

***off***
*voix off* : « voix hors champ »
*dire en off* : « dire sous couvert d'anonymat », « dire sans vouloir être cité »
*festival off* : « contre-festival »
Le mot vient de l'expression *off-Broadway*, désignant un spectacle d'avant-garde « en marge de Broadway ».

***offshore***
Littéralement : « loin de la côte », « au large »
*plate-forme offshore* : « plate-forme en mer », « plate-forme hauturière »
*société offshore* : « société extraterritoriale »

***O.K.***
Il est piquant de constater que l'origine de cet *O.K.* – peut-être le vocable le plus international qui soit ! – est fort obscure... S'agit-il de l'expression *Oll Korrect*, mal orthographiée ? Ou de l'expression *0 (Zero) Killed*, indiquant l'absence de pertes humaines durant la guerre de Sécession ? Ou bien encore du mot... occitan *oc* signifiant « oui » ?

***one-man show***
« spectacle (en) solo »

***Oops !***
« Houp là ! »
Pourquoi certains Français se sont-ils soudain mis à utiliser cette onomatopée anglaise ?

***open*** [sport]
« tournoi ouvert »

***open bar***
« bar à volonté »

## II. LE DICO DU FRANGLAIS

*open space*
« plateau », « espace aménagé » ; « bureau paysager (ou paysagé) », « espace partagé »

*out* (être)
« hors course », « hors circuit », « hors jeu », « hors du coup »

*outplacement*
« replacement externe », « réorientation de carrière » (APFA)
Déf. : « Le fait de donner au salarié d'une entreprise un nouvel emploi dans une autre entreprise. » (*JO*)

*outsider*
« non-favori », « candidat-surprise », « hors-coté » (A. Gilder)

*outsourcing*
« externalisation », « sous-traitance »
De la part d'une entreprise, recours à un service extérieur pour assurer une activité dont elle ne veut plus se charger.

*overdose*
« surdose »

*pacemaker*
« stimulateur cardiaque »

*pack*
« carton » ; « lot », « ensemble »

*package*
[tourisme] : « forfait »
[audiovisuel] : « achat groupé »

*packaging*
« conditionnement », « emballage », « empaquetage »

**passing-shot** (*passing shot* en anglais) [tennis]
« tir passant »

*patchwork*
« mosaïque », « amalgame », « pot-pourri », « kaléidoscope », « méli-mélo »

4. Anglicismes purs et simples et leurs équivalents français

*peanuts*
« clopinettes », « zéro », « roupie de sansonnet »

*peeling*
« exfoliation », « gommage »

*peep-show* (*peep show* en anglais)
« mirodrome »
Le mot vient de *show* (« spectacle ») et du verbe *to peep* (« regarder furtivement »).

*penalty*
« tir de réparation »
Le mot anglais signifie « pénalité » au sens général.

*pep = punch*
« énergie », « tonus », « entrain », « dynamisme », « pêche » (fam.)

*phoning*
« démarchage téléphonique »

*photo-finish*
« photo d'arrivée »
Littéralement, l'expression anglaise *photo finish* signifie « fin de course avec photo ». Elle ne désigne pas la photo même.

*pickles*
« marinades » (Québec)

*pickpocket*
« voleur à la tire »

*pick-up*
« camionnette découverte »

*piercing*
« perçage »

*pin-up*
« fille canon », « vénus », « reine de beauté », « belle plante »
Littéralement : « fille à épingler (au mur) »

## II. LE DICO DU FRANGLAIS

*pipeline*
« oléoduc »

*pitch* [audiovisuel]
« présentation », « argument », « résumé », « condensé »
Déf. : « Texte court, résumant sommairement un film ou autre spectacle, et destiné à susciter l'intérêt du public, le *pitch* n'est rien d'autre qu'une présentation, désormais confiée le plus souvent aux acteurs eux-mêmes au moment de la sortie du film, à des fins de promotion. » (CGTN)
Le mot anglais signifie littéralement... « boniment ».

*plaid*
« couverture de voyage »
Le terme *plaid* appelle deux remarques. D'abord en anglais, il désigne une pièce de tissu écossais jetée sur les épaules en guise de manteau dans le costume traditionnel écossais, ainsi que ce type de tissu. Il n'a donc pas vraiment le sens de couverture de voyage... Deuxièmement, il se prononce en anglais [plæd] et non [pld]...

**play-boy** (*playboy* en anglais)
« bourreau des cœurs »

*playlist*
« sélection », « liste d'écoute »

*playmate*
« partenaire (amoureux) »

*plug-in*
« module d'extension », « extension »

*podcasting*
« diffusion pour baladeur », « baladodiffusion »

*pole position*
« position de tête », « position de pointe »

*pool*
[gén.] : « réservoir », « équipe »
[finances] : « tour de table »

## 4. Anglicismes purs et simples et leurs équivalents français

*pooling*
« mise en commun »

**pop-up (fenêtre)** [Internet] (*popup* en anglais)
« (fenêtre) intruse »

*poster*
« affiche »

*prime time*
« heure de grande écoute »

*private joke*
« blague intime »

*process*
« processus », « procédé », « procédure », « opération », « technique »

*profiling*
« profilage », « analyse comportementale »
Déf. : « Établissement *a posteriori*, à partir d'indices liés à un acte ou un comportement, d'un profil psychosociologique de personnalité compatible avec l'acte ou le comportement en question. » (*JO*)

*prospect*
« client potentiel », « pré-client »

**public-relations** *(public relations* en anglais*)*
« relations publiques », « communication »
Le mot « communication » est bien préférable. Alfred Gilder souligne l'ambiguïté du calque « relations publiques », « public » en français « se rapportant aux choses d'État ou de l'administration », ce qui n'est pas le cas dans cette expression.

**pull-over** (*pullover* en anglais)
« chandail »

*quiz*
« jeu de questions-réponses », « jeu-concours »
Le mot a également en anglais le sens d'« interrogation écrite (ou orale) ». Le jeu télévisé se dit en anglais *quiz-show*. Attention, le français a la fâcheuse tendance de doubler le *z* final.

II. LE DICO DU FRANGLAIS

Quant à l'étymologie, elle est incertaine. L'une des plus probables serait le mot français... « inquisition ».

*rack*
« râtelier », « rail », « portant » ; « étagère », « meuble » ; « châssis », « claie », « baie », « compartiment » ; « présentoir »

*racket*
« rançonnement », « extorsion de fonds »

*rafting*
« descente en radeau », « descente de rapides »

*raider*
« pirate financier », « prédateur », « écumeur », « vautour »

*rash*
« éruption cutanée »

*rave (party)*
« soirée techno »

*reality show*
« émission de téléréalité »

*re-engineering* [économie d'entreprise]
« reconfiguration »
Déf. : « Remise en cause radicale de l'entreprise pour rendre ses performances aussi bonnes que possible. » (*JO*)

*remake*
« nouvelle version », « nouvelle mouture », « retournage »

*remix*
« réorchestration »

*reporter*
« envoyé spécial », « correspondant »

*reporting*
[économie d'entreprise] : « compte rendu » (*JO*)
[comptabilité] : « reddition des comptes » (**APFA**)
[finances] : « déclaration des ordres » (**APFA**)

4. Anglicismes purs et simples et leurs équivalents français

***resort***
« complexe touristique », « complexe hôtelier »
Le mot *resort* en anglais signifie « station balnéaire » ou « station de ski ». La spécialisation de *resort* en franglais correspond à *resort hotel* en anglais.

***revival***
« renouveau », « renaissance »

***rewriting***
« réécriture », « remaniement », « refonte », « révision »

***road movie***
« film d'errance »

***road show***
« tournée de présentation »

***rocking-chair***
« fauteuil à bascule », « berçante » (Québec), « dodine » (Martinique, Haïti)

***room service***
« service des chambres »

***royalties***
« droits d'auteur »

***rush***
« ruée », « heure d'affluence », « heure de pointe », « bousculade », « foire d'empoigne »

***rushes*** [cinéma]
« épreuves »

***safe sex***
« sexe sans risque », « sécuri-sexe », « sexurité »

***sampler***
« échantillonneur »

***sampling***
« échantillonnage »

## II. LE DICO DU FRANGLAIS

*sandwich*
Ce mot est imputable au comte de Sandwich (1718-1792), dont le cuisinier avait préparé ce type d'en-cas afin que son maître pût se restaurer tout en continuant à jouer aux cartes !
*pris en sandwich* : « pris en tenaille », « pris en étau »

**science-fiction** (*science fiction* en anglais)
« (œuvre d') anticipation »
L'utilisation du mot en français, avec trait d'union et prononciation française, est regrettable, la construction du mot composé étant « à l'anglaise », c'est-à-dire à l'envers du français ! Il eût mieux valu forger un calque tel que « fiction scientifique ».

*scoop*
« coup (médiatique) » ; « primeur », « avant-première », « exclusivité »

*scooter*
« pétrolette », « pétarelle » (Auvergne)
Le mot signifie également « trottinette » en anglais. Un « scooter » est à proprement parler en anglais *a motor scooter*.

*scout* (*talent*)
Il faut savoir que *scout* signifie littéralement « éclaireur ». On retrouve ce sens dans *talent scout*, « dénicheur de talents, prospecteurs ».

*script*
« scénario »

*self-service*
« libre-service »

*self-made man*
*C'est un self-made man.* – « Il a réussi par ses propres moyens. »/« Il s'est fait par lui-même. »/« Il est l'artisan de sa propre réussite. »

*serial killer*
« tueur en série »

4. Anglicismes purs et simples et leurs équivalents français

***sex-symbol*** (***sex symbol*** en anglais)
« symbole sexuel », « fantasme vivant » (Yves Laroche-Claire)
La francisation en « sexe-symbole » n'est franchement pas heureuse.

***sexy***
« excitant », « séduisant », « aguicheur », « affriolant », « érotique », « émoustillant », « troublant » ; « attrayant » (fig., en parlant d'un sujet)
Mentionnons ces astucieux néologismes : « sexcitant » (J. Boly) ou « sexplosif ».

***shaker***
« verre à mélanger » (Québec), « coquetelier » (Québec)

***shareware***
« partagiciel »

***sherry***
« xérès »

***shoot*** [cinéma]
« tournage »

***shooter***
« tirer »

***shooter (se)***
« se piquer »

***shop in (the) shop***
« espace-boutique » (*JO*)
Déf. : « Boutique aménagée à l'intérieur d'un magasin. »

***shopping***
*faire du shopping* : « faire des emplettes », « faire des courses », « faire les magasins », « magasiner » (Québec)

***short-list***
« liste restreinte »

***shot***
« petit coup » (d'alcool), « verre à vodka », « dé à coudre », « mesure »

165

## show
« spectacle », « gala », « représentation » ; « parade », « numéro », « exhibition »

## show-business, showbiz
« industrie du spectacle », « monde du spectacle »

## showroom
« salle d'exposition », « salon d'exposition »

## shuttle
« navette »

## Silicon Valley
« Vallée du Silicium »

## single
« CD deux titres »

## sitcom
« comédie de situation »

## sit-in
« occupation des lieux », « occupation des locaux », « fesse-bitume » (A. Gilder)

## sketch
« saynète »
Signalons que le premier sens de *sketch* en anglais est celui d'« esquisse ».

## skipper
« barreur » (de voilier) ; « capitaine » (de bateau, de yacht)

## slash
« barre oblique »

## smiley
« frimousse », « binette » (Québec), « émoticône »

## SMS
« texto »
Le sigle anglais *SMS* (*Short Message Service* ou *System*, « service de minimessages ») désigne à proprement parler la mes-

4. Anglicismes purs et simples et leurs équivalents français

sagerie elle-même. Les anglophones disent *a text message* pour « un texto » et *to text somebody* pour « envoyer un texto à quelqu'un ».

*sniper*
« tireur embusqué »
A *snipe* en anglais, c'est une « bécassine », *to snipe* signifie « chasser la bécassine », et donc *a sniper*, c'est à l'origine un « chasseur de bécassine », qui doit rester caché pour tirer !

*snob*
« poseur », « m'as-tu-vu »
Le mot *snob* est en anglais seulement substantif : *a snob*, « un snob ». L'adjectif est *snobbish*, le « snobisme » se dit *snobbery* ou *snobbishness*.
Le terme signifie à l'origine « cordonnier » et était utilisé par les étudiants d'Oxford pour désigner avec mépris un « individu sans distinction cherchant à imiter les aristocrates ». En revanche, *snob* ne vient pas de l'abréviation de l'expression latine *sine nobilitate* (« sans noblesse »), étymologie qui paraît fantaisiste...

*snowboard*
« monoski », « planche à neige » (Québec)

*snowboarder*
« nivoplanchiste »

**soap-opéra** *(soap opera* en anglais*)* ou **soap**
« série télévisée »
Ce genre de feuilleton, littéralement « opéra pour du savon », était à l'origine entrecoupé de publicités pour des produits détergents, d'où cette étrange appellation !

*soft drink*
« boisson sans alcool »

*software, soft* (franglais)
« logiciel »
Cas de l'équivalent français adopté rapidement et parfaitement. Le mot « logiciel » a été forgé de toutes pièces en 1971 par le général Ferré, président de la Commission de terminologie informatique française. Signalons aussi que *software* est

167

indénombrable en anglais, et que l'on dit donc *a software program (me)*.

### *sourcing*
« sourçage »
Déf. : « Activité de mise en relation des centrales d'achat, des grossistes, des importateurs avec des fabricants étrangers afin de trouver dans tout pays du monde des produits au meilleur rapport qualité-prix. » (*JO*)

### *spa*
1) « centre de remise en forme »
2) « bain à remous », « bain tourbillon »
Le mot, courant en anglais depuis quelques siècles, provient de la ville d'eaux de Spa en Belgique (dans la province de Liège), le premier sens étant donc celui de « station thermale ». Ce type de station connut un grand succès en Angleterre du XVII$^e$ au XIX$^e$ siècle, mais proposait principalement, avant la fin du XIX$^e$ siècle, des cures d'eau de bouche, et le mot *spa* a signifié également en anglais « eau minérale ». Le sens de « bain à remous » est postérieur.

### *spam*
« pourriel »

### *spamming*
« arrosage publicitaire »

### *speech*
« discours », « allocution »

### *spillover*
« transfert sectoriel » (*JO*)
Déf. : « Passage massif de personnes actives d'un secteur de l'économie à un autre. »

### *spin doctor*
« façonneur d'image » (*JO*)
Déf. : « Spécialiste en communication qui façonne l'image publique d'un politicien. »

### *spleen*
« vague à l'âme », « mélancolie »

4. Anglicismes purs et simples et leurs équivalents français

Anglicisme littéraire. Le mot fut popularisé par les romantiques français au XIX$^e$ siècle, notamment par Baudelaire (cf. *Le Spleen de Paris*). Ce terme, issu du grec, signifie très exactement « rate », et le glissement de sens tient au fait que, selon la médecine de jadis, la rate était le siège des humeurs noires. Il a dans l'anglais d'aujourd'hui un sens différent, signifiant « vive colère », « courroux », par exemple dans l'expression littéraire *to give vent to one's spleen*, « donner libre cours à sa colère ».

*spoiler*
[aviation] « aérofrein »
[automobile] « déflecteur aérodynamique », « becquet », « béquet »
Le mot vient du verbe français « spolier », et, de fait, ce dispositif « prive » de vitesse.

*spoofing* [Internet]
« usurpation d'adresse »

*sportswear*
« tenues de sport »

*spray*
« aérosol », « atomiseur » ; « nébuliseur », « pulvérisateur »

*staff*
« personnel » ; « équipe », « service »

*stand*
« emplacement », « espace (reservé) » ; « éventaire »

*stand-by (en)*
« en attente », « en suspens », « en réserve », « en souffrance » ; « en transit »

*standing ovation*
« ovation debout » (Québec)

*star*
« vedette », « étoile », « idole », « monstre sacré »

169

## II. LE DICO DU FRANGLAIS

*star system*
« vedettariat »

*starting-block*
« bloc de départ », « cale de départ », « butée »

*start-up*
« jeune pousse »

**steeple-chase** *(steeplechase* en anglais*)*
« course d'obstacles »
Littéralement, le mot signifie « course de clocher », vu qu'à l'origine le terme de la course en campagne était le clocher d'une église.

*steward*
« garçon de cabine »
Ce mot appelle quelques remarques. Tout d'abord, il a plusieurs sens en anglais, dont celui d'« intendant », d'« économe », ou bien encore d'« organisateur » (d'une rencontre sportive). Quant aux Américains, ils utilisent volontiers *flight attendant*. Enfin, relevons que les Français le prononcent curieusement « stewar*t* ».

*stick*
« bâton », « bâtonnet » ; « dosette »

*sticker*
« autocollant »

*stock option*
« option sur titres »
Déf. : « Dans une acception courante, l'expression "option sur titres" désigne une option d'acquisition ou de souscription d'actions lorsqu'elle est offerte par une entreprise à ses salariés ou ses dirigeants à des conditions préférentielles et à des fins d'intéressement. » (CGTN)

*stop-over (stopover* en anglais*)*
« escale »

*story-board (storyboard* en anglais*)*
« scénarimage »

4. Anglicismes purs et simples et leurs équivalents français

*stretching*
« étirement (musculaire) »

*strip-tease*
« effeuillage »

*success story*
« réussite »

*suite*
« appartement » (dans un hôtel)

*SUV (sport utility vehicle)*
« TTL » (tout-terrain de loisir)

*sunlight*
« projecteur »

*superwoman*
« femme d'exception »

*supply chain*
« chaîne logistique »

*swap* [banque]
« échange (financier) »
Le mot *swap* signifie tout simplement « échange » en anglais général, et *to swap* « échanger ». Le calque franglais *swaper* est donc inutile et ridicule.

**take-off** (*takeoff* en anglais) [économie]
« décollage », « démarrage », « essor »

*talk-show*
« débat télévisé »

*tank*
« char d'assaut », « blindé »

*tanker*
« pétrolier », « navire-citerne »

## II. LE DICO DU FRANGLAIS

***tarmac*** [aérodrome]
Le *tarmac*, c'est du « macadam goudronné », *tar* signifiant « goudron » en anglais.

***task force***
« groupe de travail », « groupe de projet », « comité de réflexion » ; « groupe d'intervention », « détachement »

***team building***
« renforcement d'équipe »

***teaser*** [publicité]
« aguiche »

***teasing***
« aguichage »

**tennis-elbow** (*tennis elbow* en anglais)
« épicondylite »

***think tank***
« groupe (cercle, cellule) de réflexion », « laboratoire d'idées »

***thriller***
« film à frissons »

**tie-break** (*tie break* en anglais) [tennis]
« jeu décisif »
Littéralement, l'expression anglaise signifie « rupture de score nul ».

***tilt***
« déclic »
*Cela a fait tilt.* – « Un déclic s'est produit. »

***time-sharing*** [tourisme]
« multipropriété »

***timing***
« minutage », « synchronisation » ; « calendrier », « planification », « échéancier », « programme »

## 4. Anglicismes purs et simples et leurs équivalents français

*toner*
« cartouche », « encreur »
Le mot *toner* désigne à proprement parler en anglais l'« encre » de la cartouche. Le mot exact en anglais pour « cartouche », c'est *toner cartridge*.

*topless*
« seins nus »
Littéralement : « sans haut »

*top model*
« mannequin vedette »

*top secret*
« ultrasecret »

*tracking*
« suivi », « pistage »

*tract*
Du latin *tractatus*, « traité ». À vrai dire, le sens de *tract* en anglais est celui de « traité religieux », ou encore celui de « pamphlet ». Le mot anglais courant correspondant au sens français est *leaflet*.

*trader*
« opérateur de marché », « arbitragiste »

*trash*
*mode trash* : « mode poubelle »
*C'est trash.* – « C'est répugnant. »/« C'est débectant. »
Le substantif *trash* signifie en anglais « ordures », mais aussi « camelote » et « racaille ». Ce n'est donc pas un adjectif, lequel est *trashy* en anglais.

*trekking*
« grande randonnée »

**trench-coat** (*trench coat* en anglais**) = trench** (seulement en franglais)
« imperméable (à ceinture) »
Le mot composé anglais signifie littéralement « manteau de tranchée ».

## *trip*
(pr.) « voyage » ; (fig.) « fantasme »
Le mot désigne en anglais l'état hallucinatoire dû à l'absorption d'une drogue.

## *trivial*
« banal », « sans importance »
Attention au glissement de sens... Il s'agit là d'un « faux ami » classique, « trivial » signifiant en français « vulgaire », « grossier ». Le sens du nom du jeu célèbre le *Trivial Pursuit*, c'est approximativement « passe-temps sans conséquence ».

## *trust*
« cartel », « consortium »
Ce groupement de sociétés qui s'entendent pour dominer un marché était désigné à l'origine par le terme de *trust company*, littéralement « société de confiance ».

## *turnover*
« rotation (du personnel, des effectifs, des marchandises) », « taux de rotation », « renouvellement », « roulement »
Signalons que le mot signifie également en anglais « chiffre d'affaires ». L'emploi de cet anglicisme paraît bien inutile.

## *tuner*
« syntoniseur »

## *tuning* [automobile]
« personnalisation »

## *underground* (mouvement)
« marginal », « souterrain », « parallèle » ; « contre-culture »

## *understatement*
« litote »

## *up-to-date*
« à la page », « à la mode », « au goût du jour »

## *vanity-case*
« mallette de toilette » (APFA), « valibelle » (Belgique)

4. Anglicismes purs et simples et leurs équivalents français

***venture capital***
« capital-risque »

***vidéoclub***
« club vidéo »
L'inversion est loin d'être anodine ! Rappelons que l'anglais construit ses noms composés à l'envers du français... Que cet exemple serve donc d'exemple type, afin d'éviter de franches horreurs comme *cuir center*...

***VIP (Very Important Person)***
« personnalité », « dignitaire, », « gros bonnet », « notable », « personnage de marque », « huile », « célébrité »

***Wait and see***
« Attendons de voir. »/« Il est urgent d'attendre. »/« On verra bien. »
Cette expression était abondamment utilisée par H.H. Asquith (1852-1928), Premier ministre britannique de 1908 à 1916. Littéralement, l'expression signifie : « Attendez et voyez. »

***waterproof***
« étanche »

***webcam***
« cybercaméra »

***webmaster***
« webmestre », « administrateur de site »

**week-end** (*weekend* en anglais)
« fin de semaine » (Québec), « dominique » (Bordeaux, Île de la Martinique), « entresemaine » (A. Gilder)
En espagnol : *fin de semana* ; en allemand : *Wochenende*.

***Welfare State***
« État-Providence »

***western***
« opéra de Quat'Sioux » (Noctuel)

**white-spirit** (*white spirit* en anglais)
« solvant », « diluant »
Littéralement, *white spirit* signifie « essence blanche ».

175

## II. LE DICO DU FRANGLAIS

### *wishbone*
« double bôme », « bréchet »
Les véliplanchistes connaissent bien ce mot, puisqu'il désigne une vergue en forme d'arceau entourant une voile. En anglais le mot désigne initialement le « bréchet », os de poulet que l'on casse en faisant un vœu. (*Wishbone*, littéralement : « os à vœu ».)

### *work in progress*
« œuvre en devenir »

### *workshop*
« atelier (de travail, de réflexion) »

# 5
# Faux anglicismes et leurs équivalents anglais

C'est dans cette catégorie que l'on trouve le plus de mots pour le moins contestables, en tout cas hautement ridicules. Il s'agit de prétendus mots anglais, qui présentent l'inconvénient de ne pas être utilisés par les anglophones ! On trouve de tout : des anglicismes bricolés sans vergogne, des mots anglais employés dans un sens fantaisiste, de vraies horreurs (« pin's »...), des noms de marques, des mots tronqués, des inexactitudes, des approximations, etc. Voici donc une liste à la fois réjouissante et consternante.

En italique est donné le véritable mot anglais correspondant.

**auto-stop**
*hitchhiking*

**faire de l'auto-stop** : *to hitchhike = to thumb a ride*
Les Québécois disent « poucer » ou « faire du pouce ».

**baby-foot**
*table football*

**baffles**
*(loud) speakers*
« enceintes (acoustiques) »
Le mot anglais *baffle* est un terme technique qui a le sens, beaucoup plus général, de « déflecteur ».

**ball-trap**
*trap shooting*
« tir aux pigeons »

II. LE DICO DU FRANGLAIS

**baskets**
*tennis shoes = trainers* (GB) = *sneakers* (ÉUA)
« chaussures de sport »

**best of**
Il s'agit bien d'un « faux anglicisme », puisqu'on ne dit pas littéralement en anglais **un best of...** Bricolage ridicule, très souvent montré du doigt à juste titre, à remplacer impérativement par « florilège », « sélection », « compilation », « anthologie ». Les équivalents ne manquent pas.

**black (travailler au)**
*to moonlight*
« travailler au noir »
Faux anglicisme humoristique.

**building**
*tower block*
« tour »
En anglais, le mot *building* a le sens très général de « bâtiment », « bâtisse ».

**camping (un)**
*a campsite, a camping site*

**camping-car**
*motor home, camper van, camper*
« autocaravane »

**camping-gaz**
*camp stove*
« réchaud à gaz »

**cargo**
*cargo boat, freighter*
« navire de fret »
Le mot *cargo* désigne en anglais la « cargaison », non le navire.

**carter**
*casing*
Le mot *carter*, désignant un boîtier protecteur de mécanisme, vient du nom de l'inventeur anglais, J.H. Carter.

5. Faux anglicismes et leurs équivalents anglais

**clap** [cinéma]
*clapperboard*
« claquoir »

**clip (vidéo)**
*promo video, music video*

**collector**
« disque de collection »
Le mot *collector* signifie en anglais « collectionneur ». Ce qui est désigné par ce pseudo-anglicisme se dirait en anglais *collector's item*.

**crack**
« champion », « maître », « génie », « as », « flèche » (fam.)
Le mot *crack* est seulement en anglais un adjectif épithète. Un **crack** se traduira donc par *a crack horse* pour parler d'un cheval, par *a crack player* pour parler d'un joueur, etc.

**destroy** (adj.)
« démoli », « bousillé », « défoncé », « à la masse »

**dressing**
*dressing room*
« vestiaire » ; « penderie », « garde-robe »
De toute façon, un *dressing* ne devrait pas désigner une penderie, puisque *dressing room* signifie à proprement parler « pièce où l'on s'habille »...

**Far West**
« Ouest américain »
*Wild West*

**feeling (au)**
« au jugé », « intuitivement », « d'instinct »

**flasher (sur...)**
« avoir un coup de cœur (pour...) », « avoir le coup de foudre (pour...) », « tomber en pâmoison (devant...) »

**flipper** (jeu)
*pin-ball machine*
« billard électrique », « machine à boule » (Québec)

II. LE DICO DU FRANGLAIS

### fooding
« gastronomie branchée » (APFA), « art total de la table »
Le mot *fooding*, contraction de *food* et de *feeling*, fut créé en 1999 par le journaliste et chroniqueur culinaire Alexandre Cammas. Le *fooding* est la recherche d'une gastronomie libérée des conservatismes et autres conventions, une sorte de métissage culinaire. Cette nouvelle gastronomie doit s'accompagner d'autres sensations agréables, olfactives, auditives, visuelles. Mais cet anglicisme bidon est-il vraiment comestible ?

### foot
*football* en anglais, mais *soccer* en américain

### footing (faire du)
*to go jogging, to go for a jog*
« aller courir »
Le mot *footing* n'a pas du tout le sens de « marche » ni de « course » en anglais. Il est notamment utilisé dans les expressions suivantes : *to lose one's footing*, « perdre l'équilibre », ou *to be on an equal footing*, « être sur un pied d'égalité ».

### forcing (faire du)
*to put the pressure (on somebody)*
« mettre la pression »

### goal
*goal-keeper*
« gardien de but »
Le mot *goal* en anglais signifie « but ».

### hall
*lobby*
Le mot *hall* existe bien en anglais mais signifie « grande salle ».

### happy end
*happy ending*
« fin heureuse », « dénouement heureux ». On peut aussi se servir de l'expression : « Tout est bien qui finit bien. »

### holding
*holding company*
« société de portefeuille »

## 5. Faux anglicismes et leurs équivalents anglais

**jet**
*jet plane*
« avion à réaction », « supersonique »

**jogging** (vêtement)
*jogging outfit, tracksuit*

**klaxon**
*horn, hooter*
« avertisseur »
Le mot « klaxon » était le nom du premier fabricant américain...

**lifting**
*face lift*
« lissage », « remodelage », « ridectomie », « déridage »

**listing**
*printout*
« listage » ; « liste », « relevé »
En anglais courant, le mot *listings* désigne le « programme de spectacles ».

**living**
*living-room*
« salle de séjour », « vivoir » (Québec)

**low cost**
*low-cost airline, low-cost company, budget airline*
« compagnie à bas prix », « compagnie à prix cassés »

**lunch**
*buffet*
« buffet »
Rappelons qu'en anglais *lunch* signifie « déjeuner ».

**mail**
*email*
« mél », « courriel »

**monospace**
*minivan*
« monocorps »

**Net !** (tennis, ping-pong)
*Let !*
« À remettre ! », « Filet ! »
Ce n'est pas le substantif *net* (« filet ») qui est utilisé par l'arbitre anglophone, mais un ancien mot anglo-saxon qui signifiait « gêne » et « gêner », « entraver ».

**nurse**
*nanny*
Le mot *nurse* signifie « infirmière » (ou « infirmier ») en anglais, rappelons-le...

**O.K. (Je suis O.K., etc.)**
En anglais *I'm OK* signifie « Je vais bien », « Je n'ai pas de problème », nullement « Je suis d'accord » (qui peut se dire *It's OK with me*) !

**parking**
*car park* (GB) = *parking lot* (ÉUA)
« parc de stationnement »

**people**
Dans le sens de « célébrités », on dit en anglais *celebs*.
La graphie « pipole » commence à se rencontrer.

**perchman**
*boom operator*
« perchiste »

**pin's**
*lapel badge*
« épinglette »
À propos de ce faux anglicisme totalement ridicule, on ne résiste pas à citer cette remarque railleuse de Jean Tournier : « [...] on sait en France que la langue anglaise présente une intéressante particularité, qui consiste à placer çà et là des signes*'s* à titre décoratif : les*'s* sont aussi indispensables à l'anglais que les boules et guirlandes le sont au sapin de Noël. » (*Les mots anglais du français*). Sans autre commentaire.

## 5. Faux anglicismes et leurs équivalents anglais

**planning (un)**
*a schedule*
« calendrier », « échéancier », « planification », « planigramme » (*JO*)

**play-back**
**chanter en play-back** : *to lip-synch*
« présonorisation », « présono », « préenregistrement »

**pocket (C'est in ze)**
*It's in the bag.*
« C'est dans la poche. »

**pom-pom girl**
*cheerleader*
« meneuse de claque »

**post-it**
*post-it note, stick-it note, stick note*
« mémo », « papillon », « collenote » (Belgique)
*Post-it* est une marque déposée. Le sens de *(to) post* est ici celui d'« afficher ».

**press-book = book**
*portfolio*
« portfolio »

**pressing**
*dry-cleaner's*
« teinturier », « teinturerie »

**rallye**
*rally*
Le mot anglais, signifiant étymologiquement « rassemblement », est issu du verbe français « rallier ». Le premier sens en anglais est celui de « rassemblement politique », autrement dit de « meeting » (voir ce mot, chapitre IV) ! L'anglais n'a pas le sens de « soirées dansantes » pour jeunes gens.

**recordman, recordwoman**
*record holder*
« détenteur du record », « détentrice du record »

**relax**
*relaxed, laid back*
« détendu », « à l'aise », « décontracté », « désinvolte », « zen »

## II. LE DICO DU FRANGLAIS

**relooker**
*to revamp*
« remodeler », « refaire », « refaire une beauté à », « rajeunir », « rafraîchir », « retaper », « remanier », « refondre », « rénover », « métamorphoser » ; « renipper »...

**relooking**
*makeover*
« nouvelle image »
*agence de relooking* : « agence de conseil en image », « imagiste » (APFA)

**rollers**
*roller skates*
« patins à roulettes »

**rough** [arts graphiques]
*rough draft*
« prémaquette », « esquisse », « brouillon », « premier jet »

**rugbyman**
*rugby player*

**scooter des neiges**
*Skidoo*
« motoneige »

**scooter des mers**
*jet-ski*
« motomarine »

**Scotch**
*sellotape* (GB), *Scotch tape* (ÉUA)
« adhésif »
*Scotch* est un nom de marque déposée.

**script-girl**
*continuity girl*
« secrétaire de plateau », « scripte »

**set de table**
« napperons », « tapis de table »
*(set of) tablemats*

## 5. Faux anglicismes et leurs équivalents anglais

Il faut savoir que le mot *set* désigne normalement l'ensemble des napperons et que c'est par un glissement de sens abusif que *set* s'applique au napperon lui-même.

**shake-hand**
*handshake*
« poignée de main »
Ce faux anglicisme a été notamment mis à l'honneur par Alfred de Musset...

**shampooing**
*shampoo*

**short**
*shorts*
**porter un short** : *to wear shorts*
Les Suisses utilisent le mot « cuissettes ».

**show-off**
« qui frime », « m'as-tu-vu » ; « ostentatoire », « voyant », « tape-à-l'œil »
C'est l'utilisation du mot comme adjectif en franglais qui le fait classer comme faux anglicisme. En anglais on utilise le verbe *to show off* (« faire de l'épate ») et le nom *a showoff* (« un cabotin »).

**skate**
*skateboard*
« planche à roulettes »
**faire du skate** : *to skateboard*

**slip**
« (petite) culotte »
Il s'agit là de ce que les linguistes appellent un *emprunt morphologique* : le mot *slip* existe bien en anglais, mais nullement avec ce sens, puisqu'il signifie « combinaison » (le sous-vêtement féminin) en anglais !

**smoking** (réduction de *smoking-jacket*)
*dinner jacket* (GB) = *tuxedo* (ÉUA)
« habit de soirée », « queue-de-pie »

## II. LE DICO DU FRANGLAIS

**snack**
« café-restaurant », « cafétéria », « casse-croûte » (Québec)
On dit uniquement *snack bar* en anglais, *snack* signifiant « casse-croûte », « morceau », « petit quelque chose à manger ». On dit *to have a snack* pour « manger un morceau ».

**snacking**
« grignotage » (*JO*)

**snober**
*to snub, to ignore, to give the cold shoulder to*
Le verbe est bien formé à partir du substantif anglais *snob*, mais n'existe pas en anglais !

**space** (arg.)
*spaced, spaced out, spacy*
« à la masse » ; « dans les vapes »

**speed, speedé**
*hyped up*
« surexcité », « survolté »
En anglais *speed* signifie seulement « vitesse », et l'adjectif correspondant est *speedy*, « rapide ». Mais ce faux anglicisme fait en réalité allusion au terme argotique *speedball* ou *speed* signifiant « boulette de drogue ».

**sponsoring, sponsorisation**
*sponsorship*
« parrainage », « mécénat », « partenariat »

**spot (publicitaire)**
*ad*
« message publicitaire »

**standard (téléphonique)**
*switchboard*
« central téléphonique »

**standing**
*status, lifestyle, social position, standard of living*
« position sociale », « niveau de vie » ; « prestige »
**un appartement de grand standing**
*a luxury flat*
un appartement « de grande classe », « de prestige », « de luxe »

## 5. Faux anglicismes et leurs équivalents anglais

**string**
*G-string*
« culotte-ficelle », « cache-sexe »

**surbooking**
*overbooking*
« surlocation », « sur-réservation »

**surf**
*surfing*
**faire du surf** : *to go surfing*
En anglais, *surf* veut dire « vagues déferlantes ».

**sweat**
*sweatshirt*
Rappelons que la première syllabe du mot se prononce [swet]...

**talkie-walkie**
*walkie-talkie*

**tchin-tchin *(chin chin* en anglais*)***
Déformation en anglais de l'expression chinoise (de Canton) *ching ching*, signifiant « Je vous en prie, buvez ». L'expression ne s'utilise plus en anglais de nos jours. On dit *Cheers* !

**tennisman, tenniswoman**
*tennis player*
« joueur de tennis », « joueuse de tennis »

**toast (un)**
*a piece of toast*
« tartine grillée », « rôtie » (Québec)
Le mot *toast* est indénombrable en anglais et signifie donc « des toasts », « du pain grillé ». On ne peut l'utiliser avec l'article indéfini.

**tongs**
*thongs* (ÉUA) = *flip-flops* (GB)
« sandales de plage »

**top (le)**
*the ultimate*
« le sommet », « le summum », « le nec plus ultra »

## II. LE DICO DU FRANGLAIS

**top niveau (au)**
*at top level, at the top*
« au sommet », « en haut de l'échelle », « au faîte », « à la pointe », « au sommet de ma (ta, etc.) forme »
Anglicisme assez inutile, franchement contestable, associant un mot anglais et un mot français.

**top ten**
« palmarès »
Anglicisme regrettable et assez ridicule, les anglophones ne l'utilisant pas ainsi. On peut très bien dire en anglais *the top ten players*, « les dix premiers joueurs ». Mais, littéralement, « *le* top ten des... » s'apparente à du charabia !

**training autogène**
« autorelaxation »

**tramway**
*tram, tramcar, streetcar*
Le mot *tramway* désigne en anglais une « voie de tramway ». Les Lyonnais, quant à eux, qualifient le tramway de « traîne-fesses ».

**travelling**
*tracking shot*

**truster**
(sens général) « monopoliser », « accaparer » ; (sens économique) « concentrer », « regrouper »
Rappelons que le verbe anglais *to trust* signifie seulement « avoir confiance (en) ».

**van**
*horsebox* (GB), *horse car, horse trailer* (ÉUA)
Le mot *van* en anglais a le sens très général de « camionnette », « fourgonnette ». Signalons qu'il existe aussi en français un homonyme, qui désigne un « grand panier plat, muni d'anses, servant au vannage du grain » !

**wagon**
(de marchandises) *wagon* ou *waggon* ; (de voyageurs) *carriage, car*
« voiture » (dans le cas de voyageurs)

## 5. Faux anglicismes et leurs équivalents anglais

Le mot est mal utilisé en français. Un *wagon* en anglais ne désigne qu'un « wagon de marchandises ».

**warnings**
*hazard (warning) lights*
« feux de détresse »

**waters, W-C**
*gents, ladies, lavatory, toilet, loo* (fam.)
Le mot **waters** n'est pas usité en anglais. Quant au mot *water closet* (qui a donné le sigle **W-C**, toujours en usage en anglais, en revanche), il ne se dit plus...

TROISIÈME PARTIE
# Les expressions qui ont fait l'histoire
par Bernard Klein

# Introduction

L'histoire n'appartient pas qu'aux historiens. C'est ainsi que la mémoire collective s'approprie des événements ou des personnages sous forme d'expressions ou de citations qui les caractérisent et gravent un fait dans la mémoire, en entrant dans le langage courant. À vrai dire, le plus souvent, ces références se révèlent tantôt apocryphes, tantôt déviées ou approximatives, et les historiens ont beau chercher à rétablir leur vérité, rien n'y fait. « *Se non è vero, è bene trovato* », dit un proverbe italien (« Si ce n'est pas vrai, c'est bien trouvé »). De fait, parfois telle expression paraît si bien caractériser un événement ou un personnage qu'elle lui est devenue indissociable : que seraient Colomb sans son œuf ou Louis XIV sans son « L'État, c'est moi » ? D'autres fois, la référence historique est complètement oubliée sans que l'expression elle-même disparaisse : le Gravelotte du « ça tombe comme à Gravelotte » ne doit pas dire grand-chose à la plupart d'entre nous...

Dans ce petit dictionnaire, nous nous sommes efforcés de faire un choix dans les expressions françaises historiques. Nous n'avons retenu que celles qui sont encore régulièrement employées et qui font référence à un fait historique précis et assez aisément identifiable. Beaucoup de ces expressions concernant l'Antiquité ont fait l'objet d'un précédent volume, *La cuisse de Jupiter*, et ne sont pas reprises ici.

Bernard KLEIN

---

Les astérisques (*) renvoient à l'article de l'expression citée.

# Dictionnaire des expressions qui ont fait l'histoire

**aller à Canossa**
Sens : *se soumettre de manière complète et humiliante aux conditions émises par un adversaire.*
Référence : *château situé en Italie du Nord (en Émilie-Romagne, près de Reggio) où le pape Grégoire VII a contraint l'empereur Henri IV à lui demander pardon en janvier 1077.*

Le pape Grégoire VII (1073-1085), à la suite de ses prédécesseurs, s'était efforcé de réformer l'Église catholique en améliorant le recrutement et les mœurs du clergé. À ses yeux, cela signifiait de rendre l'Église catholique plus indépendante des rois et de l'empereur qui, en Occident, régnait sur l'actuelle Allemagne et l'Italie du Nord. Les souverains du Moyen Âge avaient en effet pratiquement acquis le droit de nommer les évêques. En 1075, Grégoire VII publia des décrets dans lesquels il affirmait que seul le pape avait un pouvoir universel sur tous les chrétiens et qu'il était donc supérieur à l'empereur et aux rois. Un conflit éclata à l'occasion de l'élection d'un nouvel archevêque à Milan. L'empereur Henri IV, avec le soutien des évêques allemands, proclama la déposition du pape. Ce dernier répliqua par l'excommunication (c'est-à-dire l'exclusion de la communauté des chrétiens) de l'empereur et délia ses sujets de leur serment de fidélité. Menacé de révoltes de la part de ses sujets, l'empereur dut demander pardon au pape et pour cela se rendre au château de Canossa. En plein hiver, le pape le contraignit à rester à la porte pendant trois jours pieds nus et en costume de pénitent, avant de le faire entrer et de lui accorder son pardon. Cet épisode spectaculaire frappa les mémoires et Bismarck, le chancelier du nouvel

## III. LES EXPRESSIONS QUI ONT FAIT L'HISTOIRE

Empire allemand, y aurait fait allusion en 1872 à l'occasion d'un conflit diplomatique avec le pape en déclarant que, cette fois, « *nous n'irons pas à Canossa* ».

### « Après moi le déluge ! »

Sens : *se désintéresser de ce qui arrive après soi, même si c'est une catastrophe.*
Référence : *paroles tantôt attribuées à Mme de Pompadour, maîtresse du roi de France Louis XV (1715-1774), tantôt au roi Louis XV lui-même.*

Ces paroles sont le plus souvent prêtées à Mme de Pompadour qui, en 1757, aurait voulu ainsi consoler le roi de la défaite de ses troupes à la bataille de Rossbach face aux Prussiens : « *Il ne faut point s'affliger, vous tomberiez malade. Au reste, après nous le déluge...* » Une autre version plus vague l'attribue au roi qui aurait été dérangé dans ses plaisirs pour une affaire sérieuse : « *Les choses comme elles sont, dureront bien autant que moi ! Mon successeur s'en tirera comme il pourra ! Après moi le déluge !* » Le déluge est, dans la Bible, la punition infligée par Dieu aux hommes à cause de la décadence de leurs mœurs et qui consista en une inondation de la terre entière à laquelle seul Noé réchappa. Ces mots sonnaient ainsi comme une prophétie, puisque bientôt la Révolution française allait balayer la vieille monarchie, quinze ans après la mort de Louis XV. Très certainement apocryphes, ces paroles devinrent le symbole de l'insouciance coupable de Louis XV face aux vraies difficultés de la France.

### arriver avec toute sa smala

Sens : *venir avec toute sa nombreuse famille ou toute sa bande.*
Référence : *le mot d'origine arabe fit fortune en France après la prise de la smala (ou smalah) d'Abd el-Kader (1807-1883) en Algérie le 16 mai 1843 par le duc d'Aumale.*

L'événement fut popularisé par un célèbre tableau d'Horace Vernet, *La prise de la Smala* (1845), frappant notamment par ses dimensions : 23 mètres de long ! La smala(h) est alors l'ensemble des équipages et de la maison d'un chef arabe en Afrique du Nord, comportant des milliers de serviteurs, de parents et de soldats. Elle était mobile et accompagnait son chef : c'était une véritable ville de tentes. Cette défaite n'empêcha pas le célèbre chef de combattre encore longtemps puisqu'il ne se rendit qu'en décembre 1847, après une résistance qui avait commencé en 1832, quand Abd el-Kader fut choisi comme émir par les chefs algériens. Les chefs militaires français lui promirent, contre sa reddition, qu'il serait envoyé en Égypte ou en Palestine. Il fut d'abord envoyé en France et eut le droit d'emmener une nombreuse suite, de près d'une centaine de personnes, parmi lesquelles des serviteurs, ses trois femmes, ses enfants et d'autres parents. Son arrivée à Toulon le 29 décembre 1848 fit sans doute sensation, même si sa « smala » était alors réduite à quelques proches et n'avait pas grand-chose à voir avec celle de 1843. Les Français ne respectèrent pas leur parole et Abd el-Kader fut retenu prisonnier successivement à Pau et à Amboise jusqu'en 1852. Il fut alors libéré par Napoléon III contre la promesse de ne pas se retourner contre la France. Il s'exila à Smyrne puis à Damas, où il mourut en 1883, en se montrant fidèle à sa parole et assez favorable aux intérêts français. Le mot de smala fut réduit en France à l'idée de famille ou de bande et fut utilisé de manière péjorative.

**attendre cent sept ans (ou ne pas attendre...)**
Sens : *attendre indéfiniment.*
Référence : *durée d'un fait bien mal identifié, que ce soit celle de la construction de Notre-Dame de Paris, de la guerre de Cent Ans plus celle de Sept Ans.*

L'expression idiomatique très courante signifie clairement attendre pendant une très longue durée qui excède un siècle. À part cela, rien n'est vraiment clair. Certains lexicographes ont avancé que cette durée aurait été celle de la construction de la cathédrale Notre-Dame de Paris. La date généralement adoptée pour sa construction est 1163 et on peut considérer qu'elle était à peu près achevée en 1250, soit au bout de soixante-dix-sept ans... On ne comprend donc pas d'où vient ce nombre, d'autant que 1270 ne correspond à rien pour la cathédrale et on ne voit pas le rapport avec la mort de Saint Louis cette année-là. Une autre hypothèse est de dire que cent sept ans est l'addition de la guerre de Cent Ans et de celle de Sept Ans... Celle de Cent Ans, qui selon les dates traditionnellement retenues (1337-1453) en dura donc cent seize ou cent dix-sept, représente bien une longue durée mais on ne voit guère pourquoi on y aurait rajouté celle de Sept Ans (1756-1763) qui ravagea l'Europe au temps de Louis XV. L'explication est bien étrange. Car, pour faire un compte encore plus grand, pourquoi n'y avoir pas ajouté celle de Trente Ans qui eut lieu au XVIIe siècle ? Tout ce que l'on peut dire, c'est que le nombre de cent sept est associé à l'idée de longévité au moins depuis le XVIIIe siècle. En effet le « Cent-sept-ans » était le nom d'une liqueur à base de zeste de citron et de coriandre (ou d'eau de rose selon d'autres recettes), dénomination que connaît Balzac (citée dans *Les Paysans*) : on sait la réputation qu'avaient certains élixirs pour assurer une longue vie. Bien sûr, cela n'explique toujours pas ce nombre de cent sept... Il faut sans doute renoncer à y voir une durée fondée sur un fait historique réel mais plutôt une croyance ancrée dans les esprits.

**balkanisation**
Sens : *morcellement politique d'une région, d'un empire ou d'un État sur des bases instables.*
Référence : *la naissance de petits États dans les Balkans à la suite de l'effondrement de l'Empire ottoman et de l'Autriche-Hongrie de 1878 à 1920.*

Les Balkans correspondent à la péninsule européenne limitée par la Méditerranée et la mer Noire et au nord par la chaîne montagneuse des Carpates. Le mot vient du turc *balkan*, qui signifie « montagne ». Il s'agit d'une région très compartimentée et habitée de populations très variées d'un point de vue linguistique et religieux : chrétiens orthodoxes ou catholiques, musulmans, populations de langue slave (Serbes, Croates, Bulgares), hongroise, grecque, albanaise, roumaine, allemande, etc. Au XIXe siècle, deux grands empires dominaient la région, l'empire turc des Ottomans et l'empire austro-hongrois des Habsbourg. L'Empire ottoman était miné par des mouvements nationaux, le plus souvent soutenus par les grandes puissances européennes chrétiennes (Autriche, Russie, France, Angleterre), ce qui avait conduit à la naissance de nouveaux États. Ce mouvement de dislocation s'accéléra de 1878 à 1913. L'Autriche-Hongrie connut le même phénomène et, vaincue en 1918, fut disloquée par les traités de l'après-guerre. Les Balkans furent ainsi divisés en plusieurs États nouveaux, diminués ou agrandis, eux-mêmes très instables, car leurs propres populations étaient bigarrées et les frontières impossibles à tracer sur des bases linguistiques ou religieuses (Yougoslavie, Roumanie, Hongrie, Tchécoslovaquie). La balkanisation désigna donc à partir des années 1920 un morcellement en États plus petits mais fragiles. L'expression est reprise par les journalistes et les historiens à l'occasion de phénomènes comparables : balkanisation de l'Afrique (après l'effondrement des empires coloniaux), du Liban, de l'Europe orientale (après l'éclatement de l'URSS), etc., mais aussi de tout phénomène d'émiettement. Il est frappant de constater que le terme balkanisation a retrouvé récemment sa région étymologique, avec l'éclatement de la Yougoslavie depuis 1989 et les revendications d'indépendance au Kosovo en Serbie actuelle.

**boycotter, boycott**
Sens : *entente en vue de nuire à une personne, une entreprise ou un pays en refusant de lui acheter ses produits.*
Référence : *action des paysans irlandais contre l'intendant Charles Boycott en 1880.*

L'Irlande du XIX$^e$ siècle était un pays très pauvre, majoritairement rural, et la plupart des paysans étaient locataires des terres de grands propriétaires britanniques, le plus souvent non résidents. Le pays faisait partie du Royaume-Uni mais le nationalisme anti-anglais s'y développait, en particulier chez les catholiques majoritaires en Irlande. En 1879, Charles Parnell, l'un des principaux dirigeants nationalistes irlandais, créa une ligue agraire pour la défense des intérêts des paysans et pour obtenir la réduction du prix des fermages. Le capitaine à la retraite Charles Cunningham Boycott, qui gérait les immenses propriétés irlandaises du comte d'Erne, se refusait à toute concession pour les fermiers. En 1880, Boycott fut véritablement mis en quarantaine sur les consignes de la Ligue agraire : on refusait ses produits, on refusait de travailler pour lui et de prendre à bail ses fermes. Il fut même, dit-on, abandonné par ses domestiques. Cette méthode spectaculaire, mais pacifique, avait aussi été utilisée pour isoler les Irlandais qui avaient accepté la ferme d'un autre Irlandais renvoyé par son propriétaire. Le boycott eut un grand retentissement, en particulier en France, où le sentiment anti-anglais était alors encore très fort. Très rapidement le nom de Boycott fut transformé en verbe, boycotter, et en nom commun, boycott.

III. LES EXPRESSIONS QUI ONT FAIT L'HISTOIRE

## C'est la Berezina !
Sens : *connaître une déroute majeure qui tourne à la débandade.*
Référence : *le passage de la Berezina en octobre 1812 par les troupes de Napoléon, lors de la retraite de Russie. La Berezina est une rivière affluente du Dniepr en Russie.*

En juin 1812, Napoléon avait décidé d'abattre la Russie qui, bien qu'alliée depuis 1807, demeurait la seule grande puissance continentale indépendante et se montrait de plus en plus hostile. Napoléon avait rassemblé pour cela une immense armée de plus de 600 000 hommes, composée pour une moitié environ de Français et pour l'autre de troupes fournies par les alliés de la France. La campagne avait d'abord semblé être un succès puisque les Russes avaient été vaincus à plusieurs reprises par la Grande Armée. Les Russes avaient cependant toujours réussi à se replier ; ils pratiquaient la politique de la terre brûlée et harcelaient les troupes napoléoniennes. Les effectifs de l'armée de Napoléon avaient déjà considérablement fondu lorsqu'il atteignit enfin Moscou (14 septembre 1812), espérant ainsi forcer le tsar à traiter avec lui. Mais les Russes, qui avaient abandonné leur capitale, refusaient de se reconnaître vaincus. Il était de plus impossible de trouver refuge dans la ville car elle venait d'être incendiée : Napoléon n'avait alors d'autre choix que d'ordonner la retraite vers le Niémen (22 octobre 1812). Cette retraite en plein hiver tourna au désastre car ce qui restait des troupes napoléoniennes fut décimé par le froid, la faim, les maladies et le harcèlement des Cosaques : seulement 20 000 hommes réussirent à atteindre le Niémen. Le passage de la Berezina (25 au 29 novembre 1812) fut l'un des épisodes les plus dramatiques de la retraite de Russie. En effet, alors que l'hiver permettait de franchir les rivières gelées, un redoux momentané avait fait fondre la glace, empêchant ainsi le passage alors que les troupes russes menaçaient les arrières. L'héroïsme des pontonniers de l'armée, commandés par le général Éblé, permit de bâtir dans des conditions effroyables deux ponts de bois : une partie de l'armée put traverser malgré l'écroulement de l'un des deux ponts qui provoqua la noyade d'un grand nombre de soldats dans les eaux glaciales. Le 29 novembre, à l'approche des Russes, le général Éblé donna l'ordre de brûler les ponts, provoquant une terrible bousculade des traînards qui essayaient de fuir. La mémoire française a gardé cet épisode parce qu'il mêlait tragédie et héroïsme dans le contexte d'un désastre presque total, mais aussi parce que Napoléon reconnaissait la défaite dans son XXIX$^e$ Bulletin : pour la première fois, sa renommée et celle de l'armée impériale furent véritablement atteintes.

### C'est reparti comme en quarante !
Sens : *dans un sens ironique, (re)partir pour la guerre ou une grosse affaire (souvent précédé de et hop !) ; ça recommence.*
Référence : *allusion à la « guerre de 1940 » pour les Français.*

Assez étrangement, l'expression est de nos jours souvent utilisée pour parler d'une affaire qui roule alors qu'elle fait allusion à l'année de l'une des plus grandes défaites françaises. L'autre étrangeté réside dans la réduction à l'année 1940 de la Seconde Guerre mondiale, souvent nommée la « guerre de quarante » par les Français, comme si elle avait commencé et s'était achevée cette année. La guerre avait en fait commencé le 3 septembre 1939, par la déclaration de guerre de la France et de l'Angleterre à l'Allemagne. Il est vrai que, pendant plusieurs mois, il ne s'était rien passé de très significatif sur le front français, d'où le terme de « drôle de guerre » pour la période de septembre 1939 à avril 1940. C'est en mai 1940 que les Allemands déclenchent leur offensive en France, mettant l'armée française hors de combat en quelques semaines. Le 17 juin 1940, le maréchal Pétain, devenu un peu plus tôt président du Conseil, demandait l'armistice, plutôt que de continuer le combat hors de métropole. Pour beaucoup de Français, la guerre s'était alors arrêtée… et visiblement n'avait jamais repris. C'est dire que l'expression « guerre de 1940 » convient mieux aux pétainistes qu'à ceux qui avaient décidé de résister.

### C'est reparti comme en quatorze !
Sens : *dans un sens ironique, repartir, soit avec entrain, soit au contraire avec résignation, pour la guerre ou une grosse affaire (souvent précédé de et hop !) ; ça recommence.*
Référence : *allusion à l'entrée en guerre de 1914.*

La Première Guerre mondiale commença entre le 1$^{er}$ et le 13 août 1914, par une série de déclarations de guerre qui mettent aux prises d'un côté, l'Allemagne et l'Autriche-Hongrie, de l'autre, la Russie, la France et l'Angleterre.

### III. LES EXPRESSIONS QUI ONT FAIT L'HISTOIRE

Le conflit s'étend ensuite à presque toute l'Europe puis au monde. Du point de vue français, la guerre de 1914 apparaît comme une revanche face à l'Allemagne suite à la défaite de 1870-1871. La mobilisation française n'eut pas lieu, contrairement à ce que fit croire la propagande, dans la joie et l'exaltation, même si la très grande majorité des Français se mobilisèrent avec la conviction d'être dans leur bon droit. L'expression « c'est reparti comme en quatorze » n'est entrée évidemment dans le langage populaire qu'après la fin de la guerre en 1918 qui s'était traduite par la victoire de la France et de ses alliés, malgré l'hécatombe de ses soldats. Elle pouvait être prononcée dès qu'une tension renaissait avec l'Allemagne, ce qui fut le cas dans les années 1920, avec l'occupation de la Ruhr puis, évidemment, en 1939, avec le déclenchement de la Seconde Guerre mondiale. La défaite française de 1940, suivie de l'armistice, démentit l'apparente parenté entre 1939 et 1914 et bientôt l'expression réductrice de « guerre de quarante » montra l'intensité du traumatisme en France. L'expression « c'est reparti comme en quarante » remplaça la précédente, avec, cette fois, une connotation de défaite et d'éternel recommencement des guerres comme en 1870, en 1914 et en 1940.

**catilinaire (une)**
Sens : *un violent discours politique contre un personnage en vue.*
Référence : *nom donné aux quatre discours prononcés par Cicéron (106-43 av. J.-C.) en 63 av. J.-C. contre Lucius Sergius Catilina accusé de conspirer contre la République.*

Cicéron, Marcus Tullius Cicero, était devenu grâce à ses talents oratoires un des hommes politiques les plus en vue de son temps. En 63 av. J.-C., il réussissait même à se faire élire consul pour l'année suivante, ce qui, de son temps, était extrêmement rare pour un homme qui n'était pas de naissance noble ou qui n'avait pas de gloire militaire. Les armes de Cicéron étaient sa langue et ses paroles. Pendant son consulat, la situation politique était très troublée à Rome. Catilina, un noble romain ruiné qui avait échoué aux élections consulaires, avait organisé une conjuration en vue de prendre le pouvoir par la force. Cicéron réussit à mobiliser le sénat et le peuple contre lui, par la seule force de ses discours, et mit fin à la conjuration par l'exécution des principaux conjurés. La première *Catilinaire*, prononcée au sénat devant Catilina lui-même, resta fameuse par son exorde qui fut appris par cœur par des générations d'écoliers : « *Quousque tandem, Catilina, abutere patientia nostra ?* » (« *Jusques à quand, Catilina, abuseras-tu de notre patience ?* »)

**chambre introuvable**
Sens : *une assemblée de députés dont la majorité favorable au gouvernement est écrasante.*
Référence : *la Chambre des députés élue en août 1815.*

En 1815, la monarchie des Bourbons était restaurée pour la seconde fois avec Louis XVIII, le frère de Louis XVI, grâce à la défaite de Napoléon à Waterloo. Louis XVIII paraissait ainsi revenir dans « les fourgons de l'ennemi ». On procéda alors à l'élection d'une nouvelle Chambre des députés, élue au suffrage censitaire (72 000 électeurs potentiels seulement) les 14 et 22 août 1815. Malgré ce corps électoral étroit, le roi n'était pas certain de trouver une large majorité, puisque nombre de ces électeurs étaient des bourgeois autrefois favorables à l'Empire, d'autres libéraux voire républicains. Les résultats furent surprenants : non seulement il y eut une majorité royaliste mais celle-ci représenta environ 90 % des 402 députés. L'étonnement fut tel que cette chambre fut qualifiée d'« introuvable » par le roi Louis XVIII, selon une formule inventée, dit-on, par Chateaubriand. Tout paraissait alors aller pour le mieux, mais c'était compter sans ces députés souvent « plus royalistes que le roi » (d'où leur dénomination « d'ultra-royalistes » ou « ultras »). Ils finirent par gêner l'action du gouvernement du duc de Richelieu, qu'ils trouvaient trop modéré, par leur volonté de se venger de la Révolution française et de l'Empire. La mésentente s'installa entre chambre et gouvernement : elle fut donc dissoute par le roi le 5 septembre 1816. Cette majorité « introuvable » n'avait donc duré qu'un an. Dans la politique française, on emploie l'expression à la suite d'élections où la majorité est particulièrement forte, comme ce fut le cas par exemple en juin 1968 où les Français élurent une Assemblée nationale dominée d'une manière écrasante par l'UDR et les Républicains indépendants soutenant le général de Gaulle et Georges

Pompidou, à la suite de la crise de mai 1968 (354 députés sur 487).

**cheval de Troie**
Sens : *don qui s'avère être fatal à celui qui le reçoit ; une ruse de guerre visant à s'introduire secrètement chez l'ennemi.*
Référence : *un des épisodes les plus célèbres de la guerre de Troie qui aboutit à la chute de la cité, assiégée par les Achéens (les Grecs).*

L'épisode le plus célèbre de la guerre de Troie ne fut pas popularisé par l'auteur grec de *L'Iliade* et de *L'Odyssée*, Homère. Ce dernier ne l'évoque que rapidement dans *L'Odyssée* comme une illustration de la ruse d'Ulysse. C'est le poète latin Virgile qui lui donna sa célébrité dans le monde occidental en l'évoquant longuement dans *L'Énéide*, au début du livre II, à travers le récit des courses errantes du Troyen Énée. Les Grecs assiégeaient vainement Troie depuis dix ans, sans parvenir à la prendre. Ils imaginèrent alors un stratagème pour s'introduire dans la ville. À cet effet, ils construisirent un immense cheval de bois sous le prétexte d'une offrande religieuse destinée à assurer leur bon retour en Grèce par la mer. Ils feignirent alors de partir et abandonnèrent le cheval dans lequel ils avaient secrètement caché une petite troupe de guerriers. Malgré la méfiance du prêtre troyen Laocoon qui exhortait ses compatriotes à se méfier de ce don des « Danaéns » (autre nom des Grecs), les Troyens firent entrer le cheval dans la ville. La nuit suivante, un complice du nom de Sinon délivra les Grecs cachés dans le cheval : ils ouvrirent alors les portes à l'armée grecque qui se trouvait à proximité et Troie succomba. Cet épisode légendaire resta dans la mémoire des Anciens qui croyaient à l'historicité de la guerre de Troie, comme un exemple de stratagème militaire, mais aussi de la force du destin puisque malgré l'abri inexpugnable de ses murailles, Troie avait été prise.

**« Un cheval ! un cheval ! Mon royaume pour un cheval ! »**
Sens : *avoir tout perdu par le fait d'un hasard mineur ; être prêt à tout céder pour sauver quelque chose d'essentiel.*
Référence : *exclamation prêtée par Shakespeare à Richard II, roi d'Angleterre, à la bataille de Bosworth (21 août 1485) où il fut vaincu et tué.*

Deux lignées royales se disputaient au XV^e siècle la couronne d'Angleterre, celle des Lancastre et celle des York, toutes deux descendantes du roi Édouard III. Ce fut la cause de nombreux complots et de plusieurs guerres civiles, dites des « Deux-Roses » : la rose blanche était l'emblème des York et la rose rouge celle des Lancastre. Richard II, de la branche d'York, était parvenu à succéder à son frère Édouard IV en 1483, en déclarant les fils de son frère illégitimes. Il les fit rapidement exécuter et régna ensuite par la terreur. Une révolte éclata bientôt contre le roi détesté ; elle fut conduite par Henri Tudor, le chef du parti des Lancastre. Les deux hommes s'affrontèrent à la bataille de Bosworth. Au cours de la bataille, Richard II tenta une charge décisive quand il vit la bannière de son adversaire à sa portée pour tuer Henri. La charge fut d'abord un succès, mais Richard II fut coupé de ses arrières par la trahison de lord Stanley. Isolé, Richard fut tué ainsi que ses compagnons. D'après les sources historiques, il n'est pas question de l'exclamation célèbre... C'est en fait Shakespeare qui dans sa tragédie *Richard II* reprit des éléments plus ou moins légendaires de la bataille : dans l'acte V, scène le roi Richard doit combattre à pied, son cheval ayant été tué sous lui. Il s'écrie alors : « *A horse ! a horse ! My kingdom for a horse !* », non pour fuir, comme on le dit parfois, mais par désespoir de voir le pouvoir royal lui échapper faute d'un cheval pour continuer à combattre. La phrase de Shakespeare est le plus souvent utilisée dans un sens un peu dévié, pour dire que dans une situation désespérée, on est prêt à échanger son bien le plus précieux pour obtenir la vie sauve.

**cinquième colonne**

Sens : *partisans ou sympathisants de l'ennemi au sein d'un pays, que ce soient des traîtres, des saboteurs ou des espions.*
Référence : *expression prêtée au général nationaliste Mola qui, en 1936, tenta de s'emparer de Madrid aux mains des républicains, au début de la guerre d'Espagne, puis utilisée couramment pendant la Seconde Guerre mondiale et la guerre froide.*

En 1936, un groupe de généraux espagnols conservateurs et nationalistes décidèrent de renverser par la force le gouvernement de l'Espagne, République depuis peu (1931), aux mains d'une coalition de gauche dite de « Front populaire », victorieuse aux élections de 1936. Le soulèvement militaire commence à Mellila, au Maroc, avec le général Franco, et s'étend ensuite dans la métropole. Les généraux conjurés ne parviennent cependant pas à rallier toute l'armée et, surtout, ils ne contrôlent pas la capitale, Madrid. L'Espagne est alors coupée en deux parties à peu près égales. Les nationalistes tentent de s'emparer de la capitale : leurs troupes sont lancées en quatre colonnes et le général Mola déclare à la radio qu'une « cinquième colonne » est prête à agir dans la ville elle-même, évoquant là les partisans nationalistes qui pourraient se soulever. L'attaque contre Madrid est un échec, mais les républicains crurent à la réalité d'une « cinquième colonne » prête à frapper insidieusement. L'expression devint rapidement célèbre dans plusieurs langues et utilisée couramment en France pendant la Seconde Guerre mondiale pour évoquer soit les traîtres dévoués à la cause nazie, soit au contraire les partisans des alliés prêts à agir au moment venu. Le terme servit aussi à traduire en français le titre d'un film d'Alfred Hitchcock, *Saboteur*, sorti en 1942 et diffusé en France après la guerre, où il est question d'un groupe de saboteurs organisé par les nazis aux États-Unis. Dans l'après-guerre, le thème de la cinquième colonne est souvent utilisé contre les communistes français, accusés d'être des agents de l'URSS.

**coup de Jarnac**
Sens : *coup déloyal et imprévu porté à un adversaire afin de remporter un succès décisif.*
Référence : *un coup d'escrime célèbre porté par Guy I$^{er}$ Chabot, baron de Jarnac, à François de Vivonne, seigneur de La Châtaigneraie, lors d'un duel qui les opposa le 10 juillet 1547.*

Le baron de Jarnac était un brillant officier qui servit notamment en Italie sous le règne de François I$^{er}$. Sa femme était la sœur d'Anne de Pisseleu, duchesse d'Étampes et surtout maîtresse du roi. Celle-ci était détestée par la belle Diane de Poitiers, elle-même maîtresse du dauphin Henri (le futur Henri II). Les courtisans se partageaient en deux camps qui épousaient le parti de chacune de ces puissantes maîtresses royales. Diane de Poitiers fit un jour courir le bruit que Jarnac bénéficiait de faveurs coupables de la part de sa belle-mère et La Châtaigneraie reprit à son compte cette diffamation. L'insulte ne pouvait que provoquer un duel qui eut lieu à Saint-Germain-en-Laye, en présence du roi et de toute la cour. La Châtaigneraie, connu pour ses talents en escrime, était donné vainqueur. Mais Jarnac lui coupa soudainement le jarret d'un coup d'épée. Le coup fut efficace : Jarnac n'acheva pas La Châtaigneraie devenu ainsi inoffensif. À l'époque, le « coup de Jarnac » fut reconnu comme parfaitement loyal, même s'il fut inattendu. Le sens en est aujourd'hui devenu plus péjoratif, presque celui d'une traîtrise.

**coup de Trafalgar**
Sens : *un accident imprévu et désastreux, un mauvais coup du sort.*
Référence : *la défaite navale de la flotte franco-espagnole face aux Anglais le 20 octobre 1805, au large du cap Trafalgar, près de Cadix en Espagne.*

En 1805, Napoléon semblait en mesure de débarquer en Angleterre, afin de vaincre son ennemie la plus acharnée. Il avait rassemblé la Grande Armée au camp de Boulogne, dans le Pas-de-Calais. Pour permettre le débarquement, il fallait éloigner quelque temps la puissante flotte anglaise des côtes de la Manche. La mission fut confiée à l'amiral Villeneuve qui disposait des flottes française et espagnole. Il y réussit partiellement, mais fut forcé en juillet 1805 de se réfugier dans le port de Cadix et y fut bloqué par l'amiral anglais Nelson. Villeneuve accepta malencontreusement de combattre mais Nelson montra sa supériorité tactique et détruisit la majeure partie de la flotte de Villeneuve. Nelson mourut au cours de la bataille et devint l'un des plus grands héros nationaux anglais, alors que Villeneuve, victime de la colère de Napoléon, se suicida. Cette bataille avait été en fait inutile, car Napoléon avait déjà ordonné à la Grande Armée de quitter Boulogne à la fin août 1805 pour l'Allemagne où il s'apprêtait à combattre l'Autriche et la Russie. Elle symbolisait ainsi l'invincibilité de la flotte anglaise et sonnait le glas de tout espoir, même mince, de menacer d'envahir l'Angleterre. À vrai dire, la plupart des historiens reconnaissent que, même sans ce mauvais coup du sort, le projet d'invasion de l'Angleterre était une tâche impossible.

## III. LES EXPRESSIONS QUI ONT FAIT L'HISTOIRE

### « Élections, piège à cons »

Sens : *l'exercice du droit de vote est une illusion de démocratie.*
Référence : *slogan du mouvement de mai 1968, popularisé par un article de Jean-Paul Sartre en 1973, publié dans la revue* Les Temps modernes.

À partir du 30 mai 1968, de Gaulle et son Premier ministre Georges Pompidou reprennent l'initiative face à la contestation étudiante, aux grèves ouvrières et à l'effervescence politique. Ce jour-là, dans un discours radiodiffusé, de Gaulle annonce son intention de dissoudre l'Assemblée nationale afin d'appeler les Français à élire leurs députés et, bien entendu, à lui témoigner son soutien. Il espère ainsi unir derrière lui le pays « légal ». La campagne électorale de la droite et du centre martèle les arguments de défense de l'ordre et de la République, face aux menaces d'un supposé péril communiste. L'extrême gauche – libertaires, trotskistes, maoïstes, etc. –, qui est alors très influente auprès des étudiants, considère que cet appel au vote est le moyen de priver les citoyens de la véritable démocratie. Mais leurs idées ne sont pas partagées par les dirigeants des partis de gauche, communistes compris, qui souhaitent retrouver des voies légales et maîtrisables. Seul le PSU reprend quelques-uns des thèmes de mai 1968. Les résultats des élections de juin 1968 sont un triomphe pour les gaullistes et la droite : dès le premier tour, ils recueillent 46 % des voix et obtiennent une majorité écrasante en sièges après le deuxième tour. L'extrême gauche ne peut que dénoncer ces élections « piège à cons », alors que la volonté démocratique doit, à ses yeux, s'exprimer directement, sans représentants, dans l'action collective (manifestation, grèves, etc.). Quelques années plus tard, en 1973, Sartre reprend l'expression comme titre de l'un de ses articles dans lequel il explique en quoi le suffrage universel aboutit en fait à ne faire de chaque citoyen qu'un individu isolé qui ne peut ainsi exprimer les besoins du groupe auquel il appartient. Ces idées ne sont pas véritablement nouvelles : depuis 1789, et en particulier chez les anarchistes français de la fin du XIX$^e$ siècle, elles divisent les partisans d'une démocratie indirecte (par l'élection de « représentants ») et ceux qui souhaitent une démocratie « directe » sans médiation.

## « Et pourtant, elle tourne… »

Sens : *citation utilisée pour affirmer qu'une vérité scientifique existe en elle-même malgré les rétractations imposées.*
Référence : *paroles prononcées selon la légende par le savant italien Galilée (1564-1642) à l'issue de son procès.*

Galilée, Galileo Galilei, s'était rendu célèbre de son temps par diverses inventions ou améliorations techniques (comme le thermomètre) et ses leçons de mécanique. Grâce à la mise au point d'une lunette astronomique en 1609, il découvrit l'anneau de Saturne, les satellites de Jupiter et les taches solaires, ce qui ajoutait encore à sa gloire. D'autre part, ses observations confirmaient à ses yeux le système héliocentrique de Copernic, qu'il avait depuis longtemps adopté à titre personnel sans oser le défendre publiquement dans ses enseignements, car il avait été condamné par l'Église catholique. Ce système reposait, entre autres, sur l'idée que la Terre tournait sur elle-même. En 1610, les rivaux et adversaires de Galilée, partisans du vieux système géocentrique, l'accusèrent devant le pape de défendre des idées hérétiques. Le tribunal romain du Saint-Office condamna les idées coperniciennes de Galilée comme « absurdes » et « hérétiques » et lui ordonna de ne plus les professer. Galilée obéit et se tint tranquille pendant vingt-deux ans, sous la protection du grand-duc de Toscane. Cependant, il se décida tout de même à publier en 1632 un ouvrage dans lequel il exposa, de manière un peu indécise mais tout de même explicite, le système de Copernic. Il fut alors déféré devant le tribunal de l'Inquisition en juin 1633 : le procès dura vingt jours et Galilée ne se défendit presque pas. Il fut condamné et contraint à abjurer ses idées, à genoux, devant ses juges. La légende assure qu'il murmura en se levant et en tapant du pied sur le sol : « *Eppur, si muove !* » (« Et pourtant, elle tourne ! ») L'anecdote fut certainement inventée : il fallait bien sauver l'honneur scientifique du grand savant, qui finit tristement sa vie, retiré et bientôt aveugle dans sa villa de Toscane.

## « L'État, c'est moi. »

Sens : *formule qui cherche à définir la monarchie absolue, souvent citée pour la condamner, de même que tout pouvoir personnel.*
Référence : *paroles attribuées à Louis XIV qui les aurait prononcées lors d'une séance au Parlement de Paris le 13 avril 1655.*

## III. LES EXPRESSIONS QUI ONT FAIT L'HISTOIRE

La formule est très célèbre non seulement en France mais aussi dans le monde entier, tant elle paraît bien caractériser la conception du pouvoir de Louis XIV. En 1655, la monarchie sortait à peine de la longue crise de la Fronde qui avait vu se rebeller contre le jeune roi (il a alors 17 ans) et son ministre le cardinal Mazarin une partie de la noblesse et les parlements qui étaient des « cours souveraines » de justice. Le Parlement de Paris, la plus prestigieuse et la plus importante des cours souveraines, avait prétendu exercer un contrôle sur la monarchie. En effet le Parlement avait pour rôle d'enregistrer les décisions royales, en particulier en matière fiscale, afin qu'elles puissent être effectives, et avait en principe le droit de faire des observations en vertu de son « droit de remontrances ». Ces prétentions avaient été théorisées, avec l'idée que le Parlement représentait la Nation et détenait une part de la souveraineté royale. Le 20 mars 1655, le roi s'était rendu personnellement au Parlement pour faire enregistrer plusieurs édits fiscaux. Cette présence du roi au Parlement se nomme un « lit de justice » : il rend obligatoire l'enregistrement sans discussion. Quelques jours plus tard, le 13 avril, Louis XIV est en train de chasser à Vincennes quand il apprend que le Parlement remet en discussion les édits déjà enregistrés. Il accourt aussitôt au Parlement de Paris, dans l'île de la Cité, en tenue de chasse et le fouet à la main, selon la légende, pour interdire tout débat. D'après les sources disponibles, il se contente de dire : « *Messieurs, chacun sait les malheurs qu'ont produits les assemblées du Parlement. Je veux les prévenir et que l'on cesse celles qui sont commencées sur lois et édits que j'ai apportés, lesquels je veux être exécutés. Monsieur le Premier président, je vous défends de souffrir aucune assemblée et à pas un de vous de la demander.* » Le fameux aphorisme n'a donc pas été prononcé à ce moment-là. De plus la vraisemblance s'y oppose, puisqu'en 1655 c'était encore Mazarin qui gouvernait, et que, d'un point de vue théorique, Louis XIV aurait pu dire que la « Nation » ou la « Souveraineté » réside en lui, et non l'État, qui est un instrument de la souveraineté. L'aphorisme a été popularisé à la fin du XVIIIe siècle et au début du XIXe siècle, dans un contexte de polémique antimonarchiste. C'est ainsi que l'on trouve sous la plume de Pierre-Édouard Lémontey, en 1818 : « *Cette monarchie fut pure et absolue. Elle reposa toute dans la royauté, et la royauté toute dans le roi. [...] Enfin le*

*Coran de la France fut contenu dans quatre syllabes, et Louis XIV les prononça un jour : "L'État, c'est moi."* » (*Essai sur l'établissement monarchique de Louis XIV.*) La seule chose que nous apprend ce passage, c'est que la formule apocryphe était déjà considérée comme vraie ou du moins vraisemblable par beaucoup, même si les historiens sérieux, ou favorables à la monarchie, en déniaient l'authenticité. Même un grand esprit comme Alexis de Tocqueville la trouvait adaptée à Louis XIV et y faisait référence dans sa *Démocratie en Amérique* (1836).

## faire le zouave

Sens : *crâner ; faire le malin ; faire le fanfaron.*
Référence : *francisation du nom des Zwawa (ou Zhouga), nom d'une tribu kabyle, qui furent recrutés par les Français pour former des unités d'infanterie légère d'Algérie à partir de 1830. Par extension faire le pitre, faire le guignol.*

Peu de temps après la prise d'Alger (4 juillet 1830), les Français entreprirent d'élargir leur conquête. L'armée française chercha très vite à profiter des divisions locales en faisant entrer à son service des habitants, en particulier des Kabyles des montagnes, parmi lesquels ceux du Zouagha. Deux bataillons furent créés en 1831 puis un troisième un peu plus tard qui permit de former un régiment. Napoléon III fit créer deux régiments supplémentaires en 1852 puis un quatrième, appartenant à la Garde impériale en 1854. Depuis 1838, les Français avaient été autorisés à s'engager dans les zouaves et les régiments de zouaves furent dès lors majoritairement composés de Français, les Algériens « indigènes » étant recrutés dans des régiments de tirailleurs. Malgré cela, ces régiments conservèrent leur nom d'origine. Les soldats portaient un uniforme de style arabe, avec de larges pantalons bouffants et un turban qui les distinguaient des autres troupes de l'armée française. Déjà réputés pour leur bravoure dans les années 1830 et 1840, les zouaves se rendirent célèbres en France et en Europe à l'occasion de la guerre de Crimée (1854-1856). La France et l'Angleterre s'étaient engagées dans une guerre contre la Russie qui menaçait l'Empire ottoman et cherchaient à s'ouvrir une voie vers la Méditerranée. Le corps expéditionnaire français fut largement composé de troupes venues de l'armée d'Afrique qui étaient les plus aguerries,

### III. LES EXPRESSIONS QUI ONT FAIT L'HISTOIRE

parmi lesquelles deux bataillons de zouaves. L'armée franco-anglaise débarqua le 14 septembre 1854 en Crimée, dans le but d'assiéger la forteresse de Sébastopol. La bataille de l'Alma (20 septembre 1854), du nom d'une rivière locale, permit aux Franco-Anglais de repousser les Russes qui tentaient de les rejeter à la mer et de prendre solidement pied en Crimée. Les zouaves se distinguèrent dans cette bataille : la traversée de la rivière et leur entrain à grimper courageusement les hauteurs dominées par l'armée russe frappèrent les esprits. La bataille de l'Alma fut amplement célébrée par la propagande de Napoléon III qui reçut la reine d'Angleterre Victoria en août 1855 à l'occasion de l'Exposition universelle de Paris, alors que la guerre était loin d'être finie puisque le siège de Sébastopol dura jusqu'au 8 septembre 1855 (« J'y suis, j'y reste ! »*). Pas moins de cinq grands tableaux représentant la bataille de l'Alma figurèrent à l'Exposition (de Gustave Doré, Bellangé, Beaume, Darjou et Eugène Lami) et les zouaves y tenaient bonne place : leur tenue exotique avait sans doute suscité autant que leur bravoure l'intérêt des peintres... Un nouveau pont parisien construit de 1854 à 1856 reçut également le nom de la bataille de l'Alma et fut décoré de quatre statues de soldats, dont un zouave. Lors de sa reconstruction en 1970, seul le zouave eut l'honneur de rester en place : il est vrai qu'il était devenu un personnage parisien qui servait d'instrument de mesure populaire des crues de la Seine. « Faire le zouave » fut d'abord une expression de l'argot militaire et signifia montrer de façon ostentatoire sa bravoure, crâner. L'expression devint progressivement plus péjorative et signifia par extension faire le fanfaron, voire faire le clown, sans que cette dernière acception ait un réel fondement historique. Certes, en 1857, à l'occasion d'une visite de Napoléon III au camp de Châlons, où l'empereur aimait organiser de grandes parades militaires qui attiraient un nombreux public de civils, les zouaves se distinguèrent par une « fête arabe » qui plut tant à l'empereur qu'il la fit répéter en l'honneur du duc de Cambridge. Épisode moins glorieux, le maréchal Canrobert raconte dans ses Mémoires que, lors de la débâcle de 1870, les zouaves ivres dansèrent nus devant leurs officiers au camp de Châlons.

**« Faut-il mourir pour Dantzig ? » et « Faut-il mourir pour les Poldèves ? »**
Sens : *il est absurde de faire la guerre pour une affaire mineure qui n'engage pas la survie du pays ; citations faites de manière péjorative pour condamner les partisans de la paix à tout prix et les « munichois\* ».*
Référence : *titre d'un éditorial de Marcel Déat paru le 4 mai 1939.*

En mai 1939, la perspective d'une guerre en Europe est désormais une certitude. On avait pu croire, ou espérer, que les accords de Munich du 30 septembre 1938 allaient satisfaire Hitler et préserver la paix. Ce fut tout le contraire. Hitler, non content de démanteler la Tchécoslovaquie – ce qui allait déjà au-delà des accords de Munich –, portait désormais ses revendications sur la Pologne et en particulier sur le « couloir de Dantzig », qui séparait depuis 1919 la Prusse-Orientale du reste de l'Allemagne. Hitler réclamait l'annexion de Dantzig (Königsberg pour les Allemands), qui était une ville libre, et l'exterritorialité du couloir, qui était polonais. Ces exigences furent rejetées par la Pologne le 29 mars 1939. Contrairement à ce qui s'était passé en 1938, les gouvernements britannique et français étaient désormais déterminés à résister à l'Allemagne. Dès le 31 mars, l'Angleterre donnait sa garantie à l'intégrité territoriale de la Pologne, qui était par ailleurs alliée de la France, car il devenait patent que Hitler n'en resterait pas à cette revendication. La marche à la guerre était donc acceptée et les opinions publiques elles-mêmes s'y étaient résignées. Toutefois, l'esprit « munichois » subsistait dans une frange du monde politique, que ce soit dans la gauche pacifiste, ou à l'extrême droite favorable à une entente avec l'Allemagne. C'est dans ce contexte que parut l'article de Marcel Déat le 4 mai 1939 dans le journal pacifiste *L'Œuvre*, avec ce titre en forme de question. Il y écrivait : « *Je le dis tout net ; flanquer la guerre en Europe à cause de Dantzig, c'est y aller un peu fort, et les paysans français n'ont aucune envie de mourir pour les Poldèves.* » Le titre avait été choisi pour obtenir une réponse de bon sens, négative bien sûr : allait-on sacrifier des centaines de milliers de soldats comme en 1914-1918 pour une ville que personne ne connaissait en France ? Une affaire aussi mineure ? L'allusion aux « Poldèves » allait dans le même sens. Il s'agit en fait d'un peuple imaginaire, inventé en 1929 par un journaliste de *L'Action française*, le journal de l'extrême droite monarchiste qui fit un canular en envoyant à quelques députés de gauche des lettres d'un soi-disant comité de défense des Poldèves, situé vaguement dans l'est de l'Europe. Le canular amusa notamment de jeunes normaliens, tel l'écrivain Robert Brasillach, et le nom se diffusa dans les milieux intellectuels de droite. Il était aussi connu du dessinateur belge Hergé qui invente un consul de Poldévie dans son album *Le Lotus bleu* paru en 1936. Bref « mourir pour les Poldèves », c'était mourir pour une fiction : à l'esprit de démission, Déat ajoutait donc un profond mépris pour les Polonais, réduits à l'état de Poldèves de bande dessinée, même s'il les qualifie d'« amis ». Le titre de l'article est demeuré célèbre depuis lors pour illustrer le défaitisme et l'esprit munichois, d'autant que Marcel Déat, qui fut d'abord un homme politique socialiste, fut l'un des principaux partisans de Vichy et de la collaboration avec l'Allemagne. Depuis lors on paraphrase souvent la question au gré des circonstances, dès qu'une crise internationale pose la question de la détermination à résister : « Faut-il mourir pour Berlin ? » ou « Faut-il mourir pour l'Afghanistan ? »

### « Les Français sont des veaux... »

Sens : *on ne peut compter sur les Français qui se laissent mener à l'abattoir sans réagir.*
Référence : *formule prêtée au général de Gaulle (1890-1970), en particulier quand les Français ne le suivaient pas.*

Plusieurs témoins racontent que le général de Gaulle employait régulièrement cette formule peu aimable à l'égard de ses compatriotes. Son fils, l'amiral de Gaulle, rapporte qu'il manifesta ainsi son mécontentement de l'attitude des Français, lors de la signature de l'armistice de juin 1940 par le maréchal Pétain : la France « résistante » était alors très faible et le général de Gaulle bien seul à Londres. Il aurait encore prononcé la formule en avril 1958. Alors que la IV$^e$ République est en pleine crise à cause de la guerre d'Algérie, il est très pessimiste sur les chances qu'il a de revenir au pouvoir : après avoir démissionné en 1946, il avait en effet espéré que les Français le rappelleraient, mais ceux-ci l'oublièrent et de Gaulle connut une longue « traversée du désert ». Les faits démentiront ce pessimisme d'avril 1958 puisque, finalement, il est appelé au pouvoir le 29 mai 1958 à la suite du soulèvement d'Alger. Dans la bouche du général de Gaulle, l'expression exprimait chaque fois son dépit de ne pas être suivi par les Français, par cette « France vacharde », incapable de discipline, qui renâcle à avancer, en donnant éventuellement des coups de corne.

**gaullien**
Sens : *adjectif qui fait référence à tout ce qui, en politique française, fait appel au sens de la grandeur, qu'elle soit nationale ou... personnelle.*
Référence : *tiré du nom du général Charles de Gaulle, chef de la France libre (1940-1944), du gouvernement provisoire de la République (1944-1946) et président de la République (1958-1969).*

De Gaulle est devenu un héros national à part entière. Depuis sa mort en 1970, même ses anciens adversaires ont pu se réclamer de ce « grand homme » qui a fini par susciter un véritable consensus dans l'opinion française. Même si son rôle majeur en 1940, puis en 1944-1946, avait été largement reconnu, y compris à gauche, de Gaulle avait cependant rencontré beaucoup d'adversaires, surtout pendant sa présidence. La crise de mai 1968 puis sa démission en 1969, à la suite d'un référendum perdu, avaient terni ses dernières années à la tête de l'État. Cependant après sa mort, sa figure fut constamment opposée à celle de ses successeurs et il servit en quelque sorte de baromètre de l'exercice du pouvoir. Tels fidèles partisans de De Gaulle, les « gaullistes », regrettaient que tel président abandonnât le modèle du fondateur de la V$^e$ République. Ses anciens adversaires ne se privaient pas non plus d'en récupérer l'image en l'opposant à ceux qui s'en réclamaient les héritiers. Dès lors en France, était qualifié de « gaullien », toujours dans un sens laudatif, toute attitude digne, tout discours un peu ferme, toute politique extérieure faisant référence à la « grandeur » de la France ou toute politique intérieure faisant appel au patriotisme et à l'effort. L'important ne résidait pas dans les idées du général de Gaulle, lequel n'était d'ailleurs ni un théoricien ni un idéologue, mais dans le style « gaullien » : cette notion bien vague permet à ceux qui s'en réclament, ou que l'on qualifie ainsi, de revêtir les habits du « grand » Charles (qui dépassait effectivement le mètre quatre-vingt-dix), quelle que soit leur taille.

### grognard
Sens : *personne qui reste fidèle à un chef ou à une cause, contre vents et marées malgré son habitude de manifester son mécontentement.*
Référence : *surnom affectueux donné aux soldats de la Vieille Garde impériale de Napoléon.*

Napoléon créa en 1804 la Garde impériale, formée de soldats d'élite. D'abord destinée à la protection de l'empereur, elle devient rapidement l'unité d'élite de l'armée, qui intervient au moment décisif dans les batailles. Elle comporte plusieurs régiments, de fantassins (grenadiers notamment) et de cavaliers. Elle est aussi répartie en « Jeune », « Moyenne » et « Vieille » Garde. Les soldats de la Vieille Garde sont les plus anciens et les plus expérimentés : même dans les pires moments, ils seront toujours fidèles à l'empereur, malgré leur habitude de « grogner », c'est-à-dire de se plaindre de l'ordinaire. Mais Napoléon leur manifestait une attention particulière et démonstrativement affectueuse, d'où cette appellation de « grognards ». Par la suite, au XIX$^e$ siècle, le terme « vieux grognards » est employé plus généralement pour désigner l'ensemble des vétérans de l'armée napoléonienne. Aujourd'hui l'expression est utilisée pour désigner les amis les plus anciens et les plus fidèles d'un homme politique, sur lesquels il peut compter dans les moments difficiles.

### guerre froide
Sens : *forte tension entre deux pays qui utilisent tous les moyens pour s'affronter hormis la guerre directe.*
Référence : *la période d'affrontement entre le bloc occidental derrière les États-Unis et le bloc communiste derrière l'URSS, de 1947 à 1953, ou 1963 ou même 1989.*

L'expression « guerre froide » est popularisée par la publication d'un livre, *The Cold War*, de l'essayiste et journaliste américain Walter Lippman en 1947 et reprise ensuite couramment par le *New York Times*. L'inventeur de l'expression serait Bernard Baruch, homme d'affaires, homme politique et conseiller du président Roosevelt, mais elle avait aussi été utilisée par l'écrivain George Orwell en 1945. En tout cas, elle s'impose rapidement dans le monde entier pour qualifier le climat de guerre larvée entre les États-Unis et l'URSS. Les deux grandes puissances, appuyées sur leurs blocs, s'affrontent sur le terrain idéologique, politique et économique ; elles se livrent à une course aux armements nucléaires qui aboutit à un véritable équilibre de la terreur. La crainte d'une guerre nucléaire, dévastatrice même pour l'éventuel vainqueur, empêche en effet toute guerre ouverte et directe entre les deux grandes puissances. Elle n'évite cependant pas de véritables guerres régionales, comme celle de Corée (1950-1953). À la mort de Staline en 1953, commence une période dite de « détente », mais celle-ci est souvent compromise par des périodes de crises comme celle de 1962 (crise des missiles de Cuba) ou de 1979 (invasion de l'Afghanistan par l'URSS). En réalité, les deux mondes, libéral et capitaliste d'un côté, communiste de l'autre, ne cesseront de s'affronter, de manière plus ou moins intense jusqu'à la chute des régimes communistes en Europe (1989) et la dislocation de l'URSS (1991). La notion de guerre froide est reprise de nos jours à propos des tensions qui semblent renaître entre la Russie d'une part, les États-Unis et l'Europe d'autre part.

**« Ils n'ont rien appris, ni rien oublié. »**
Sens : *se dit de gens qui ne tirent rien de leur expérience, surtout en matière politique.*
Référence : *mot prêté à Talleyrand (1754-1838) à propos des émigrés français qui avaient fui la France pendant la Révolution française et étaient revenus au pouvoir en 1814 puis en 1815.*

De 1789 à 1794, désapprouvant la Révolution française ou menacés d'exécution, de nombreux nobles quittent la France pour aller se réfugier à l'étranger, souvent à proximité des frontières, comme à Coblence, en Allemagne, ou à Vérone, en Italie. Ces « émigrés » se rassemblent autour des princes de la famille royale qui se sont également exilés, Louis, comte de Provence, et Charles, comte d'Artois, les frères de Louis XVI. Ils espèrent pouvoir revenir en France y rétablir la monarchie (abolie en 1792), retrouver leurs biens parfois confisqués et même rétablir les privilèges de l'Ancien Régime. Malgré de multiples complots et les guerres entre la France et les monarchies européennes, il leur fallut cependant attendre vingt-cinq ans pour pouvoir revenir, du moins pour les plus acharnés d'entre eux, puisque

### III. LES EXPRESSIONS QUI ONT FAIT L'HISTOIRE

certains émigrés étaient rentrés à partir de 1795, après la Terreur, et surtout à partir de 1799, quand Napoléon Bonaparte prit le pouvoir. Lorsqu'en 1814 Napoléon, vaincu par la coalition européenne, abdiqua, Louis XVIII put être proclamé roi de France et rentra à Paris, accompagné d'une foule d'émigrés qui tenaient enfin leur vengeance. Le roi « octroya » une charte constitutionnelle mais laissa mener une politique réactionnaire qui inquiéta les Français. Napoléon put tenter à nouveau sa chance : il réussit à s'évader de l'île d'Elbe et à reprendre le pouvoir. Louis XVIII et son entourage durent à nouveau s'enfuir. Cependant Napoléon fut vaincu à Waterloo, après seulement cent jours de règne : il fut cette fois exilé dans la lointaine île de Sainte-Hélène et Louis XVIII rétabli sur le trône. La chambre qui fut élue en 1815, la « chambre introuvable »\*, comportait une écrasante majorité de royalistes. Les « ultras » étaient très réactionnaires et encore plus royalistes que... le roi. Selon le mot de Talleyrand, les anciens émigrés n'avaient « rien oublié » : ils se souvenaient avec nostalgie de la France d'Ancien Régime mais aussi de leur long exil dû à la Révolution et ne rêvaient que de vengeance. Ils n'avaient « rien appris », ne comprenant ni les causes de la Révolution, ni l'attachement profond des Français aux principaux acquis révolutionnaires. La formule prêtée à Talleyrand, peut-être empruntée à d'autres, analysait parfaitement l'état d'esprit de ces émigrés. Il fallut moins de quinze ans pour que les Bourbons soient à nouveau renversés par la révolution de 1830. Le mot de Talleyrand est régulièrement utilisé pour dénoncer l'incapacité à s'adapter aux évolutions de l'histoire, ou stigmatiser l'esprit de revanche après une victoire électorale. Quant à Talleyrand lui-même, ancien évêque et noble de grande famille, il avait adhéré à la Révolution à ses débuts, et après un court exil était rentré en France en 1796, où bientôt il servit Napoléon comme ministre des Affaires étrangères avant de se rallier à Louis XVIII : il avait beaucoup appris, sans rien oublier non plus...

**jacquerie**
Sens : *révolte paysanne caractérisée par une grande violence.*
Référence : *la « grande Jacquerie » de 1358.*

En 1358, la situation générale du royaume de France est très mauvaise. Le roi Jean le Bon a été fait prisonnier par

Dictionnaire des expressions qui ont fait l'histoire

les Anglais à la suite de la défaite de Poitiers (1356), bataille perdue par la cavalerie française, qui combattait... à pied, face aux archers anglais. Des troubles ont lieu à Paris où le prévôt des marchands, Étienne Marcel, cherche à imposer un contrôle au régent, en s'appuyant sur le peuple parisien et celui d'autres villes. Les nobles sont accusés d'avoir failli à Poitiers et de n'être plus capables d'assurer la sécurité. À la suite d'une rixe entre gens d'armes et des paysans réquisitionnés pour des travaux, le 28 mai 1358, éclate un vaste mouvement de révolte des paysans dans le nord de la France, essentiellement en Beauvaisis et en Picardie. Cette révolte impressionne les contemporains comme le chroniqueur Froissart. Les paysans se donnent un chef, Guillaume Cale (ou Callet), forment une véritable armée, attaquent les châteaux et massacrent de nombreux gentilshommes. Il faut attendre le 10 juin pour que la révolte soit écrasée par Charles le Mauvais, roi de Navarre. Le nom Jacquerie est donné à la révolte, probablement parce que le sobriquet de « Jacques Bonhomme » était donné par dérision aux paysans par les nobles. Depuis, les émeutes paysannes violentes sont appelées jacqueries.

**« J'y suis, j'y reste ! »**
Sens : *ni rien, ni personne ne peut me déloger de ce que j'ai occupé, ou reprendre ce que j'ai pris ; s'accrocher à tout prix.*
Référence : *exclamation prêtée au général Mac-Mahon (1808-1893) le 8 septembre 1855, à l'occasion de la prise du fort de Malakoff, à Sébastopol.*

La guerre de Crimée (1854-1856) opposa d'un côté la Russie, de l'autre côté principalement l'Angleterre et la France qui cherchaient à empêcher la Russie de devenir une grande puissance navale en Méditerranée. Brillamment commencée par le débarquement des troupes franco-anglaises, cette guerre se caractérisa par l'interminable siège de la place forte de Sébastopol, défendue avec acharnement par les Russes (de septembre 1854 à novembre 1855). Après avoir vaincu une armée russe de secours en août 1855 et avoir fait intensément bombarder les positions russes, le général Pélissier, le commandant en chef français, ordonna enfin l'assaut contre le fort de Malakoff, situé sur un saillant qui commandait la défense de la ville. Il fut mené le 8 septembre 1855, par la division du général

Mac-Mahon, le 1ᵉʳ zouaves en tête : les soldats français parvinrent à l'occuper au prix de lourdes pertes. Malgré l'avertissement que l'ouvrage était miné et que tout risquait de sauter, Mac-Mahon refusa d'évacuer et déclara, dit-on plus tard : « J'y suis, j'y reste ! » La prise de la position de Malakoff entraîna, dès le lendemain, l'évacuation de Sébastopol par les Russes et, bientôt, la fin de la guerre. La gloire de cette bataille profita d'abord à Pélissier qui fut fait duc de Malakoff par Napoléon III, mais l'exclamation de Mac-Mahon, sans doute légendaire, resta dans l'histoire.

**lapalissade**
Sens : *vérité niaise ; évidence ; banalité ; truisme.*
Référence : *du nom de La Palisse (ou La Palice), fait maréchal de France par François Iᵉʳ, mort glorieusement à la bataille de Pavie en 1525.*

Malgré ses compétences militaires et sa bravoure, Jacques de Chabannes, seigneur de La Palisse, n'aurait jamais fait entrer son nom dans la langue française sans un concours de circonstances qui ne lui doivent rien, sinon sa propre mort. Sa gloire étymologique naquit en effet d'une chanson, composée dit-on par ses soldats peu après la bataille de Pavie, dont un seul couplet subsista :

> *Monsieur d'La Palisse est mort,*
> *Mort devant Pavie ;*
> *Hélas, s'il n'était pas mort*
> *Il ferait encore envie.*

Ils furent transformés assez vite pour donner une « chute » différente :

> *Un quart d'heure avant sa mort,*
> *Il était encore en vie.*

Outre le fait que, dans l'ancienne graphie française, le *S* avait une forme qu'on pouvait confondre avec le *F*, il est probable qu'ils furent transformés (« serait » pour « ferait » et « en vie » pour « envie ») afin de produire un effet comique. Ce fut réussi puisque au cours des siècles *La chanson de M. La Palice* devint très populaire et chaque génération y ajouta un couplet, sur l'air d'un vieux noël. On attribue à Bernard de la Monnoye (1641-1728), homme de lettres, critique et tardivement académicien, la composition de la chanson, qui retraçait en plusieurs couplets la vie de La Palice, dont voici le premier :

> *Messieurs, vous plaît-il d'ouïr*
> *L'air du fameux La Palisse ?*
> *Il pourra vous réjouir*
> *Pourvu qu'il vous divertisse.*
>
> *La Palisse eut peu de bien*
> *Pour soutenir sa naissance,*
> *Mais il ne manqua de rien*
> *Dès qu'il fut dans l'abondance.*

En tout cas, dès le XVII$^e$ siècle, une « vérité de La Palisse » était devenue une expression courante pour désigner les... lapalissades. La Palisse était ainsi devenu un personnage de chanson et de légende.

**ligne Maginot**
Sens : *obstacle imposant, coûteux mais sans efficacité.*
Référence : *la ligne de fortifications construite sur les frontières de l'est de la France et qui prit le nom d'André Maginot, plusieurs fois ministre de la Guerre de 1924 à 1931.*

Au lendemain de la guerre de 1914-1918, les gouvernements successifs s'efforcèrent de construire une puissante ligne fortifiée face à l'Allemagne et à l'Italie afin d'empêcher le développement rapide d'une offensive, de permettre de mobiliser dans de bonnes conditions et, éventuellement, de servir de base arrière pour une offensive française. Elle coûta des sommes importantes et fut l'objet de la fierté française, par sa sophistication et sa puissance. Elle constituait certes une barrière redoutable mais elle était limitée aux frontières avec l'Allemagne, laissant donc dégarnie la frontière franco-belge, où quelques travaux seulement furent menés à partir de 1935. Les plans français avaient prévu, en cas d'offensive allemande par la Belgique comme en 1914, de porter l'armée en avant afin de la contrer. Mais les Allemands prirent en mai 1940 l'armée française à contre-pied et percèrent à travers les Ardennes, réputées infranchissables pour une armée moderne. La victoire allemande fut foudroyante et la ligne Maginot n'avait pratiquement servi à rien.

III. LES EXPRESSIONS QUI ONT FAIT L'HISTOIRE

**limoger, limogeage**
Sens : *relever un militaire de son commandement ou un fonctionnaire de son poste à titre de sanction.*
Référence : *verbe tiré du nom de la ville de Limoges, où en septembre 1914, furent envoyés en disponibilité plusieurs généraux français.*

De septembre 1914 à janvier 1915, le général Joffre, commandant en chef des armées françaises, releva de leur commandement près de deux cents généraux. Cet éloignement du front et sans responsabilités était donc une sanction sans pour autant aller jusqu'à la mise à la retraite d'office. Pourquoi une telle valse de généraux ? Les débuts de la guerre avec l'Allemagne, déclarée le 3 août 1914, s'étaient révélés désastreux pour l'armée française. En effet, les armées allemandes avaient opéré un vaste mouvement enveloppant en passant par la Belgique, ce à quoi ne croyait pas le général Joffre. Ce dernier, selon le plan qu'il avait élaboré (le « plan XVII »), avait prévu une stratégie d'offensive à outrance et en particulier d'attaquer l'Allemagne en Lorraine et en Alsace, les provinces perdues en 1871. Or ces offensives furent rapidement des échecs, alors que le mouvement tournant allemand contraignait Joffre à ordonner une retraite générale sur la Marne, afin notamment de couvrir Paris. La situation fut certes rétablie miraculeusement par la bataille de la Marne (6-9 septembre 1914) mais les Allemands avaient envahi le territoire français et les pertes humaines avaient été énormes. Le général Joffre imputa l'échec de sa stratégie notamment à l'incapacité de nombreux officiers généraux qui n'auraient pas su appliquer ses ordres ni insuffler suffisamment l'esprit offensif à leurs subordonnés et à leurs troupes. Il décida alors de priver de leur commandement un nombre impressionnant de généraux, y compris le commandant de la 5e armée, le général Lanrezac. Beaucoup de commentateurs, hostiles à Joffre, y dénoncèrent un moyen de se dégager de ses propres responsabilités. Même si une faible partie de ces généraux « limogés » furent assignés à la 12e région territoriale militaire de Limoges, et très peu à Limoges même, le verbe limoger entra rapidement dans l'argot militaire, dès 1916, puis devint à partir des années 1930 un mot courant pour toute destitution à titre de sanction, d'un officier, d'un haut fonctionnaire, voire d'un ministre. On ne sait pourquoi

Limoges eut les honneurs de former ce néologisme, plus que les autres villes de la 12ᵉ région militaire, Tulle, Brive ou Périgueux par exemple. La ville s'en formalisa même officiellement dans les années 1970...

**lynchage**
Sens : *condamnation suivie d'une exécution sommaire par la foule, en dehors de tout cadre légal.*
Référence : *probablement la « loi de Lynch », c'est-à-dire les mesures prises par Charles Lynch pendant la guerre d'Indépendance américaine à l'encontre des loyalistes (pro-anglais) au début des années 1780.*

À l'origine, ce terme apparut sous la forme de « loi de Lynch ». Il s'agissait d'une référence au personnage de Charles Lynch (1736-1796) qui fut colonel de la milice et juge de paix en Virginie. Pendant la guerre d'Indépendance (1776-1783) entre les patriotes américains et les Anglais, Lynch avait mis fin à un complot de « loyalistes » (partisans des Anglais) en organisant des procès sommaires : il faisait infliger des punitions tels que châtiments corporels, confiscations et enrôlements de force. L'assemblée de Virginie légalisa rétroactivement ces actions. Très rapidement, les termes de « loi de Lynch » s'appliquèrent à des actions plus graves, c'est-à-dire les procédés d'exécution sommaire par la foule, ce qui n'avait pas été le cas des actions de Charles Lynch. La « loi de Lynch » apparaît en ce sens plus radical dans les dictionnaires anglais dès la première moitié du XIXᵉ siècle. Elle est employée par Victor Hugo dans *Les Misérables*, dans le contexte des journées de 1832, comme une forme révolutionnaire et expéditive d'élimination des adversaires. Les « lynchages » se multiplièrent au XIXᵉ siècle aux États-Unis, non principalement comme un amateur de westerns pourrait le penser contre les voleurs de l'Ouest mais principalement contre les Noirs, esclaves ou libres, ou encore les partisans de l'abolition de l'esclavage, avant et après la guerre de Sécession. Ce fut l'un des modes d'action du Ku Klux Klan jusqu'au XXᵉ siècle.

**se mettre en rang d'oignons**
Sens : *se ranger à la file, sur une même ligne.*
Référence : *l'ordre de préséance imposé aux états généraux de 1576 par le baron... d'Oignon sous le règne de Henri III.*

### III. LES EXPRESSIONS QUI ONT FAIT L'HISTOIRE

L'expression proverbiale était à l'origine « être assis en rangs d'Oignon ». Selon un dictionnaire du XVIIIe siècle, le proverbe vient du nom d'Artus de La Fontaine Solaro, baron d'Oignon, qui faisait fonction de grand maître de cérémonies aux états généraux convoqués à Blois par le roi Henri III. Il était chargé de disposer les rangs de tous les ecclésiastiques, seigneurs et autres députés dans une vaste salle quadrangulaire, selon un ordre protocolaire. Il le fit avec fermeté mais le « rang d'Oignon » ne satisfaisait pas tout le monde, car certains seigneurs se jugeaient mal placés en compagnie de plus petits qu'eux. L'expression avait d'abord en effet signifié prendre place là où il y a des gens de plus grande condition que soi-même, ce qui, bien évidemment, déplaisait fort à ceux qui se sentaient ainsi rabaissés. Le sens dérivé avait été donc longtemps s'imposer là où on n'est pas invité. Pour se moquer de ces prétentieux, il y avait un proverbe : « Bien des gens se mettent en rang d'oignon et ne valent pas une échalote. » Question de goût quant à l'échalote, mais on voit que le nom du baron avait fini par se confondre avec le légume et finalement avec l'idée plus triviale de file, comparable aux rangées d'oignons du potager, même si les oignons sont loin d'être les seuls en file...

### s'en moquer comme de l'an quarante
Sens : *ne pas s'inquiéter d'une chose plus que d'un événement improbable ou qu'on ne vivra pas.*
Référence : *incertaine mais l'expression apparaît dans les années 1790, pendant la Révolution française.*

Les lexicographes français du XIXe siècle pensaient que l'expression était née de l'ironie des royalistes à l'égard de la République qui venait d'être proclamée. Le 21 septembre 1792 fut choisi pour être le début de l'An I de la République, selon le nouveau calendrier adopté en 1793. Selon ces royalistes, la République ne verrait jamais son an quarante, c'est-à-dire l'année 1832-1833, si le calendrier républicain avait duré jusque-là. D'autres préfèrent au contraire y voir une plaisanterie républicaine qui viserait donc l'an quarante du règne de Louis XVI : son règne ayant commencé en 1774, il s'agirait donc de 1814, année qu'il n'a effectivement pas connue... puisqu'il perdit la tête en 1793. Enfin certains ont pensé à l'année 1740, sous le règne de

Louis XV. Tout cela est possible mais finalement peu convaincant. Une autre hypothèse voudrait que « l'an quarante » dont on se moque serait une déformation du mot « Alcoran », dénomination du Coran dans l'Occident médiéval, mais l'expression entière « s'en moquer comme de l'Alcoran » n'est pas attestée. Bref, tout cela reste bien obscur, et n'explique guère le choix du nombre quarante pour cette année insaisissable... On peut toutefois remarquer que ce nombre a une connotation particulière. Il apparaît souvent dans l'Ancien et le Nouveau Testament : par exemple, le déluge y dure quarante jours et quarante nuits ; les rois David et Salamon ont régné chacun quarante ans ; le Christ est monté au ciel (Ascension) quarante jours après sa mort, etc. C'est pourquoi ce nombre, avec ceux de 1000 et de 7, avait pris une grande importance dans les spéculations arithmétiques des astrologues et des millénaristes pour calculer la date de la fin du monde. Or, depuis le Moyen Âge, les juifs avaient adopté une ère commencée à la création du monde, en 3761 av. J.-C. selon des calculs faits au IVe siècle. Il se trouve que l'année 1740 du calendrier chrétien correspond à l'année 5500 du calendrier juif, et donc 1240 à l'année 5000, 2240 à 6000, etc. Se moquer de l'an quarante, ne serait-ce donc pas se moquer d'une fin du monde hypothétiquement fixée une année quarante d'un siècle quelconque ? L'importance accordée au nombre quarante est confirmée par le choix du titre de l'ouvrage romanesque d'anticipation philosophique de Louis Sébastien Mercier, publié en 1770, *L'An deux mille quatre cent quarante, rêve s'il en fût jamais*. Il y décrit un monde désormais heureux et libéré, où règne la raison. Cette œuvre utopique connut un grand succès et fut rééditée de nombreuses fois au XVIIIe siècle et traduite en plusieurs langues. Peut-être est-ce aussi de cet an quarante si lointain et si utopique que l'on se moquait en France dans les années 1790 ?

**m... Le mot de Cambronne**
Sens : *euphémisme pour ne pas prononcer le gros mot en cinq lettres, m..., et signifier un refus net et catégorique par bravade.*
Référence : *mot prêté au général Cambronne, à la fin de la bataille de Waterloo (18 juin 1815) pour signifier son refus de se rendre.*

Le soir du 18 juin 1815, alors que la bataille de Waterloo est perdue et que Napoléon a fui, les bataillons de la Vieille

### III. LES EXPRESSIONS QUI ONT FAIT L'HISTOIRE

Garde, cernés de toutes parts et décimés par la mitraille et l'artillerie, refusent de céder. Aux sommations anglaises de se rendre, le général Cambronne, qui commande les chasseurs à pied de la Garde, aurait répondu que la « Garde meurt mais ne se rend pas » : phrase que le général lui-même déclara absurde puisque non seulement il n'était pas mort mais qu'il s'était rendu. L'autre version était plus simple : il aurait simplement rétorqué « m... ». À vrai dire, nul ne sait si ces mots ont été réellement prononcés, ni par qui, à cause des témoignages contradictoires. Mais les jours suivants la bataille, la légende prenait corps dans la presse parisienne puis à la Chambre des députés : le mot permettait de se consoler de la défaite par un exemple de bravoure héroïque. Le « mot » devint donc aussitôt un élément de la légende napoléonienne, que Victor Hugo acheva d'immortaliser dans *Les Misérables* (II, I, 14 et 15) où il écrit : « [...] *Un général anglais, Colville selon les uns, Maitland selon les autres, leur cria : Braves Français, rendez-vous ! Cambronne répondit : Merde !* » L'écrivain s'excuse ensuite d'écrire ainsi en toutes lettres « *le plus beau mot peut-être qu'un Français ait jamais dit* », car selon lui cette réplique est le mot final, celui d'une victoire : « *Foudroyer d'un tel mot le tonnerre qui vous tue, c'est vaincre* ». Depuis, dire le « mot de Cambronne » est une manière indirecte de dire m... dans une situation difficile.

**munichois**
Sens : *(être munichois) faire une concession déshonorante et désastreuse à l'ennemi pour éviter la guerre ; capituler sans combattre ; être défaitiste.*
Référence : *partisan, péjorativement, des accords de Munich, la ville allemande où eut lieu une rencontre les 29 et 30 septembre 1938 entre Adolf Hitler pour l'Allemagne, Benito Mussolini pour l'Italie, Neville Chamberlain pour l'Angleterre et Édouard Daladier pour la France. Ces deux derniers cédèrent aux exigences de Hitler sur la Tchécoslovaquie pour préserver, au moins momentanément, la paix.*

Depuis l'arrivée au pouvoir des nazis en Allemagne, en janvier 1933, Hitler avait l'obsession de rassembler tout le « peuple » allemand dans un grand Reich. Il voulait aussi effacer toutes les conséquences de la défaite allemande de 1918 et du traité de Versailles de 1919. Ensuite il s'agissait d'étendre l'Allemagne vers l'Est pour lui donner un « espace vital ». Depuis l'été 1935, Hitler réussit à ébranler tout le système européen par une série de coups de force auxquels ni la France ni l'Angleterre, alors les deux plus grandes puissances européennes, n'opposèrent véritablement de résistance : rétablissement du service militaire obligatoire, remilitarisation de la Rhénanie face à la France (construction de la ligne Siegfried face à la ligne Maginot) et annexion de l'Autriche en mars 1938. Ce dernier succès, une conquête en pleine paix, encouragea Hitler en septembre 1938 à porter ses revendications sur le territoire des Sudètes, populations germanophones de la Tchécoslovaquie. Or la Tchécoslovaquie, État créé en 1919, était sous la protection d'une alliance avec la France depuis 1925. Le risque d'une guerre généralisée était évident, mais la France ne pouvait agir sans l'appui de l'Angleterre. Or le 15 septembre, Chamberlain avait déjà cédé à Hitler en acceptant le principe du rattachement de ces territoires à l'Allemagne. Hitler fit alors monter les enchères et exigea le 23 septembre un véritable démantèlement de la Tchécoslovaquie, assorti d'un ultimatum. La France mobilisa une partie de ses réservistes mais Chamberlain accepta une médiation de Mussolini : Daladier ne put que s'y rallier. Une conférence se tint donc à Munich et des accords furent signés, donnant toute satisfaction à Hitler. La paix semblait ainsi sauvée, mais au prix fort. Churchill dit de ces accords que « *le gouvernement [britannique] avait le choix entre la honte et la guerre. Il a choisi la honte et il a eu la guerre* ». Les opinions publiques furent d'abord soulagées, un « *lâche soulagement* », avait dit Léon Blum, car on avait en mémoire la Grande Guerre de 1914-1918. Mais il parut vite évident que cet accord, loin de mettre un point final aux ambitions de Hitler, ne faisait que l'encourager à aller encore plus loin. De fait, la guerre éclata un an plus tard. Le terme « munichois » désigna donc ceux qui reculèrent devant la guerre, soit par idéal pacifiste, soit par réalisme pour obtenir un sursis, soit encore par volonté d'un apaisement voire d'un rapprochement avec l'Allemagne nazie. Les partisans du rapprochement appartenaient surtout à la droite nationaliste et anticommuniste ; ils furent nombreux à soutenir le régime de Vichy en 1940 et à prôner la collaboration avec l'Allemagne. Dès lors, traiter quelqu'un de « munichois » en France était dénoncer un défaitiste, voire un traître. Après

### III. LES EXPRESSIONS QUI ONT FAIT L'HISTOIRE

1945, on évoquera souvent « l'esprit munichois » pour stigmatiser ceux qui sont partisans en Europe d'un rapprochement avec l'URSS. De même, tout accord avec une puissance jugée dangereuse et peu fiable est qualifié de « nouveau Munich ».

**« Ne pas désespérer Billancourt. »**
Sens : *s'interdire de parler ou d'agir de manière à désespérer les ouvriers.*
Référence : *formule inspirée d'une pièce de théâtre de Jean-Paul Sartre,* Nekrassov, *jouée la première fois en 1955.*

Dans la pièce de Sartre, Georges est un escroc qui se fait passer pour un ministre soviétique, Nekrassov, qui aurait choisi de fuir l'Union soviétique. Il se fait payer cher pour faire des déclarations hostiles au communisme dans un journal du soir. Il y dit que « *l'ouvrier russe est le plus malheureux de la terre* ». Un autre personnage de la pièce, Véronique, qui est de gauche, l'accuse de « *désespérer les pauvres* ». Georges répond : « *C'est exprès : je veux détruire le communisme en Occident. Quant à tes ouvriers, qu'ils soient de Billancourt ou de Moscou, je les...* » Dans le contexte français des années 1950, l'URSS apparaît encore comme un véritable modèle pour les ouvriers. Le communisme est alors très influent, avec un parti qui obtient presque un quart des voix aux élections. La CGT, contrôlée par les communistes, est le syndicat le plus important du monde ouvrier, en particulier dans le secteur de l'automobile et dans les usines Renault nationalisées en 1945. Le principal centre de production de Renault se trouve à Boulogne-Billancourt, sur l'île Seguin, qui forme ce que l'on nomme une « forteresse ouvrière ». Dire du mal de l'URSS, paradis supposé des ouvriers, que cela soit justifié ou non, c'est donc « désespérer Billancourt » et plus généralement le monde ouvrier. La formule tirée de la pièce eut un grand succès et est toujours utilisée couramment. Elle servait à dénoncer les mensonges du PC français et sa propension à trouver le bilan de l'URSS « globalement positif », voire son cynisme car il cachait la vérité à ceux qu'il prétendait défendre. Depuis, le communisme s'est écroulé en URSS, les résultats électoraux du PCF n'ont cessé de décroître et Billancourt a fermé... Pourtant la formule sert toujours, pour dénoncer un mensonge politique ou, au contraire, pour conseiller de ne pas évoquer de mesures impopulaires, avant une élection par exemple.

**nouveau Grenelle**
Sens : *réunion au sommet suivie d'un accord important entre le gouvernement et des partenaires sociaux ou autres.*
Référence : *les négociations du 25 au 27 mai 1968 entre le Premier ministre de De Gaulle, Georges Pompidou, les représentants du patronat et ceux des principaux syndicats, au ministère du Travail, situé au 127, rue de Grenelle à Paris.*

Lors de la crise de mai 1968, le mouvement étudiant qui occupait le pavé parisien s'était doublé d'un énorme mouvement de grèves spontanées, tel que la France n'en avait jamais connu. La France était totalement paralysée. Aux yeux du gouvernement, il fallait à tout prix éviter que les ouvriers et les employés ne rejoignissent un mouvement politique qui semblait devenir dangereux. Georges Pompidou décida alors de convoquer un sommet social particulièrement spectaculaire dans sa forme et dans ses décisions. Lui-même et le patronat étaient prêts à lâcher du lest pour mettre fin aux grèves et, de leur côté, les syndicats, en particulier la CGT, souhaitaient reprendre l'initiative. Toutes les organisations syndicales furent donc conviées rue de Grenelle par Pompidou. Après une journée et une nuit de négociations, un protocole des propositions du gouvernement est publié le matin du 27 mai. La mesure la plus frappante est le relèvement du salaire minimum de 35 % et de tous les autres salaires de 10 %. Ces propositions ne devinrent jamais des « accords », malgré le nom qui leur est resté dans l'histoire, puisqu'elles ne furent jamais signées : lorsque Georges Séguy vint les soumettre, au nom de la CGT, au vote des ouvriers de Renault à Billancourt, elles furent en effet rejetées et les ouvriers votèrent la poursuite de la grève. Les « accords de Grenelle » furent donc un échec dans l'immédiat mais, à moyen terme, ils permirent d'enfoncer un coin dans le front syndical et politique et servirent par la suite de base aux négociations sociales. Depuis, on a oublié que ce « Grenelle » avait été en fait un échec pour n'en retenir que la dimension spectaculaire. Faire un « nouveau Grenelle », c'est, dans le vocabulaire politique et journalistique, réunir un sommet important pour de grandes négociations, afin de mettre fin à une crise sociale ou autre, ou de frapper l'opinion.

**nouveau plan Marshall**
Sens : *plan de financement à grande échelle pour résoudre un problème international d'ordre économique.*
Référence : *du nom du secrétaire d'État américain, George Marshall, qui eut la charge de préparer le programme de reconstruction de l'économie européenne* (European Recovery Program) *et annoncé dans un discours à Harvard le 5 juin 1947.*

La Seconde Guerre mondiale, plus encore que la Première, avait provoqué d'énormes destructions matérielles en Europe, qui compromettaient sa renaissance économique et sociale. Les pays européens n'avaient pas les moyens financiers d'assurer cette reconstruction sans recourir à l'emprunt. Les États-Unis décidèrent alors de lancer un vaste programme de financement, sous forme de prêts et de dons aux Européens (17 milliards de dollars en quatre ans), afin, selon les termes de Marshall, de « briser le cercle vicieux de la misère ». En contrepartie, les Américains n'exigeaient qu'une coordination des États intéressés au sein de l'OECE (Organisation européenne de coopération économique). Cette surprenante générosité n'était cependant pas sans arrière-pensées politiques. Il s'agissait surtout d'éviter que la misère ne suscite des troubles politiques, ne favorise les partis communistes, puissamment représentés en France et en Italie, et par conséquent de faire obstacle à l'URSS qui était en train de mettre l'Europe de l'Est sous sa coupe. Le temps de la guerre froide* avait commencé. De fait, l'URSS refusa le plan Marshall, et à sa suite la plupart des pays sous son influence, au prétexte qu'il imposait l'économie libérale et était contraire aux souverainetés nationales. Les communistes dénoncèrent aussi l'hypocrisie de cette générosité puisque les fonds américains servirent pour une bonne part à acheter des machines et d'autres produits américains... Quoi qu'il en soit, cette aide extérieure massive contribua à faire sortir plus rapidement les économies européennes occidentales de l'après-guerre et préluda à une forte période de croissance qu'on appela les Trente Glorieuses. La prospérité retrouvée fut sans aucun doute un des facteurs les plus puissants de l'arrimage de l'Europe occidentale à l'alliance américaine.

Depuis lors, on parle de « nouveau plan Marshall » lorsque l'on souhaite une aide massive pour améliorer une situation ou résoudre une crise, par exemple, pour aider l'Afrique à réussir son développement.

**nouvelle affaire Dreyfus**
Sens : *décision politique ou judiciaire scandaleusement injuste, reposant sur des présupposés xénophobes ou racistes.*
Référence : *la condamnation à tort du capitaine Dreyfus pour trahison en 1894, point de départ de l'affaire qui conduira à sa réhabilitation.*

Le capitaine Alfred Dreyfus est accusé en 1894 d'avoir livré des renseignements militaires à l'ambassade d'Allemagne. Sur la foi d'indices très minces, et surtout parce qu'il est mal vu de ses supérieurs notamment parce qu'il est juif, Dreyfus est condamné à la dégradation et à la déportation. Son frère et un journaliste, Bernard Lazare, se battent toutefois pour prouver son innocence. Alors qu'en 1896 l'État-major découvre que le vrai traître est un autre homme, le commandant Esterhazy, il refuse la révision du procès pour sauvegarder l'honneur de l'armée. En 1897-1898, l'affaire devient véritablement publique, notamment grâce à l'article d'Émile Zola, « J'accuse ! » paru dans *L'Aurore* le 13 janvier 1898, à la suite de l'acquittement d'Esterhazy. L'opinion et les partis se divisent alors en « dreyfusards » et « antidreyfusards » : les premiers, le plus souvent à gauche, réclament la révision du procès et la réhabilitation de Dreyfus, au nom des principes de la justice et du droit ; les seconds, le plus souvent à droite, nationalistes et antisémites, considèrent qu'il faut défendre l'Armée, même si Dreyfus est innocent. Les dreyfusards obtiennent la tenue d'un nouveau conseil de guerre en 1899 mais, contre leurs attentes, il est à nouveau condamné, avec « des circonstances atténuantes ». Dreyfus accepte finalement la grâce du président de la République Émile Loubet. Ce n'est qu'en 1906 que la Cour de cassation le réhabilite et que Dreyfus réintègre l'armée. L'affaire Dreyfus fut très importante dans l'histoire de la prise de position des intellectuels en France au nom des grands principes du droit qui fondent la République. Elle est évoquée souvent lorsqu'on souhaite mobiliser l'opinion sur une injustice afin d'éviter une « nouvelle affaire Dreyfus ».

III. LES EXPRESSIONS QUI ONT FAIT L'HISTOIRE

**nouvelle Bastille à prendre**
Sens : *abattre le symbole d'un pouvoir tyrannique.*
Référence : *la prise de la Bastille à Paris, le 14 juillet 1789.*

La prise de la Bastille est devenue un événement emblématique de la Révolution française et le 14 juillet 1789 fut choisi comme la date de la fête nationale française en 1880. Le fait lui-même fut pourtant assez mineur mais illustra l'intervention du « peuple » de Paris dans la Révolution. Le roi Louis XVI avait renvoyé le 11 juillet le ministre Necker qui était très populaire et semblait vouloir recourir à la force pour s'opposer à la révolution. Camille Desmoulins appela alors le peuple parisien à s'armer pour défendre l'Assemblée nationale constituante, alors encore à Versailles. Un comité de bourgeois parisiens s'installa à l'Hôtel de Ville et le peuple des faubourgs se fournit en armes en attaquant l'hôtel des Invalides. La foule se tourna contre la Bastille, ancienne forteresse devenue une prison, qui dominait de ses hautes tours le faubourg Saint-Antoine. Bien que défendue seulement par quatre-vingts Invalides et une trentaine de Suisses, sans réserves de vivres ni de munitions, sous le commandement du gouverneur de Launay, le siège fit tout de même une centaine de victimes parmi les assaillants. De Launay fut capturé et traîné en place de Grève où il fut exécuté. La Bastille fut démolie en 1790. Pourquoi s'attaquer à cette prison quasi vide en 1789 ? Celle-ci ne renfermait en effet que sept condamnés de droit commun... C'est que la Bastille était devenue au XVIII$^e$ siècle le symbole de l'arbitraire royal : le roi avait le pouvoir d'y faire enfermer qui il voulait par lettre de cachet, même s'il ne le faisait pratiquement plus. C'était donc le symbole qui était attaqué et non une réalité, déjà tombée en désuétude. L'événement devint aussi emblématique de la capacité du peuple à imposer sa volonté. Depuis, on parle de « nouvelles Bastilles à prendre » pour désigner toute forme d'autorité jugée tyrannique qu'il faut abattre, comme le pouvoir de l'argent ou le pouvoir masculin, même si on ne songe plus, généralement, à une action armée.

**œuf de Colomb**
Sens : *c'est simple, mais il fallait y penser.*
Référence : *anecdote apocryphe concernant Christophe Colomb au retour de son premier voyage de découverte de l'Amérique en 1493.*

Parti d'Espagne le 3 août 1492, Christophe Colomb avait découvert de nouvelles terres, les îles des Bahamas, de Cuba et d'Hispaniola (Saint-Domingue), ce qui allait révéler l'existence d'un nouveau continent, l'Amérique. La découverte fut confirmée par les trois voyages suivants. Sa gloire fut immense et à son premier retour, en mars 1493, il fut comblé d'honneurs par le roi Ferdinand d'Aragon et la reine Isabelle de Castille, avant de repartir dès 1493 pour son second voyage. Mais, raconte Girolamo Benzoni dans son *Histoire du Nouveau Monde* parue en 1565, sa renommée suscita des jalousies. Des savants prétendirent qu'il n'avait rien découvert qui ne fût déjà connu auparavant et que rien n'était finalement plus facile que ses découvertes. Au cours d'un repas où on lui tenait de tels propos, il demanda à ses détracteurs de faire tenir un œuf debout sur une table. Personne ne put le faire. Colomb prit l'œuf, d'un petit coup en écrasa le bout et le fit tenir. Tout le monde de s'écrier : voilà qui est trop facile ! Et lui de répondre que ce qu'ils *auraient pu* faire, lui l'*avait* fait. Le livre de Benzoni fut traduit en plusieurs langues, notamment en français et rendit l'anecdote célèbre. Voltaire lui-même, qui la popularisera au XVIIIe siècle dans son *Essai sur les mœurs*, ne croit pas à la réalité de l'anecdote et écrit que l'histoire authentique se rapportait à Brunelleschi, le célèbre architecte de la coupole de la cathédrale de Florence mort en 1446. À vrai dire, l'histoire de « l'œuf de Brunelleschi » a des chances d'être aussi inexistante que celle de l'œuf de Colomb, puisqu'elle est seulement racontée par Vasari dans ses biographies d'artistes parues en 1550. Comme le dit Voltaire, « *la plupart des bons mots sont des redites* ». Mais laissons l'œuf à Colomb, puisqu'il lui est attribué universellement dans toutes les langues et que le célèbre navigateur n'eut pas l'honneur de donner son nom au continent.

**opium du peuple**
Sens : *croyance ou activité qui procure un bonheur illusoire au peuple.*
Référence : *citation d'après un passage d'une œuvre de Karl Marx (*Critique de la philosophie du droit de Hegel, *1843).*

Marx explique dans l'introduction à cette œuvre que « *la religion est le soupir de la créature opprimée, l'âme d'un monde sans cœur* [...]. *Elle est l'opium du peuple* ». Pour le philosophe, la religion est en effet tout à la fois l'expression de la détresse du peuple, une protestation contre celle-ci et un moyen de supporter la misère. Selon Marx, il est donc nécessaire d'abolir la religion qui entretient l'illusion du bonheur ; ainsi libéré de son opium, le peuple prendra conscience de la triste réalité de sa condition et exigera un bonheur réel. La formulation eut un très grand succès en Europe, à une époque où la religion, en particulier catholique, apparaissait comme un instrument de pouvoir des régimes conservateurs. En France les gauches, libérales ou socialistes, partageaient le même anticléricalisme. Depuis le XX$^e$ siècle, « l'opium du peuple » ne définit plus seulement le rôle édulcorant de la religion mais est largement employé pour dénoncer tout ce qui engourdit les consciences, que ce soit la télévision, la publicité ou, pour certains, le sport.

**« Paris vaut bien une messe ! »**
Sens : *citation utilisée pour justifier une concession plus ou moins déshonorante mais qui permet d'obtenir un succès majeur.*
Référence : *elle a été prêtée au roi de France Henri IV, qui, afin d'être reconnu comme roi de France, abjura la religion protestante pour devenir catholique le 25 juillet 1593, ce qui concrètement se traduisit par sa participation à une messe catholique.*

Au XVI$^e$ siècle, la France est profondément meurtrie par les « guerres de Religion » (1562-1594) qui opposent la minorité protestante à la majorité catholique. Lorsque le roi Henri III meurt assassiné en 1589, sans fils pour lui succéder, la couronne royale revient de droit à son cousin Henri de Navarre, de la branche cadette des Bourbons, descendante de l'un des fils de Saint Louis (Louis IX). Mais Henri était protestant et ne fut pas reconnu par les chefs de la Ligue, le parti catholique. La Ligue s'appuyait sur l'Espagne et, en France, notamment sur la population de Paris : la capitale du royaume était en effet farouchement attachée à l'Église catholique. Pour s'imposer, Henri IV dut combattre quatre années mais, malgré ses victoires, ne parvint pas à prendre Paris. En 1593, la Ligue convoqua à Paris des états généraux en vue d'élire un souverain catholique, seul légitime à ses yeux. Par le jeu des alliances matrimoniales, ce devait être Isabelle, fille de Philippe II d'Espagne et d'Élisabeth, elle-même fille du roi de France Henri II et nièce de Henri III. Devant cette menace et prenant en considération le sentiment national français, Henri de Navarre décida d'abjurer solennellement sa foi protestante à l'abbaye de Saint-Denis, près de Paris, et donc d'y participer à une messe comme catholique. Henri IV parvint ainsi à se rallier la plupart des grands seigneurs et des villes catholiques, et surtout Paris, dans laquelle il entra en 1594, sans aucune effusion de sang. Les protestants, parfois profondément choqués, ne pouvaient qu'accepter la conversion de leur ancien « champion ». Il était désormais roi légitime de toute la France. « Paris valait donc bien une messe » : l'expression suggérait que le roi n'était peut-être pas très sincère mais aussi qu'il n'avait pas eu de scrupule à abandonner le protestantisme pour obtenir la couronne. Comme souvent, il est probable que le roi Henri IV n'ait jamais prononcé ces mots, qui sont prêtés sous une forme légèrement différente à Sully, le fidèle ministre du roi, dans un texte anonyme de 1622 (« *la couronne vaut bien une messe* »). Mais l'expression convenait si bien aux circonstances qu'elle resta attachée au roi.

**Pasionaria**
Sens : *femme militante enflammée.*
Référence : *la Pasionaria est le pseudonyme de Dolorès Ibárruri Gómez (1895-1989), une des principales figures du Parti communiste espagnol et de la guerre d'Espagne (1936-1939).*

Née en 1895 en Biscaye, dans le Pays basque espagnol, Dolorès Ibárruri se convertit au socialisme à la suite de son mariage avec un militant socialiste. La révolution bolchevique de 1917 en Russie l'enthousiasma et, en 1920, elle adhéra au Parti communiste espagnol naissant, qui, comme partout en Europe, naquit de la scission des socialistes. Elle prit le pseudonyme de *Pasionaria*, pour signer son premier article dans le journal *Le Mineur de Biscaye* : le mot signifie « fleur de la Passion », la passiflore. Elle fit carrière dans le parti et fut élue en 1930 au Comité central de son parti. En 1936, elle fut élue députée aux Cortes, au moment de la victoire du Frente Popular (Front populaire espagnol). Le gouvernement de front populaire suscita l'hostilité virulente des milieux conservateurs et de l'Église : une partie des généraux fomenta un putsch le 17 juillet 1936 visant à renverser le gouvernement « républicain ».

Ce fut le début de la « guerre d'Espagne » qui eut aussitôt un retentissement international et rendit célèbre Dolorès Ibárruri dans le monde entier. Elle frappa les esprits par ses discours enflammés et popularisa en juillet 1936 le célèbre slogan « *No pasaran* » (« Ils ne passeront pas ») qui symbolisera la résistance héroïque de Madrid face aux forces des généraux nationalistes. Elle devint une véritable icône de la lutte antifasciste dans le monde : son pseudonyme, qui rappelle le thème chrétien de la Passion du Christ, est dès lors plus populaire que son nom propre. Sa connotation religieuse fait penser au sacrifice et au martyre : la Pasionaria est en quelque sorte la Jeanne d'Arc du communisme espagnol. Comme on le sait, le Frente Popular fut vaincu en 1939. La Pasionaria dut se réfugier en URSS et attendre la mort du général Franco en 1975 pour revenir en Espagne, où elle fut élue députée en 1977 au moment du rétablissement de la démocratie.

**perfide Albion**
Sens : *allusion, de connotation péjorative, à la politique de l'Angleterre à l'égard de la France.*
Référence : *locution devenue populaire à partir du XVIIIe siècle pour qualifier la politique de l'Angleterre.*

Albion est le nom que donnait Pline l'Ancien (mort en 79) à l'île de Grande-Bretagne et *Albiones* à ses habitants. On ne sait pas d'où vient ce nom, peut-être du latin *albus* (« blanc »), à cause des falaises blanches du côté de Douvres, peut-être d'un nom d'origine celtique. Le qualificatif « perfide », synonyme de sournois et de traître, fut associé à l'Angleterre l'une des premières fois par Bossuet (1627-1704). Dans l'un de ses sermons, il évoquait la perfide Angleterre « à l'abri de ses mers » : il comparait ainsi l'Angleterre à la Carthage de l'Antiquité, elle aussi puissance maritime et, pendant longtemps, à l'abri d'une attaque des Romains sur son propre sol. Or les Romains accusaient traditionnellement les Carthaginois de perfidie (la « perfidie punique »). L'association de « perfide » et d'« Albion » devint courante à la fin du XVIIIe siècle et au début du XIXe siècle. L'Angleterre, l'ennemie « héréditaire » de la France depuis la guerre de Cent Ans jusqu'à l'Entente cordiale de 1904, était de fait inaccessible aux invasions de la France grâce à ses mers protectrices et à sa flotte, et, forcément « perfide » puisqu'elle était ennemie et qu'elle avait brûlé Jeanne d'Arc. La locution est systématiquement employée dès que les Français ont à se plaindre de la politique anglaise.

**philippique**
Sens : *violent discours politique contre un personnage en vue.*
Référence : *nom donné aux discours prononcés par l'orateur athénien Démosthène contre le roi Philippe de Macédoine entre 351 et 341 av. J.-C. et à ceux de l'orateur romain Cicéron contre Marc Antoine en 44-43 av. J.-C.*

Au milieu du IV$^e$ siècle av. J.-C., Athènes était très affaiblie par les guerres qu'elle avait menées contre ses rivales Sparte et Thèbes. Elle était en outre menacée par la montée en puissance du royaume de Macédoine et la politique conduite par le roi Philippe II (roi de 359 à 336 av. J.-C.) qui profitait des divisions des cités grecques pour agrandir son royaume et, de fait, pour assujettir les Grecs. Démosthène (384-322 av. J.-C.) s'efforça de réveiller le patriotisme de ses concitoyens : il fallait les convaincre de s'opposer par les armes aux avancées de Philippe afin de préserver l'indépendance d'Athènes et la liberté de toutes les cités grecques. Il proposa donc de s'allier à Thèbes, l'ennemie « héréditaire » d'Athènes. Il y réussit tardivement (en 341 av. J.-C.) mais ce fut un combat finalement perdu, puisque Philippe de Macédoine vainquit les Athéniens et leurs alliés à la bataille de Chéronée en 338 av. J.-C. Démosthène y gagna cependant une très grande gloire et incarna pour l'histoire le modèle du défenseur de la liberté. C'est en souvenir de ces discours de Démosthène, que le même nom de « *Philippiques* » fut donné aux discours prononcés par Cicéron contre Marc Antoine. Ce dernier était un fidèle ami et allié de Jules César, assassiné en 44 av. J.-C., dont il se présentait comme l'héritier politique. Cicéron crut possible de s'opposer à Marc Antoine afin de rétablir le fonctionnement normal de la République. Il s'allia pour cela avec le jeune Octave, petit-neveu et fils adoptif de César, et convainquit le sénat par ses discours enflammés à déclarer Antoine ennemi public. Mais sa politique échoua, car Octave se rapprocha d'Antoine et d'un autre puissant personnage, Lépide, pour former un triumvirat. Les triumvirs prirent ensemble le pouvoir à Rome et décidèrent d'éliminer

### III. LES EXPRESSIONS QUI ONT FAIT L'HISTOIRE

une grande partie de leurs ennemis par des proscriptions : Cicéron en fut la victime la plus célèbre. Il fut égorgé. Sa tête et sa main droite, qui avait écrit les *Philippiques*, furent tranchées, apportées à Antoine puis exhibées sur les Rostres, la tribune du Forum. L'historien Dion Cassius rapporte que la femme d'Antoine, Fulvia, qui était en outre la veuve de Clodius, un autre ennemi politique de Cicéron mort assassiné en 52 av. J.-C., se serait vengée de manière spectaculairement atroce : elle aurait pris la tête de Cicéron sur ses genoux, et tout en l'insultant et en lui crachant dessus, lui sortit la langue et la lui perça de son épingle à cheveux. Sa langue avait été l'arme la plus puissante de Cicéron : il en fut aussi la victime.

**« Que d'eau ! Que d'eau ! »**
Sens : *citation en forme de lapalissade faite pour une constatation banale et évidente.*
Référence : *exclamation prêtée au président de la République Mac-Mahon lors de sa visite dans le Sud-Ouest inondé en 1875.*

Le général Mac-Mahon s'était rendu célèbre par son « J'y suis, j'y reste »\* lors de la prise du fort de Malakoff à Sébastopol en 1855. Le général se distingua encore pendant la guerre d'Italie, à la bataille de Magenta (1859), ce qui lui valut le titre de maréchal. Il fut cependant vaincu à plates coutures lors de la guerre franco-prussienne de 1870, laquelle provoqua la chute du second Empire. Cela n'empêcha pas Mac-Mahon de commander l'armée qui mit fin à la Commune de Paris (1871). Partisan du rétablissement de la monarchie, il fut élu président provisoire de la République en 1873 par une assemblée majoritairement royaliste et bonapartiste. Cependant, les républicains progressaient dans les élections des années suivantes. Mac-Mahon tenta d'y résister le 16 mai 1877, en nommant un président du Conseil monarchiste, mais les républicains étaient désormais majoritaires à la Chambre des députés. Leur chef, Gambetta, le somma de « se soumettre ou de se démettre ». Il se soumit et finit par démissionner en 1879. La III<sup>e</sup> République était ainsi née. Dès lors s'attacha à lui un certain nombre de déclarations, peut-être apocryphes mais populaires dès les années 1880. Il aurait ainsi déclaré en 1875, lorsqu'il visitait la ville de Moissac, près de Toulouse, dévastée par une inondation : « Que d'eau ! Que d'eau ! » Il devenait alors une sorte d'incarnation du célèbre personnage, M. Prudhomme, à qui Monnier faisait dire : « La mer : une telle quantité d'eau frise le ridicule... Et encore on n'en voit que le dessus. » Au même Mac-Mahon on prêta aussi cette fine déclaration : « La fièvre typhoïde est une maladie terrible. Ou on en meurt, ou on en reste idiot. Et je sais de quoi je parle, je l'ai eue. »

**« Qui m'aime me suive ! »**
Sens : *exhortation à suivre un chef à la bataille ou dans une entreprise périlleuse.*
Référence : *exclamation du roi de France Philippe VI de Valois parti en guerre en 1328.*

Lorsque le roi de France Charles IV le Bel mourut en 1328, il ne laissa aucun enfant mâle mais sa femme Jeanne d'Évreux était enceinte. En attendant l'accouchement, son cousin Philippe de Valois fut nommé régent par une assemblée de barons. Or Jeanne donna naissance à une fille. Se posa alors la question de savoir qui succéderait comme roi à Charles IV : serait-ce le régent Philippe, le plus proche parent de Charles par les mâles, ou bien Édouard III, le roi d'Angleterre, le plus proche parent par les femmes, en l'occurrence sa mère Isabelle, sœur de Charles ? Les barons choisirent finalement Philippe qui fut sacré roi de France à Reims en mai 1328. Bien que sa légitimité fût encore bien mal assurée, il décida aussitôt de partir en guerre pour soutenir son vassal Louis de Nevers, comte de Flandre, contre lequel les villes de Flandre s'étaient révoltées. Mais les grands barons ne souhaitaient pas partir. Le nouveau roi demanda alors son avis au connétable Gautier de Crécy, seigneur de Châtillon, lequel, bien que réticent lui-même, selon le chroniqueur Froissart, lui répondit : « *Qui a bon cœur à la bataille, toujours trouve temps convenable* » (ou « *Qui a bon cœur trouve toujours bon temps pour la bataille* »). Le roi en fut très joyeux, l'embrassa et s'exclama, pour rallier les autres : « Qui m'aime me suive ! » Il partit ainsi en campagne et vainquit les milices flamandes à la bataille de Cassel le 23 août 1328. La formule resta dans l'histoire et entra même dans le langage courant pour rallier des fidèles un peu tièdes à l'action.

III. LES EXPRESSIONS QUI ONT FAIT L'HISTOIRE

## « La réforme, oui ; la chienlit, non »
Sens : *éventuel accord pour faire une réforme concédée d'en haut, mais refus de tout mouvement de revendication dont on dénie la légitimité en le qualifiant de carnaval.*
Référence : *formule attribuée au général de Gaulle, dans une déclaration du Premier ministre Georges Pompidou le 19 mai 1968, pour qualifier le mouvement étudiant.*

Répondant à une question d'une journaliste sur le « problème étudiant », Georges Pompidou, qui sortait de l'Élysée, avait résumé ainsi la pensée du général de Gaulle. Le président de la République avait déjà manifesté son peu de considération pour les « événements » en partant le 14 mai pour un voyage officiel en Roumanie dont il n'était revenu que le 18. Le 19 mai, sa stratégie était apparemment de proposer des réformes et un référendum, ce qu'il fit le 24 mai. La formule lapidaire et le terme, rare, de « chienlit » eurent un succès foudroyant. Les étudiants y virent une injure et des affiches lui renvoyèrent le compliment avec le slogan : « La chienlit, c'est lui ! ».

Le mot a une longue histoire, qui n'est pas sans liens avec la situation anarchique, aux yeux du gouvernement, que connaît alors le Quartier latin. Un « chie-en-lit » désigne en effet un personnage de carnaval, et la « chie-en-lit » le défilé de carnaval, lors du mardi gras. On imagine assez bien l'origine du mot, dans le contexte du mardi gras où traditionnellement le carnaval s'accompagnait de ripailles, de beuveries et d'obscénités diverses et variées : le « chie-en-lit » était revêtu d'une chemise dépassant le pantalon (ou la culotte, selon les époques) et dont l'arrière laissait entrevoir une tache dont l'origine se laisse supposer. Les enfants criaient « A la chienlit » au passage du défilé, par corruption de l'exclamation « Il a chié au lit ! ». Le carnaval de Paris avait connu au début du XIXe siècle, sous la monarchie de Juillet (1830-1848), un véritable renouveau avec de nombreux bals populaires qui se tenaient notamment dans le quartier de la Courtille (à Belleville) : après la nuit du mardi gras, il y avait un défilé grotesque qui « descendait » de la Courtille par la rue du faubourg Montmartre et la rue Montmartre vers le centre de Paris jusqu'à la Seine. C'était l'occasion pour les bourgeois de s'encanailler et à la foule du petit peuple, titis, gamins, poissardes et autres débardeurs de se manifester de manière joyeuse et parfois subversive.

L'emploi du terme « chienlit » servait donc à déconsidérer un mouvement politique dont on déniait le sérieux pour en dénoncer le grotesque et le carnavalesque. Lors du dépôt du corps d'Émile Zola au Panthéon en 1908, le dessinateur Bobb avait fait une caricature antidreyfusarde et antisémite contre le célèbre écrivain qui avait défendu Dreyfus : Zola y figurait en « chienlit » accoutré d'une chemise et dansant ivre comme un chienlit (Zola avait ainsi décrit et qualifié le mari de Gervaise dans *L'Assommoir*). L'image était accompagnée d'une citation d'Édouard Drumont, un célèbre polémiste antisémite d'alors : « *On est porté à voir dans la panthéonisation de Zola, le côté chienlit, le côté carnavalesque, le côté descente de la Courtille.* » On espère que l'inspiration de De Gaulle ne venait pas de Drumont, mais peut-être des *Enfants du Paradis* de Marcel Carné, qui se place dans le Paris des années 1830 et s'achève par le défilé de la « descente de la Courtille » ; ou peut-être de l'une des plus anciennes attestations du mot dans le *Gargantua* de Rabelais (chap. 25) où il figure dans une belle bordée d'injures : « *Tropditeulx, Breschedens, Plaisans rousseaulx, Galliers, Chien-licts, Averlans, Limes sourdes, Faictnéans, Friandeaux, Bustarins, Talvassiers, Rien-ne-vaulx, Rustres, Challans, Hapelopins, Traineguaines, gentils Flocquets, Copieux, Landores, Malotrus, Dendins, Baugears, Tezez, Gaubregueux, Guoguelus, Claquedens, Boyers d'étrons, Bergiers de merde…* » Du reste, le rapprochement entre Rabelais et la foule populaire du mardi gras nous est autorisé par Victor Hugo : il avait connu la « descente de la Courtille » et célébrait les gamins de Paris à travers le personnage de Gavroche, et avait ainsi écrit dans *Les Misérables* : « Le gamin de Paris, c'est Rabelais petit. » Les étudiants de mai 1968 auraient donc pu rétorquer en traitant de Gaulle de « Lime sourde » (« hypocrite »), « Gaubregueux » (« mauvais railleur ») ou bien encore « Guoguelu » (« fat »)… au lieu de se contenter d'un enfantin : c'est pas nous, c'est lui, la chienlit.

**révolution copernicienne**
Sens : *innovation technique ou de la pensée qui produit un bouleversement radical.*
Référence : *révolution des théories astronomiques du savant polonais Nicolas Copernic (1473-1543).*

### III. LES EXPRESSIONS QUI ONT FAIT L'HISTOIRE

Mathématicien, médecin et chanoine catholique de la cathédrale de Frauenburg en Prusse, Copernic avait une passion qui était l'étude de l'astronomie et ses recherches mettaient en cause les idées alors admises. Les Européens avaient en effet adopté le système dit « géocentrique », fondé sur la science antique d'Aristote et du géographe Ptolémée (II$^e$ siècle apr. J.-C.), selon lequel la Terre était immobile et au centre de l'univers. Copernic imagina un nouveau système capable d'expliquer simplement les mouvements célestes par la rotation de la Terre sur elle-même et par le fait que la Terre, ainsi que les autres planètes, tournait autour du Soleil en une année, c'est-à-dire le système « héliocentrique ». Il explique ainsi de manière satisfaisante le mouvement journalier des astres et les variations annuelles. Bien qu'il eût imaginé son système dès les années 1510, il ne se résolut, par prudence, à ne les imprimer qu'à l'âge de 70 ans, en 1543, peu avant sa mort et, qui plus est, chez un éditeur luthérien de Nuremberg dans son *De revolutionibus orbium coelestium (Des révolutions des sphères célestes)*. Même si son ouvrage ne fut pas condamné sur-le-champ mais seulement mis à l'index au début du XVII$^e$ siècle, ses idées suscitèrent effectivement l'hostilité de l'Église catholique parce qu'en déplaçant ainsi le centre de l'univers, il relativisait du même coup la place de l'Homme, la créature de Dieu. Copernic avait donc été un révolutionnaire prudent et il fallut assez longtemps pour que son système s'impose, grâce au courage lui aussi prudent de Galilée (« Et pourtant, elle tourne »*) et au génie de Newton, non seulement dans la communauté scientifique mais aussi dans l'Église.

### « Le roi est mort, vive le roi ! »

Sens : *seule la personne humaine meurt mais non la fonction qu'elle représente.*
Référence : *formulation attestée pour la première fois sous cette forme en France lors des funérailles du roi Louis XII en janvier 1515.*

La formule est la reprise de formules antérieures, du XV$^e$ siècle, utilisées lors des funérailles des rois de France. Il s'agissait d'affirmer non seulement la continuité de la fonction royale mais aussi de rendre manifeste la doctrine des « deux corps du roi ». En effet, au XV$^e$ siècle, le cérémonial des funérailles se fait en présence d'une effigie du roi mort, en costume royal, couronné et tenant sceptre et main de justice, comme s'il régnait encore (son corps régnant), alors que son autre corps, le corps mort, est dans le cercueil. Cette pratique fut introduite pour les funérailles de Charles VI, à la fin desquelles un héraut s'exclama, dès que le corps fut enseveli : « *Priez pour l'âme de très excellent prince Charles, roi de France* » et aussitôt après : « *Vive Henry, par la grâce de Dieu, roi de France et d'Angleterre !* » C'est qu'en 1422, en pleine guerre de Cent Ans, le roi qui doit succéder à Charles VI n'est pas son fils Charles, déclaré indigne du trône, mais le roi d'Angleterre reconnu légitime par la reine Isabeau, épouse de Charles VI, et le duc de Bourgogne. Certes le dauphin Charles, Charles VII, ne renonça pas à la couronne, mais il fallut Jeanne d'Arc et beaucoup de péripéties pour qu'il pût reprendre en main son royaume et bouter les Anglais hors de France. À sa propre mort, en 1461, il eut droit lui aussi à une effigie lors de ses funérailles à Saint-Denis et quand son cercueil fut enseveli, on s'écria : « *Dieu ait l'âme du roi Charles* » suivi de « *Vive le roi Louis* » (Louis XI, son fils). La formule « Le roi est mort, vive le roi ! », restée dans les mémoires, ne fut utilisée qu'à partir de 1515 et au cours du xvie siècle. Le sens symbolique de la cérémonie était de manifester que le roi, mort mais pas encore enterré, régnait encore jusqu'au moment précis de l'ensevelissement. Alors, aussitôt, commençait le règne de son successeur. À partir de la mort du roi Henri IV, la formule juridique « le roi ne meurt jamais » s'imposa : il ne fut donc plus nécessaire d'avoir une sorte d'interrègne cérémoniel ni d'effigie du mort.

**« S'ils n'ont pas de pain, qu'ils mangent de la brioche ! »**
Sens : *citation utilisée pour dénoncer l'ignorance ou le mépris des conditions de vie du petit peuple.*
Référence : *apocryphe, elle est prêtée à la reine Marie-Antoinette, épouse de Louis XVI, lors des « journées révolutionnaires » des 5-6 octobre 1789.*

Le 5 octobre 1789, une foule de milliers de femmes marcha de Paris à Versailles pour réclamer du pain au roi, entraînant derrière elles un second cortège d'hommes en armes de la Garde nationale parisienne, avec à sa tête La Fayette. Les femmes envahirent la salle de l'Assemblée nationale et

### III. LES EXPRESSIONS QUI ONT FAIT L'HISTOIRE

une députation obtint la promesse du roi de fournir du pain. La foule resta cependant à Versailles et à l'aube du 6 octobre, elle s'introduisit dans le château et pénétra jusqu'aux appartements de la reine, en tuant quelques gardes du corps. L'ordre fut rétabli par la Garde nationale mais la foule réclama désormais l'installation du roi à Paris. Louis XVI accepta pour calmer les émeutiers. Un nouveau cortège se forma pour amener « le boulanger, la boulangère et le petit mitron » à Paris (c'est-à-dire le roi, la reine et le dauphin), les uns brandissant des piques surmontées de miches de pain ou d'une tête de garde du corps. Ce serait au cours de ces journées que la reine aurait conseillé de manger de la brioche à ceux qui réclamaient du pain : or, la brioche, plus chère, était évidemment inaccessible au petit peuple et n'était même pas considérée comme nourrissante. L'attribution est en fait légendaire : elle témoigne simplement de la vision négative de la reine de la part des révolutionnaires. Du reste, ce « dire » à valeur exemplaire se retrouve dans plusieurs anecdotes du XVIe au XVIIIe siècle, dans l'intention de dénoncer la bêtise ou l'arrogance des puissants en général et des femmes en particulier. Il se retrouve aussi dans les *Confessions* de Jean-Jacques Rousseau rédigées à partir de 1765 : « *Enfin je me rappelai le pis-aller d'une grande princesse à qui l'on disait que les paysans n'avaient pas de pain, et qui répondit : Qu'ils mangent de la brioche* » (livre VI). L'expression est ressortie récemment à l'occasion d'une déclaration malencontreuse d'une ministre des Finances, qui, afin de lutter contre la hausse du prix des carburants, conseillait aux Français d'utiliser le vélo plutôt que la voiture.

**stalinien**
Sens : *adjectif péjoratif qui qualifie un régime fondé systématiquement sur la terreur et / ou des pratiques autoritaires.*
Référence : *tiré du nom de Joseph Staline (1878-1953) qui dirigea l'Union soviétique de 1928 jusqu'à sa mort.*

Après la mort de Lénine en 1924, Staline parvint en quelques années à devenir le chef incontesté du Parti communiste soviétique et à diriger l'URSS, après avoir éliminé tous ses concurrents potentiels, d'abord politiquement, puis par des exils ou des exécutions. Sous sa conduite, le régime soviétique devint une dictature où aucune opposition n'était tolérée, que ce soit à l'intérieur du parti ou dans la population. Il engagea son pays dans la « construction du socialisme », en menant une politique économique autoritaire (la planification, l'industrialisation à outrance et le sacrifice de l'agriculture) afin, pensait-il, de rattraper le niveau des pays capitalistes. Ce but justifie la contrainte exercée sur le parti communiste qui est devenu une énorme machine bureaucratique. Il est à plusieurs reprises « purgé » aussi bien au sommet (les grands procès de Moscou des années 1930) qu'à la base, dès que la moindre opposition se manifeste. La population est également étroitement contrôlée par la police politique et soumise à une propagande intensive. Des centaines de milliers de personnes, paysans « riches », « saboteurs », minorités nationales « suspectes », etc. sont arrêtées et déportées dans les camps du goulag, lorsqu'elles ne sont pas exécutées. Dans les années 1930, Staline et l'URSS font peur aux démocraties libérales ou aux dictatures de droite : les crimes et la dictature de Staline y sont dénoncés avec violence. Mais le modèle « stalinien » est accepté très largement dans les partis communistes européens, sous l'effet d'un mélange d'aveuglement, de cynisme et d'idéalisme sincère. Ces partis sont d'ailleurs eux-mêmes mis au pas, sous l'étroite surveillance de l'URSS. Seule une très étroite minorité de communistes, principalement les partisans de Trotski, expulsé d'URSS en 1929, s'oppose à Staline. Malgré le brouillage de l'image « antifasciste » de l'URSS et des communistes due au pacte germano-soviétique de 1939 conclu entre Hitler et Staline, l'attaque allemande contre l'URSS en 1941 range finalement Staline et l'URSS dans le bon camp. La large contribution de l'URSS à la victoire des Alliés sur l'Allemagne nazie porte Staline au sommet de son prestige. Ce n'est qu'après sa mort, en 1953, que les communistes mirent en cause le stalinisme, de manière très progressive et en faisant porter la responsabilité des « crimes » essentiellement sur la personne seule de Staline. Malgré la « déstalinisation », les pratiques autoritaires ne cessèrent pas, ni en URSS, ni dans les régimes communistes nés après-guerre, même si elles furent (quantitativement) moins sanglantes. Toutefois, à partir des années 1960, l'influence des communistes en Europe reflua et les répressions menées en 1956 en Hongrie et en 1968 en Tchécoslovaquie achevèrent de leur aliéner l'opinion de gauche.

### III. LES EXPRESSIONS QUI ONT FAIT L'HISTOIRE

En 1968, en France, la majorité des étudiants révoltés de mai 1968 ne se reconnaissent pas dans le communisme « orthodoxe » et fustigent les « stals » (les « staliniens ») du Parti communiste français restés fidèles à l'URSS. Il est vrai que certains d'entre eux se réclamaient du maoïsme qui, en matière de crimes et de dictature, n'avait guère de choses à envier au « stalinisme ». Avec le déclin accéléré du PCF dans les années 1970 et 1980, puis l'effondrement des régimes communistes européens de 1989 à 1991, URSS comprise, le qualificatif « stalinien » ne sert plus seulement à marquer les différences entre marxistes et communistes, qui se reconnaissaient ou non dans le régime soviétique. Il est utilisé plus vaguement pour dénoncer toute pratique autoritaire dans un parti, par exemple des exclusions jugées abusives, que ce soit à gauche comme à droite, faisant référence aux procès de Moscou des années 1930.

**tirer à la grosse Bertha**
Sens : *utiliser l'artillerie lourde ; employer d'énormes moyens pour écraser un adversaire.*
Référence : *« grosse Bertha » est le surnom familier donné par les Français aux obusiers géants à très longue portée qui bombardèrent Paris en 1918.*

L'artillerie allemande utilisée en 1914-1918 était principalement construite par les usines de la firme Krupp d'Essen, l'une des entreprises de sidérurgie les plus importantes et les plus innovantes du XIX$^e$ siècle. Celle-ci fabriqua notamment un nouveau type d'obusier de siège, de 420 mm de diamètre, destiné à détruire des fortifications de béton. L'obusier reçut le surnom de « Bertha », d'après le nom de Bertha Krupp, l'héritière de la dynastie Krupp, et « grosse » (*Dicke*) parce qu'il s'agissait d'une pièce d'artillerie lourde. Les « grosses Bertha » furent utilisées par les Allemands au début de la guerre pour le siège de Liège en août 1914, puis à de nombreuses reprises, en particulier à Verdun. Ces obusiers impressionnèrent par leur efficacité dévastatrice. Les Français ont plus tard donné le surnom de « Bertha » à un autre type de canon, ceux à très longue portée (plus de 100 km) qui bombardèrent Paris au printemps 1918, techniquement à tort puisque les « Bertha » ne tiraient qu'à une dizaine de kilomètres, mais le surnom avait frappé l'opinion : il semblait bien adapté à l'image qu'elle pouvait se faire d'une grosse et méchante Allemande, même si Bertha Krupp était certes allemande mais pas spécialement méchante... ni même grosse.

**tomber (ou pleuvoir) comme à Gravelotte**
Sens : *se dit d'une pluie battante, violente et drue, ou d'une succession rapide de choses.*
Référence : *le village de Gravelotte, près de Metz, situé sur le champ de bataille des 16 et 18 août 1870 entre les Français et les Allemands.*

Le modeste village lorrain n'a guère été retenu que parce qu'il était un des lieux de deux féroces batailles de la guerre de 1870 à l'ouest de Metz. On considère généralement que l'expression fait référence aux énormes pertes subies de part et d'autre. Le nom Gravelotte est donné par les Français à la bataille du 16 août (également Rezonville) et par les Allemands à celle du 18 août (pour les Français, Saint-Privat). Les deux batailles furent extrêmement meurtrières et on ne sait trop si l'expression proverbiale fait référence à un épisode précis de ces deux batailles ou aux deux batailles à la fois, mais l'expression est uniquement française. Le « ça tombe » peut s'appliquer à la véritable hécatombe de cavalerie du 16 août dont les charges de part et d'autre sont restées tristement célèbres : la charge des cuirassiers français de la Garde fut ainsi arrêtée par un tir nourri et causa la perte de 243 chevaux ; celles, répétées, des Prussiens, furent également arrêtées, notamment celle du général Bredow, qui perdit la moitié de ses 800 chevaux et reçut chez les Allemands le nom de « chevauchée de la mort ». Ce jour-là, les deux armées comptèrent 16 000 tués ou blessés du côté français et 17 000 du côté allemand. La bataille du 18 août ne fut pas moins meurtrière : 13 000 pertes du côté français et 17 000 du côté allemand. Cette fois, le village de Gravelotte fut le point de départ de plusieurs offensives allemandes, dont la plupart se heurtèrent à un feu nourri des Français et furent stoppées. Lors des deux batailles, les Français utilisèrent une arme nouvelle, la mitrailleuse Reffye, qui fit, à certaines occasions, des ravages considérables chez l'ennemi : le « ça tombe » pourrait alors évoquer la pluie de balles ou même la pluie des corps fauchés par ces mêmes balles. Nul n'explique comment cette référence sinistre à une hécatombe humaine a fini par s'appliquer à la pluie : peut-être faut-il y voir un effet de l'insouciance des écoliers qui durent apprendre ces batailles et en retenir surtout les impressionnantes pertes.

**travail de bénédictin**
Sens : *énorme et minutieux travail d'érudition.*
Référence : *les membres des ordres monastiques qui suivent la règle de saint Benoît rédigée au V$^{de}$ siècle.*

Benoît de Nursie fonda vers 529 l'abbaye du Mont-Cassin en Italie. Il rédigea pour sa communauté de moines une règle qui devint rapidement le modèle de la règle monastique dans l'Occident catholique. Outre les règles de pauvreté, de chasteté et d'obéissance qui caractérisent la vie monastique, Benoît astreint les moines à la lecture et au travail manuel. Pendant tout le Moyen Âge, jusqu'à l'invention de l'imprimerie, l'une des principales tâches des moines était de recopier les manuscrits religieux (la Bible, les écrits des Pères de l'Église) ou profanes (les textes des auteurs latins de l'Antiquité). Grâce à ce travail patient et sans fin, les monastères disposaient de bibliothèques qui ont permis de transmettre le savoir antique. Certaines abbayes, comme celle de Saint-Maur près de Paris, devinrent des écoles et de grands centres intellectuels. Au XVI$^e$ siècle, la papauté ordonna aux monastères qui suivaient la règle de saint Benoît de se regrouper en un ordre, dit désormais bénédictin. En France, celui-ci s'organisa au XVII$^e$ siècle : la congrégation de Saint-Maur en fut une des branches les plus importantes. Celle-ci s'installa dans l'abbaye de Saint-Germain-des-Prés à Paris et se consacra notamment à des travaux de rassemblement et d'édition de documents anciens, qui sont encore des bases solides pour les érudits et les historiens. Ainsi se fit la réputation du travail de bénédictin dont le style acharné, précis et minutieux n'est plus guère de mode en ce XXI$^e$ siècle du zapping.

**travailler pour le roi de Prusse**
Sens : *travailler uniquement au bénéfice d'un tiers ; travailler pour un profit nul, pour des prunes...*
Référence : *l'un des rois de Prusse du XVIII$^e$ siècle.*

L'expression devenue proverbiale au XIX$^e$ siècle n'a pas une seule origine assurée mais trois, qui ne s'excluent d'ailleurs pas.

La plus courante concerne les résultats du traité de paix d'Aix-la-Chapelle du 28 octobre 1748, qui mettait fin à huit années de guerres en Europe. La France s'était engagée dans la guerre en 1741 mais malgré les victoires et même les conquêtes françaises, la France s'était retrouvée isolée et dut conclure la paix. Le roi de France Louis XV n'exigea aucune acquisition territoriale. Voltaire dans son *Siècle de Louis XV* fait dire au représentant de Louis XV au congrès d'Aix-la-Chapelle, le marquis de Saint-Séverin, que « *son maître voulait faire la paix non en marchand mais en roi* » et en conséquence ne réclamait rien pour lui mais seulement pour ses alliés, dont le roi de Prusse. Et de fait, grâce à l'alliance française, seul le roi de Prusse Frédéric II (1740-1786) avait fait un gain important : il avait profité de la situation pour s'emparer dès 1740 de la Silésie, possession autrichienne, et cette conquête fut confirmée par Marie-Thérèse et toute l'Europe. Dire que Louis XV avait « *travaillé pour le roi de Prusse* », c'était dénoncer la politique extérieure de Louis XV qui fut, d'ailleurs, plus catastrophique encore les années suivantes. Elle servit aussi au XIXe siècle pour critiquer la politique de Napoléon III favorable à l'unité allemande menée par la Prusse jusqu'en 1867 : il n'en tira aucun bénéfice pour la France et la Prusse se tourna contre lui, ce qui causa sa défaite et sa chute en 1870.

L'autre explication viendrait d'une anecdote concernant le jeune Frédéric de Prusse et son père le brutal « roi-sergent » Frédéric-Guillaume Ier. Ce dernier maltraitait son fils qui avait décidé de s'enfuir en 1730. Le projet fut découvert et le jeune prince emprisonné. L'un de ses complices et ami, le jeune Katt, fut décapité sous ses yeux. Frédéric-Guillaume aurait même songé à faire exécuter son fils pour trahison. Il n'y renonça, disait-on, que sur la pression du comte de Seckendorff, ambassadeur de l'empereur Charles VI. Or, Frédéric, devenu roi dix ans plus tard, ne sut aucun gré au comte de Seckendorff et en fit un portrait au vitriol dans l'histoire de son père qu'il rédigea. Voltaire raconta cette anecdote et conclut ainsi pour dénoncer l'ingratitude de Frédéric : « *Après cela, servez les princes et empêchez qu'on leur coupe la tête.* »

Enfin une troisième explication est liée au régime fiscal extrêmement dur et efficace qui fut mis en place en Prusse et au Brandebourg. L'initiateur en fut l'électeur de Brandebourg, Frédéric-Guillaume (1640-1688), qui créa une taxe sur tous les biens de consommation qui pesait donc sur toute la population. Elle lui permit de forger la quatrième armée d'Europe, qui comprenait d'ailleurs de nombreux officiers français, un véritable exploit pour cet État encore petit et peu prestigieux. Cette politique fiscale rigoureuse fut suivie par son fils Frédéric I$^{er}$, qui obtint le titre de roi en 1701, et surtout par son petit-fils Frédéric-Guillaume I$^{er}$ dont la rapacité fiscale était célèbre dans toute l'Europe. Entre autres anecdotes, il payait si mal son ambassadeur à La Haye, que ce dernier dut couper quelques arbres d'un parc appartenant à son roi pour se chauffer : Frédéric-Guillaume I$^{er}$, dès qu'il l'apprit, le priva d'une année d'appointements. Mais c'est surtout l'impôt sur la consommation qui frappait les esprits et on disait donc que les Prussiens ne travaillaient pas pour vivre mais pour payer les impôts du roi de Prusse.

**Watergate**
Sens : *scandale politique majeur susceptible de faire chuter un chef d'État ou de gouvernement.*
Référence : *un scandale qui éclata en 1972 et provoqua la démission du président des États-Unis Richard Nixon en 1974.*

Le Watergate est, à Washington, un immeuble abritant les locaux du Parti démocrate américain. L'affaire commença par une histoire assez anodine : la police surprit cinq intrus en possession de tout un appareillage de photographie et de micros, la nuit du 17 juin 1972, dans l'immeuble du Parti démocrate. Les États-Unis étaient alors en pleine campagne électorale : Nixon, représentant du Parti républicain, cherchait à se faire réélire. L'affaire aurait pu en rester là. Nixon fut d'ailleurs facilement élu en novembre 1972. Or, l'un des cinq cambrioleurs se révéla être un agent du service de sécurité du « Comité pour la réélection du Président » (CRP) de Nixon. L'acharnement de deux journalistes du *Washington Post*, Carl Bernstein et Bob Woodward, mit peu à peu au jour les liens entre cette tentative d'écoute, les différents services secrets et la Maison-Blanche, grâce notamment à un informateur secret. En 1973, l'affaire prit une tournure judiciaire et une commission d'enquête du Sénat américain fut mise en place, menaçant directement le Président. Nixon et son entourage s'enferrèrent dans les mensonges, tout en cherchant à détruire les preuves. Les audiences de la commission, télévisées, révélèrent d'autres abus de pouvoir et d'autres complots organisés par la Maison-Blanche. Le Président fut accusé d'obstruction à la justice et fut menacé d'une procédure de destitution, l'*impeachment*. Afin d'éviter que cette procédure ne fût menée à son terme, il préféra démissionner le 9 août 1974. L'affaire du Watergate devint emblématique du pouvoir représenté par la presse et la télévision (le « quatrième pouvoir »). Depuis, une affaire compromettant le pouvoir exécutif révélée par la presse, aux États-Unis comme ailleurs, suscite l'évocation de ce scandale : ainsi en France, à propos de l'obscure affaire « Clearstream » impliquant un Premier ministre et un ministre de l'Intérieur devenu président de la République, s'est-on interrogé sur l'émergence d'un « Watergate à la française ».

**Yalta, un partage de Yalta**
Sens : *un partage cynique du monde entre grandes puissances.*
Référence : *la conférence de Yalta du 4 au 11 février 1945.*

Alors que l'Allemagne nazie était en passe d'être vaincue, une conférence réunit le 4 février 1945 les trois « Grands » : Staline pour l'URSS, Roosevelt pour les États-Unis et Churchill pour le Royaume-Uni. De Gaulle, qui pourtant l'espérait, n'y fut pas convié pour y représenter la France. La conférence se déroula dans une atmosphère cordiale et avait pour objet de préciser les conditions de l'immédiat après-guerre. Les principales décisions portèrent sur le tracé de la future frontière polonaise, la définition des zones d'occupation en Allemagne, une indemnité de guerre pour l'URSS, la tenue d'élections démocratiques dans l'Europe libérée et enfin différentes mesures concernant l'ONU en cours de création et le procès des criminels de guerre nazis. Roosevelt obtint aussi de Staline la promesse d'engager des troupes contre le Japon en Chine, dès que la capitulation allemande serait acquise. Comme on le voit, il ne s'agissait en rien d'un partage du monde. Les accords étaient même très en deçà de ce qu'avait accordé Churchill en octobre 1944 à Staline, en termes de zones d'influences. Pourtant, la réputation de Yalta devint vite mauvaise parce que, dans les trois années qui suivirent, les communistes prirent le pouvoir dans toute l'Europe de l'Est qui tombe sous la coupe de l'URSS. L'entente entre les Alliés s'était

## III. LES EXPRESSIONS QUI ONT FAIT L'HISTOIRE

muée en guerre froide\*, entraînant de fait un partage du monde en deux blocs. La réputation de Yalta doit aussi beaucoup en France à de Gaulle qui avait été exaspéré d'en avoir été exclu. Aux États-Unis, le Parti républicain dénonça Yalta et la faiblesse et la naïveté du président Roosevelt (qui était du Parti démocrate) face à Staline et aux communistes. Roosevelt était en effet très malade en février 1945 et apparut en chaise roulante sur les photographies de Yalta : il mourut d'ailleurs le 12 avril. Ainsi, Yalta devint, à tort, le symbole du partage du monde né de la guerre froide entre les deux « superpuissances », le rôle de Churchill étant oublié. Entré dans le langage courant, le terme Yalta est utilisé pour tout accord de grande ampleur – qu'il s'agisse du monde ou d'une grande région – concernant deux grands pays, voire deux multinationales... aux dépens des plus petits.

# Index des expressions qui ont fait l'histoire

aller à Canossa, 195
« Après moi le déluge ! », 196
arriver avec toute sa smala, 196
attendre cent sept ans (ou ne pas attendre...), 197
balkanisation, 198
boycotter, boycott, 199
C'est la Berezina !, 200
C'est reparti comme en quarante !, 201
C'est reparti comme en quatorze !, 201
catilinaire (une), 202
chambre introuvable, 203
cheval de Troie, 204
« Un cheval ! un cheval ! Mon royaume pour un cheval ! », 204
cinquième colonne, 205
coup de Jarnac, 206
coup de Trafalgar, 207
« Élections, piège à cons », 208
« Et pourtant, elle tourne... », 209
« L'État, c'est moi. », 209
faire le zouave, 211
« Faut-il mourir pour Dantzig ? » et « Faut-il mourir pour les Poldèves ? », 213
« Les Français sont des veaux... », 214
gaullien, 215
grognard, 216
guerre froide, 216
« Ils n'ont rien appris, ni rien oublié. », 217
jacquerie, 218
« J'y suis, j'y reste ! », 219
lapalissade, 220
ligne Maginot, 221
limoger, limogeage, 222
lynchage, 223
se mettre en rang d'oignons, 223

### III. LES EXPRESSIONS QUI ONT FAIT L'HISTOIRE

s'en moquer comme de l'an quarante, 224
m... Le mot de Cambronne, 225
munichois, 226
« Ne pas désespérer Billancourt. », 228
nouveau Grenelle, 229
nouveau plan Marshall, 230
nouvelle affaire Dreyfus, 231
nouvelle Bastille à prendre, 232
œuf de Colomb, 232
opium du peuple, 233
« Paris vaut bien une messe ! », 234
Pasionaria, 235
perfide Albion, 236
philippique, 237
« Que d'eau ! Que d'eau ! », 238
« Qui m'aime me suive ! », 239
« La réforme, oui ; la chienlit, non. », 240
révolution copernicienne, 241
« Le roi est mort, vive le roi ! », 242
« S'ils n'ont pas de pain, qu'ils mangent de la brioche ! », 243
stalinien, 244
tirer à la grosse Bertha, 246
tomber (ou pleuvoir) comme à Gravelotte, 247
travail de bénédictin, 248
travailler pour le roi de Prusse, 248
Watergate, 250
Yalta, un partage de Yalta, 251

# Index des noms propres

Abd el-Kader, 196, 197
Albion, 236
Angleterre, 198, 201, 204, 205, 207, 211, 213, 219, 226, 227, 236, 239, 243
Aumale (Henri d'Orléans duc d'), 196
Autriche-Hongrie, 198, 201

balkanisation, 199
Balkans, 198
Bastille, 232
Berezina, 200
Billancourt, 228, 229

Cambronne (Pierre vicomte), 225, 226
Canossa, 195
Catilina (Lucius Sergius), 202
Chamberlain (Neville), 226, 227
Churchill (Winston), 227, 251
Cicéron, 202, 237
Colomb (Christophe), 193, 232, 233
Copernic (Nicolas), 209, 241, 242

Daladier (Édouard), 226, 227
Dantzig, 213
Déat (Marcel), 213
Démosthène, 237
Dreyfus (Alfred), 231, 241

États-Unis, 206, 216, 217, 223, 230, 250, 251

François I$^{er}$, 206, 220

Galilée, 209, 242
Gaulle (Charles de), 203, 208, 214, 215, 229, 240, 241, 251
gaullien, 215
Gravelotte, 193, 247
Grégoire VII, 195
Grenelle, 229
Guerre froide, 205, 230

Henri III, 223, 224, 234
Henri IV (empereur germanique), 195, 234, 243
Henri IV (roi de France), 195, 234, 243
Hitler (Adolf), 213, 226, 245

Ibárruri (Dolorès), 235

Jacquerie, 218, 219
Jarnac (Guy I$^{er}$ Chabot baron de), 206

lapalissade, 238
La Palisse, 220, 221
ligne Maginot, 221
Limoges, 222
Louis IX, 234
Louis XII, 242
Louis XIV, 193, 209, 210

III. LES EXPRESSIONS QUI ONT FAIT L'HISTOIRE

Louis XV, 196, 198, 203, 217, 224, 232, 243, 244, 249
Louis XVI, 203, 217, 224, 232, 243, 244
Lynch (Charles), 223

Mac-Mahon (Edme Patrice comte de), 219, 220, 238
Madrid, 205, 206, 236
Maginot (André), 221, 227
Marc Antoine, 237
Marie-Antoinette, 243
Marshall (George), 230
Marx (Karl), 233
Mola, 205, 206
Munich, 213, 226, 227
Mussolini (Benito), 226, 227

Napoléon III, 197, 211, 220, 249
Nekrassov, 228
Nelson (Horatio vicomte), 207
nouveau Grenelle, 229

Paris, 197, 209, 210, 212, 218, 219, 222, 229, 232, 234, 238, 240, 241, 243, 246, 248
Pasionaria, v. Ibárruri, 235
Pavie, 220
Philippe de Macédoine, 237
Philippe VI de Valois, 239
Poldèves, 213

Pompadour (Jeanne Antoinette Poisson marquise de), 196
Pompidou (Georges), 204, 208, 229, 240

Richard III, 204, 205
Roosevelt (Franklin Delano), 216, 251
Royaume-Uni, 199, 251

Sartre (Jean-Paul), 208, 228
Shakespeare (William), 204, 205
Staline (Joseph), 217, 244, 251
stalinien, 245

Temps modernes (Les), 208
Trafalgar, 207
Troie, 204

URSS, 199, 206, 216, 217, 228, 230, 236, 244, 251

Vivonne (François de seigneur de La Châtaigneraie), 206

Waterloo, 203, 218, 225

Yalta, 251

Zola (Émile), 231, 241

QUATRIÈME PARTIE
# Les mots sont un jeu
par Pierre Jaskarzec

# Introduction

Les premiers chapitres de cet ouvrage exposent quelques bases théoriques du lexique français : origine et formation des mots, relations lexicales... Si ces questions sont aujourd'hui inscrites au programme de français au collège, elles ne sont bien entendu nullement réservées aux collégiens. Pourquoi auraient-ils le privilège d'être initiés aux mystères de la « polysémie* » (non, ce n'est pas un nom de maladie) et aux joies de la « troncation* » ? Tout lecteur curieux de l'histoire des mots et de leur formation lira sans doute avec profit ces chapitres liminaires.

Après cette entrée en matière, les chapitres suivants proposent un choix de mots et d'expressions qui retiennent l'attention par la singularité de leur forme, de leur étymologie*, de leur(s) définition(s)... Ceux de nos lecteurs qui, semblables à un personnage de Labiche, ne supportent pas que l'on éclabousse la robe de la langue française[1], auront le chapitre 4 à se mettre sous la dent : il est tout entier consacré aux confusions, impropriétés* et anglicismes* au goût du jour.

En fin d'ouvrage, un lexique explique le sens des mots techniques employés au fil de ces pages. Nous avons essayé de réduire le jargon au strict minimum, mais si l'on veut désigner les choses avec précision il faut savoir appeler un chat un chat... et un suffixe* un suffixe.

Mieux connaître les mots du français sert bien sûr à étendre ses moyens d'expression. Cela permet aussi de les envisager différemment, non pas comme un simple outil pour dire, lire et écrire, mais comme un monde en soi, si étonnant par sa variété et ses mystères qu'il est passionnant de partir à sa découverte.

Pierre JASKARZEC

> Les mots suivis d'un astérisque (*) sont expliqués dans le lexique, p. 335.

---

1. C'est dans ces termes que le commandant, dans *Le Voyage de Monsieur Perrichon* d'Eugène Labiche, reproche vivement à M. Perrichon d'avoir sali l'honneur de la langue française en commettant une spectaculaire faute d'orthographe.

# 1
# Histoires de mots

## Origine et formation des mots français

La langue française « fille du latin » ? Nous verrons dans ce premier chapitre qu'elle ne fut pas une petite fille modèle et que sa naissance fut mouvementée. Le français une langue figée ? Sûrement pas. Vous allez découvrir les secrets de fabrication de son lexique : emprunts, dérivation*, composition*, néologie. Vous aurez ainsi les clefs pour l'enrichir et la faire vivre – à vous de jouer !

### LE MYSTÈRE DES ORIGINES

1. « Le français vient du latin », dit-on souvent. Mais de quel latin s'agit-il ?
   ❐ du latin populaire
   ❐ du latin littéraire
   ❐ du latin en usage dans l'Église romaine

2. Dans la grille de la page suivante, retrouvez les mots d'origine gauloise ou germanique.

   *Verticalement*
   1. Il a la larme facile.
   2. Bien laver son honneur après y avoir été traîné.
   3. Legs capital des Gaulois.
   4. Toujours pensant.
   5. La der des ders, promis !
   6. À date fixe uniquement chez les confiseurs.
   7. Faisait de l'ombre à Saint Louis.

## IV. LES MOTS SONT UN JEU

*Horizontalement*
8. Ne crachez pas dedans, hypocrites !
9. Les enfants la plument en chantant.
10. Capitale des Gaules.
11. Clovis y fut baptisé.

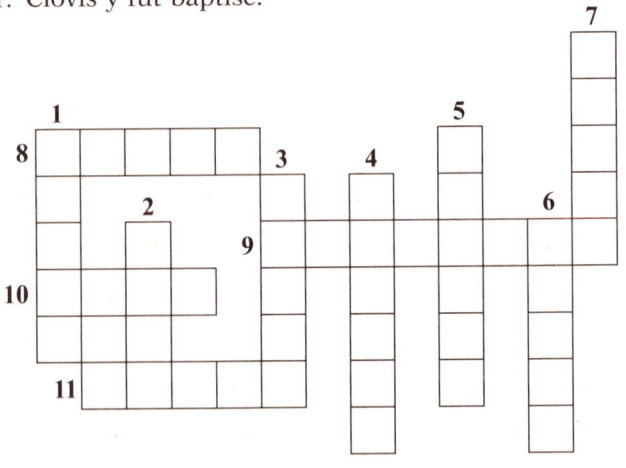

**UNE LANGUE EMPRUNTEUSE**

Au fonds primitif du français – le socle de la langue – se sont ajoutés, au fil des siècles, de multiples emprunts aux langues anciennes (grec, latin) mais aussi aux langues vivantes.

3. À quelle langue le français a-t-il emprunté le plus de mots ? Classez les langues suivantes de la plus prêteuse à la moins prêteuse.
espagnol – italien – allemand – anglais – arabe

**SECRETS DE FABRICATION**

Le lexique du français, constitué en partie d'un fonds primitif et d'emprunts, est constamment enrichi par deux procédés essentiels : la dérivation et la composition.

- **LA DÉRIVATION**
La dérivation consiste à former un mot nouveau en ajoutant à un mot-base un préfixe* (élément toujours placé avant le mot-base) ou un suffixe* (élément toujours placé après le mot-base).

Ex. : *faire* → ***dé**faire*, ***re**faire* ; *intéressant* → ***in**intéressant* ; *croissant* → *croissant**erie*** ; *drôle* → *drôle**ment***

- LA COMPOSITION
- La composition française consiste à former un mot nouveau par l'assemblage de plusieurs mots existants.
  Ex. : *portrait + robot* → *portrait-robot*
  *chemin + de + fer* → *chemin de fer*
- On appelle composition savante (ou composition gréco-latine) la combinaison d'éléments empruntés au grec et au latin.
  Ex. : *photo* (du grec *phôtos*, « lumière ») + *graphie* (du grec *graphein*, « écrire ») → *photographie*

4. Placez chacun des préfixes suivants devant les mots-bases pour former de nouveaux mots.
   *anti – anté – dé – dys – in – rétro*
   a. ......diluvien
   b. ......solvable
   c. ......-âge
   d. ......pédalage
   e. ......fonctionnement
   f. ......fiscaliser

5. Classez les mots suivants dans le tableau en trois catégories :
   – mots formés avec un suffixe diminutif : ils comportent l'idée de petitesse ;
   – mots formés avec un suffixe augmentatif : ils comportent l'idée d'agrandissement ;
   – mots formés avec un suffixe péjoratif : ils comportent l'idée de dépréciation (ce qu'ils désignent est présenté de manière défavorable).
   célébr**issime** – chemis**ette** – fort**iche** – vin**asse** – gripp**ette** – rac**aille** – animal**cule** – écriv**aillon** – mur**aille**

| mots formés avec un suffixe diminutif | mots formés avec un suffixe augmentatif | mots formés avec un suffixe péjoratif |
|---|---|---|
|  |  |  |
|  |  |  |
|  |  |  |

## IV. LES MOTS SONT UN JEU

**6.** En français, nombreux sont les mots composés d'origine savante (ou gréco-latine), notamment dans les vocabulaires technique et scientifique.
Ces mots, dont on perçoit le côté fabriqué, sont parfois hermétiques. En voici quelques échantillons que vous connaissez peut-être[1].

**A.** De quoi avez-vous peur ? L'élément d'origine grecque *-phobe*, assemblé à un premier élément, permet de mettre un mot sur vos peurs.
   **a.** Si vous craignez de vous retrouver dans un espace clos, vous êtes ............
   **b.** Si vous craignez de vous retrouver dans un lieu public, vous êtes ............
   **c.** Si vous craignez les araignées, vous êtes ............
   **d.** Si vous craignez les phobies, vous êtes ............

**B.** Le mot *conchyliculture* désigne :
   ❐ la culture des huîtres et des moules
   ❐ la culture de la betterave sucrière
   ❐ la culture du blé transgénique

### AU RAYON DES NOUVEAUTÉS

Un néologisme\*, c'est un mot nouveau ou une locution nouvelle qui apparaît dans le lexique. Il permet de désigner une réalité nouvelle ou un concept inédit.
Les Français sont traditionnellement réticents aux mots nouveaux (sauf lorsqu'ils viennent de l'anglais...) et l'on entend souvent dire d'un mot qu'il « n'existe pas » s'il ne figure pas dans le dictionnaire. Mais les dictionnaires ne précèdent pas l'usage, ils ne font que l'enregistrer... Pour qu'un mot fasse son entrée dans *Le Petit Larousse* ou *Le Petit Robert*, il faut lui donner sa chance !

« P. L. – Qu'est-ce que c'est encore que ce verbe que vous venez d'employer ?
R. M. – Insupporter ?
P. L. – Oui !

---

[1]. On trouvera d'autres exemples de composition gréco-latine au chapitre 2, p. 30-31.

R. M. – C'est le verbe qui correspond à l'adjectif "insupportable".
P. L. – Il n'existe pas, ce verbe-là !
R. M. – Il existe, puisqu'on l'emploie. C'est comme ça que les langues vivent, avec des néologismes qui sont peu à peu acceptés – sauf par vous. »
(Entretiens radiophoniques de Paul Léautaud et Robert Mallet en 1951)

**7.** Connaissez-vous le néologisme *sérendipité* ? Il désigne :
 ❐ une découverte qui contredit toutes les théories admises
 ❐ une découverte qui va changer la face du monde
 ❐ la faculté de découvrir autre chose que ce que l'on cherchait

COUPEZ COURT !

De nos jours, de nombreux mots nouveaux sont obtenus par « troncation* », c'est-à-dire par suppression d'une ou de plusieurs syllabes au début ou à la fin d'un mot. Ainsi, la *Sécurité sociale* est-elle communément appelée *Sécu*, les *autobus* sont réduits à être des *bus*, dans les médias audiovisuels le flux continu d'*informations* n'est plus que de l'*info*, et, par un tronçonnage en règle, le *cinématographe* est devenu le *cinéma*, puis le *ciné* dans un registre familier.

Plus réductrice encore que la troncation : la siglaison* ! Le procédé consiste à réduire une séquence de mots en ne conservant que les lettres initiales.

**8.** Parmi les sigles* suivants, il en est un qui se distingue des autres. Lequel, et pourquoi ?
RATP – SNCF – RTBF – OTAN – SDF – UV

*IV. LES MOTS SONT UN JEU*

# Réponses

**1. du latin populaire.**
Le français est une langue d'origine latine, comme le sont, entre autres, l'espagnol, le portugais, l'italien, le roumain.
Les nombreux mots latins qui constituent le fonds primitif du français ont été introduits en Gaule, après la conquête romaine (58-51 av. J.-C.), par les colons, les soldats et les commerçants. Le français n'est donc pas né du latin écrit de Cicéron ou de César, mais du latin populaire, dit aussi vulgaire (du latin *vulgus*, « le commun des hommes »).
Ce latin vulgaire a subi deux influences : celle du gaulois, qui a continué de se parler après l'invasion romaine, puis, à partir du Ve siècle, celle de la langue germanique importée par les Francs, qui ont pris possession de la Gaule du Nord.
Le français s'est primitivement forgé dans une histoire mouvementée, au fil des invasions et des vagues d'immigration. Si étonnant que cela puisse paraître, la prestigieuse langue de Molière, au rayonnement universel, est née d'un latin des rues mêlé de gaulois et de germanique !

**2.**

|   |   |   |   |   |   |   |   |   |   | 7 |
|---|---|---|---|---|---|---|---|---|---|---|
|   |   | **1** |   |   |   |   | **5** |   |   | C |
| **8** | S | O | U | P | E | **3** | **4** | G |   | H |
|   | A | **2** |   | P |   | R | U | **6** | E |
|   | U | B | **9** | A | L | O | U | E | T | T | E |
| **10** | L | Y | O | N |   | R | S | R |   | R |   |
|   | E | U |   | R |   | S | R | E |   |   |
|   | **11** | R | E | I | M | S | A | E | V |   |
|   |   |   |   |   |   |   | U |   | E |   |

Le gaulois, langue celtique très peu écrite, n'a légué au français que quelques dizaines de mots, essentiellement liés à la nature et à l'agriculture : *alouette, boue, char, charrue, chêne, mouton.* Il faut y ajouter des toponymes (noms de lieu) :

Auxerre, Lyon, Paris, Reims. Le nom de Paris vient du peuple gaulois des *Parisii*, qui habitaient cette île de la Seine appelée Lutèce jusqu'au IV$^e$ siècle.

L'influence germanique dans le lexique français est illustrée par quelques centaines de mots. Les domaines les plus représentés sont la nature (*blé, jardin, roseau, saule*), la vie domestique (*banc, flacon, soupe*) et la guerre (*guerre, hache, trêve*).

### 3. anglais – italien – espagnol – arabe – allemand

L'anglais est de loin la langue la plus prêteuse, surtout depuis le XX$^e$ siècle. La prééminence militaire, économique, technologique et culturelle des États-Unis dans le monde explique ces emprunts massifs à l'anglo-américain sans toujours les justifier[1].

Le français a emprunté plus de huit cents mots à l'italien, principalement au XVI$^e$ siècle, notamment dans les domaines de la musique (*opéra, piano, solfège*) et de la vie quotidienne (*balcon, citrouille, pantoufle*).

L'espagnol nous a donné trois cents mots environ dont quelques-uns reflètent un certain art de vivre (*chocolat, cigare, romance, sieste*).

Les Arabes comptaient parmi les plus grands savants du Moyen Âge ; leur médecine, notamment, était bien plus avancée que la médecine occidentale. C'est la raison pour laquelle de nombreux mots arabes légués au français sont liés aux sciences (*algèbre, chiffre, zénith*). Les emprunts à l'arabe sont souvent indirects, c'est-à-dire qu'ils ont transité par une autre langue (par exemple l'espagnol ou l'italien) avant d'arriver jusqu'à nous. Certains emprunts sont nés d'un contact direct durant la colonisation française de l'Algérie ; ils sont familiers et courants dans le français contemporain : *caoua, kif-kif, ki(f)fer, toubib*.

Environ deux cents mots ont été empruntés à l'allemand. Ils concernent essentiellement le domaine militaire (*bivouac, képi, obus*) ou la vie quotidienne (*choucroute, quenelle, valse*). Le français a emprunté à bien d'autres langues encore – au total une centaine –, mais dans des proportions moindres.

### 4.

**a. anté**diluvien, « qui a précédé le Déluge ».

Le préfixe *anté-* est dérivé du latin *ante*, « avant ». Il s'ajoute ici à *diluvien* (« relatif au Déluge ») pour former un adjectif

---

[1]. Voir des exemples d'anglicismes dans le chapitre 4, question **5**, p. 44.

long, compliqué et souvent déformé par les usagers : *antédiluvien*, « qui a eu lieu avant le Déluge », d'où « très ancien » (emploi ironique).

> Ex. : *Jason a qualifié d'antédiluvien le téléphone portable de Kévin qui n'a pas d'appareil photo intégré.*

**b. in**solvable, « qui ne peut pas payer ses dettes ».

> Ex. : *Ce pays est insolvable, il ne parviendra jamais à rembourser la totalité de sa dette.*

Le préfixe négatif *in-* est l'un des plus « productifs » en français (c'est-à-dire qu'il donne naissance à de nombreux mots). Il se dissimule parfois sous des orthographes variées : ***im**battable* (*in-* devant *b* → *im-*), ***im**possible* (*in-* devant *p* → *im-*), ***il**limité* (*in-* devant *l* → *il*), ***ir**rationnel* (*in-* devant *r* → *ir*).

**c. anti**-âge, « destiné à lutter contre les effets du vieillissement ».

> Ex. : *Cette crème anti-âge permet de paraître plus jeune de dix ans après trois semaines de soin.*

Le préfixe d'origine grecque *anti-*, « contre », est très productif. Le langage publicitaire l'utilise abondamment pour nourrir ses chevaux de bataille : *anti-âge*, *antirides*, *anticellulite*, etc.

**d. rétro**pédalage, « pédalage à l'envers », « action de revenir sur ce que l'on a dit ou fait » (sens figuré\*).

*Rétro-*, du latin *retro*, « en arrière », est un préfixe remis au goût du jour par ce mot très à la mode dans le langage politico-médiatique (synonyme\* de *rétractation*).

> Ex. : *L'opposition stigmatise le rétropédalage du gouvernement sur la taxe carbone.*

**e. dys**fonctionnement, « mauvais fonctionnement ».

Le préfixe d'origine grecque *dys-* indique un mauvais état, une difficulté, comme dans *dyslexie* ou *dysfonctionnement*.

> Ex. : *Une série de dysfonctionnements semble être à l'origine de cette catastrophe aérienne.*

**f. dé**fiscaliser, « ne plus soumettre à l'impôt ».

Le préfixe *dé-* est l'un des plus productifs en français contemporain. Il marque notamment une action contraire, une privation, une cessation. Certains verbes sont particulièrement fréquents dans l'usage actuel : *délocaliser*, *déstresser*, *défiscaliser*, *détaxer*. *Dé-* se transforme en *dés-* devant une voyelle, pour former, par exemple, le néologisme *désaimer*.

> Ex. : *Après l'avoir porté aux nues, les Français se sont mis à désaimer leur président.*

**5.**

| mots formés avec un suffixe diminutif | mots formés avec un suffixe augmentatif | mots formés avec un suffixe péjoratif |
|---|---|---|
| (a.) chemis**ette** | (d.) célébr**issime** | (g.) écriv**aillon** |
| (b.) gripp**ette** | (e.) fort**iche** | (h.) vin**asse** |
| (c.) animal**cule** | (f.) mur**aille** | (i.) rac**aille** |

• Le suffixe *-ette* a servi à former de nombreux mots en français exprimant la petitesse : **(a.)** *chemisette, cuisinette, amourette, poulette.*
Parfois, son sens diminutif se double d'une nuance péjorative, il permet alors de forger des mots utiles dans la polémique : les mesures sans importance deviennent des *mesurettes*, des réformes sans ampleur des *réformettes* et des grippes moins funestes que prévu des **(b.)** *grippettes.*
• Inutile de chercher des mots récents avec le suffixe *-cule* ; on le trouve à l'œuvre dans des mots comme *groupuscule* ou **(c.)** *animalcule* (« animal minuscule ») créé d'après l'inimitable *homoncule* : ce dernier ressemble à un gros mot mais désigne un tout petit homme.
• Le suffixe *-issime* s'ajoute à quantité d'adjectifs pour exprimer le pire ou le meilleur.
   Ex. : *un film null**issime**, un livre sublim**issime**, un acteur* **(d.)** *célébr**issime**.*
• Quand on est très fort, on est **(e.)** *fortiche* ; les jeunes Français diraient aujourd'hui : *trop fort* (très familier).
• Comme c'est le cas pour les préfixes, un même suffixe peut avoir des sens différents : augmentatif dans **(f.)** *muraille*, péjoratif dans **(i.)** *racaille* ; *-aille* devient *-aillon* pour être plus péjoratif encore : un mauvais écrivain est un **(g.)** *écrivaillon*.
• Le suffixe *-asse* ou *-ace* est nettement péjoratif : le mauvais vin est de la **(h.)** *vinasse*, le peuple que l'on méprise n'est que *populace*.

**6.**
**A.** Tous les composés suivants sont formés sur le grec *phobos* (adjectif) et *phobia* (nom) « crainte ».
**a. claustrophobe.**
De *claustro-* (dérivé de *claustrer*) et *-phobie*, la *claustrophobie* est la peur des espaces confinés.

**b. agoraphobe.**
Du grec *agora* (« place publique ») et *-phobie*, l'*agoraphobie* est la peur des lieux publics.
**c. arachnophobe.**
Du grec *arakhnê* (« araignée ») et *-phobie*, l'*arachnophobie* est la peur des araignées.
**d. phobophobe.**
Grâce aux ressources infinies de la composition savante (et aux ressources psychologiques des phobiques !), il existe un mot pour désigner la crainte d'être atteint d'une phobie : la *phobophobie*.
**B. la culture des huîtres et des moules.**
*Conchyliculture* est un composé hybride formé du grec *konkhulion*, « coquillage » et de *-culture*, sur le modèle d'*agriculture*.

La *conchyliculture* est l'« élevage des coquillages, notamment des huîtres et des moules ». On entend régulièrement ce mot, à l'approche des fêtes de fin d'année, dans les inévitables reportages télévisés consacrés aux *conchyliculteurs*, lorsque l'activité bat son plein. Ce terme savant, à l'allure pachydermique, est invariablement écorché par les journalistes ; comme dans *orchestre*, *orchidée*, et la plupart des mots formés à partir du grec, le digramme *ch* doit se prononcer [k] dans *conchyliculture*.

**7. la faculté de découvrir autre chose que ce que l'on cherchait.**
Depuis la seconde moitié du XXe siècle, de nombreux néologismes du français constituent des emprunts à l'anglo-américain. Parmi eux, le terme *sérendipité*, calque de l'anglais *serendipity*, mot attesté en 1754. Il a été introduit par l'écrivain et épistolier Horace Walpole, qui s'était inspiré d'un ancien conte persan, *Les Trois Princes de Serendip*.

La *sérendipité* désigne une notion importante dans l'histoire des arts, des sciences et des techniques : « l'art de trouver ce que l'on ne cherche pas en cherchant ce que l'on ne trouve pas[1] ». Ainsi, entre autres exemples célèbres, Christophe Colomb découvrit-il l'Amérique alors qu'il cherchait la Chine. On est tenté de nommer ces découvreurs d'un genre particulier des *sérendipiteux*... en attendant de trouver mieux.

---
1. Cette définition est de Philippe Quéau.

## 8. OTAN est un acronyme.

On distingue les sigles ordinaires qui se prononcent lettre après lettre de ceux qui se prononcent comme un mot : les acronymes. ONU, OTAN, OVNI, UNESCO sont des acronymes.

À NOTER : les sigles s'écrivent aujourd'hui généralement sans points abréviatifs. Les acronymes peuvent s'écrire comme des mots ordinaires tout en minuscules (initiale capitale aux noms propres) : *sida, ovni, Unesco*.

# 2
# Sens dessus dessous
## Les relations lexicales

Les mots ont entre eux de drôles de relations : il y a ceux qui ont un air de ressemblance (les homonymes*, qui ont la même forme), ceux qui copient sur le voisin (les synonymes*, qui ont le même sens) ou encore ceux qui se tournent le dos (les antonymes*, qui sont de sens contraire). Qu'ils s'attirent ou se repoussent, tous sont uniques et cohabitent dans un ensemble vaste et mouvant : le lexique du français.

Chercher à comprendre les relations lexicales, c'est se donner des bases solides pour enrichir son vocabulaire. C'est aussi l'occasion de jouer avec les mots et de les mettre sens dessus dessous...

### Polysémie*

La plupart des mots français sont polysémiques*, c'est-à-dire qu'ils possèdent plusieurs significations, par exemple un sens propre* et un sens figuré*.

Ex. : *Il s'habille toujours avec des couleurs sombres* (sens propre) / *Les Français se préparent à affronter un avenir sombre* (sens figuré).

À l'inverse, les mots monosémiques n'ont qu'un seul sens. Ce sont généralement des mots scientifiques, techniques ou didactiques.

Parfois, de nouvelles significations viennent s'ajouter à celles, plus anciennes, d'un même mot. C'est le cas du terme suivant que vous devez identifier.

1. En six lettres, ce mot désigne tout aussi bien une incarnation terrestre du dieu Vishnou qu'un personnage virtuel créé par un utilisateur d'Internet pour le représenter :

_ _ _ _ _ _

**2.** Monosémique ou polysémique ? Un *hôte* est une personne qui :
   ❐ reçoit d'autres personnes
   ❐ est reçue par d'autres personnes
   ❐ reçoit d'autres personnes *ou* est reçue par d'autres personnes

## LES HOMONYMES

Des homonymes sont des mots qui ont la même forme mais un sens différent. La plupart ont seulement une même prononciation, on dit qu'ils sont homophones : *vair / ver / vers / verre / vert*. Certains s'écrivent également de la même manière, on dit qu'ils sont homophones et homographes : *cousin* (« insecte piqueur ») / *cousin* (« fils d'un oncle ou d'une tante »). Ils se distinguent parfois par le genre : *la mémoire* (« faculté de se souvenir ») mais *de passionnants mémoires* (« récit que fait quelqu'un d'événements auxquels il a participé ou assisté ») ; *une solde* (« paye des militaires ») mais *des soldes exceptionnels* (« articles vendus en solde »).

Enfin, certains homonymes sont uniquement homographes : *Les poules couvent / Mme Bovary a été élevée au couvent.*

Le français est une langue qui compte de nombreux homonymes. Ils permettent aux écrivains, aux humoristes, et à tout un chacun de jouer avec les mots. Ils sont aussi, pour l'usager, une source inépuisable d'erreurs et de confusions. Vous laisserez-vous prendre aux pièges de l'homonymie* ? Faites les bons choix dans les phrases suivantes.

**3.**
   **a.** Le trafic pourrait être perturbé par le mouvement de grève, *voire / voir* nul sur certaines lignes.
   **b.** « Nul n'est *censé / sensé* ignorer la Loi. Il y a plus de deux cent mille lois. » (Jules Renard, *Journal*, 13 mai 1901)
   **c.** « Nous allons interpeller les voyous et les *déférer / déferrer* à la justice », a déclaré le ministre de l'Intérieur lors de sa visite dans un quartier sensible.

**4.** *Pair, paire, perd, père* ou *pers* ? Remplissez chaque espace avec le mot qui convient.
   **a.** Athéna, la déesse aux yeux ......

IV. LES MOTS SONT UN JEU

**b.** Chez lui, l'incompétence va de ...... avec l'ignorance.
**c.** Elle a été jeune fille au ...... chez le père de Jennifer.

**5.** Dans le conte *Cendrillon* (1697) de Charles Perrault, la marraine de Cendrillon l'habille des pieds à la tête pour qu'elle puisse aller danser au bal du prince. Elle lui remet des pantoufles peu ordinaires...
❏ de verre
❏ de vair

**LES SYNONYMES**

Les synonymes sont des mots qui ont une forme différente mais un même sens. En fait, les synonymes se distinguent toujours entre eux par une nuance, le niveau de langue*, le contexte d'emploi. On ne peut jamais les substituer les uns aux autres de façon mécanique, à coups de dictionnaire des synonymes : « Il n'y a pas de synonymes, il n'y a que des mots nécessaires », écrit Jules Renard dans son *Journal*.

**6.** En français, il existe de nombreux mots pour désigner l'argent (surtout familiers et argotiques), mais aussi pour évoquer ceux qui en ont beaucoup... et ceux qui n'en ont pas assez. Dans le tableau suivant, classez les synonymes selon le niveau de langue auquel ils appartiennent :

| synonymes | familier | courant | soutenu ou littéraire |
|---|---|---|---|
| **(a.)** impécunieux | | | |
| **(b.)** désargenté | | | |
| **(c.)** pauvre | | | |
| **(d.)** indigent | | | |
| **(e.)** fauché | | | |

**7.** Certains mots de sens voisin sont à distinguer soigneusement. Pour chaque paire de mots suivante, il n'y a qu'une définition proposée. Entourez le mot qui correspond à la définition.
**a.** *collègue* ou *confrère* ?
« Personne exerçant la même profession libérale. »

**b.** *transparent* ou *translucide* ?
« Qui laisse passer la lumière sans permettre de distinguer les objets. »
**c.** *regret* ou *remords* ?
« Sentiment douloureux causé par la conscience d'avoir mal agi. »
**d.** *ostensible* ou *ostentatoire* ?
« Qui est destiné à être remarqué, qui est mis en avant d'une façon excessive. »
**e.** *être au pied du mur* ou *être le dos au mur* ?
« Être face à ses responsabilités et contraint d'agir. »

### LES ANTONYMES

Les antonymes sont des mots de sens contraire. Par exemple, *discret* est l'antonyme d'*ostentatoire*, *opaque* est l'antonyme de *transparent*.

Parfois, les antonymes sont plus difficiles à trouver. Les deux questions suivantes risquent bien de vous mettre la tête à l'envers...

**8.**

**a.** *Avoir une mémoire d'éléphant* est une expression courante pour dire que l'on a une mémoire exceptionnelle. Elle a pour antonyme une autre expression utilisant également un nom d'animal, mais qui est d'un usage moins fréquent. Retrouvez-la parmi les propositions suivantes.
❏ avoir une mémoire de fourmi
❏ avoir une mémoire de lièvre
❏ avoir une mémoire de pie

**b.** Un *misogyne* est un homme qui déteste les femmes. Quel est son antonyme ?
❏ misandre
❏ philogyne
❏ androgyne
❏ gynéphile

IV. LES MOTS SONT UN JEU

# Réponses

**1. Avatar.**
Emprunté au sanskrit[1], *avatar* est un mot qui était autrefois littéraire et de peu d'usage. Il est devenu aujourd'hui un mot banal de l'ère numérique : tous les internautes connaissent le terme *avatar*... mais peut-être pas son origine et ses différentes acceptions*.
Dans la religion hindoue, un *avatar* est l'une des incarnations du dieu Vishnou, dont le rôle est de protéger l'univers contre les désordres qui le menacent. Au sens figuré, le mot *avatar* désigne une métamorphose, généralement envisagée comme prenant place dans une série de transformations.

> Ex. : *Arsène Lupin est un personnage aux multiples avatars, accumulant les fausses identités et les déguisements.*

> « – Baudru, Désiré ? Ah ! bien, un nouvel avatar ! Comme c'est à peu près le huitième nom auquel vous prétendez, et qu'il est sans doute aussi imaginaire que les autres, nous nous en tiendrons, si vous le voulez bien, à celui d'Arsène Lupin, sous lequel vous êtes plus avantageusement connu. »
>
> (Maurice LEBLANC, *L'Évasion d'Arsène Lupin*)

À NOTER : l'emploi d'*avatar* au sens de « mésaventure, incident » est un abus de langage à éviter dans un registre soutenu*.

**2. reçoit d'autres personnes** *ou* **est reçue par d'autres personnes.**
Depuis ses premiers emplois, qui remontent au XIIe siècle, le mot *hôte* désigne tout aussi bien celui qui reçoit l'hospitalité que celui qui l'accorde. Mais *hôte* peut aussi se rapporter à une activité lucrative puisque, au Moyen Âge, il désigne également un aubergiste. C'est là l'origine de nos *chambres d'hôte* et de nos *tables d'hôte*.
Seul le masculin bénéficie de ce double sens. Notre pauvre *hôtesse*, elle, accueille sans relâche ses invités, ses clients, ses passagers (*hôtesse de maison, hôtesse d'accueil, hôtesse de l'air*), mais n'est invitée nulle part.
Le mot *louer* possède, lui aussi, ce don de double sens depuis

---
1. Langue littéraire et sacrée de la civilisation brahmanique.

le Moyen Âge. Ainsi, ce verbe peut désigner celui qui donne en location comme celui qui prend en location. Dans la phrase *Nicolas loue un appartement à Benoît*, impossible de dire qui est propriétaire et qui est locataire. Seul le contexte permettrait d'identifier le rôle de chacun.

On dit de ces mots, comme *hôte* ou *louer*, qu'ils ont deux sens « réciproques ». Étonnants par les ambiguïtés qu'ils produisent, ils sont très rares en français et semblent généralement d'origine ancienne. Ils ne doivent pas être confondus avec les antonymes (voir plus bas).

**3.**
**a. Le trafic pourrait être perturbé par le mouvement de grève, *voire* nul sur certaines lignes.**
Dérivé du latin *verus*, « vrai », *voire* est un adverbe qui signifie « et même ». Il sert à renforcer une affirmation, à renchérir.
   Ex. : « *Ce virus tuera des milliers de personnes, voire des dizaines de milliers* », *affirment les experts, unanimes.*
À l'écrit, il est souvent confondu avec son homonyme, le verbe *voir*, issu du latin *videre* (même sens).
*Voir* et *voire* sont des homophones : ils ont une même prononciation mais ne s'écrivent pas de la même manière. Ils ont aussi une étymologie* et une nature grammaticale différentes, raisons supplémentaires pour les distinguer avec soin.
À NOTER : la forme renforcée « voire même », considérée comme un pléonasme*, est à éviter dans un registre soutenu.

**b. « Nul n'est *censé* ignorer la Loi. Il y a plus de deux cent mille lois. »**
L'adjectif *sensé* est dérivé du nom *sens*. On est *sensé* lorsque l'on a du *bon sens*, du *sens commun*. Dans le cas contraire, on est *insensé*. L'adjectif *sensé* s'applique également à un discours ou à un acte que l'on estime conforme à la raison.
   Ex. : « *Ces accusations sont insensées !* » *s'est défendu l'ancien ministre jugé pour corruption.*
L'adjectif *censé* est à l'origine le participe passé de l'ancien verbe *censer*, « évaluer, estimer ». À partir du XVII$^e$ siècle, il signifie « classé, rangé dans une catégorie », d'où « supposé, réputé ». Aujourd'hui, *censé* est toujours suivi d'un verbe à l'infinitif.
   Ex. : *Vous êtes censé avoir compris cette explication.*

**c. « Nous allons interpeller les voyous et les *déférer* à la justice », a déclaré le ministre de l'Intérieur lors de sa visite dans un quartier sensible.**

IV. LES MOTS SONT UN JEU

La confusion *déférer* / *déferrer* est fréquente dans l'usage écrit. Si les « voyous » risquent bel et bien d'être *déférés* – c'est-à-dire présentés, amenés – à un tribunal, seul le cheval est *déferré* lorsqu'on le débarrasse de ses fers.
Il est vrai que l'on pouvait autrefois *déferrer* un prisonnier, c'est-à-dire lui ôter ses fers, ses chaînes, avant de le *déférer* à la justice...

**4.**
**a. Athéna, la déesse aux yeux *pers*.**
Des yeux *pers* sont des yeux où le bleu se mélange avec une autre couleur, généralement le vert. À ne pas confondre avec des yeux *vairons*, qui sont de couleur différente.
**b. Chez lui, l'incompétence va de *pair* avec l'ignorance.**
*Pair* est issu du latin *par, paris*, « égal ». Des *pairs* sont des personnes semblables, qui occupent la même fonction ou qui sont de même rang. Cette idée d'équivalence est illustrée par une locution comme *hors (de) pair*, « sans égal, exceptionnel ».
   Ex. : *C'est un orateur hors pair qui fait vibrer les foules.*
Autre locution courante : *aller, marcher de pair*, « aller ensemble », ne s'emploie plus avec un sujet animé mais reste vivante avec un sujet inanimé[1].
   Ex. : *Cette organisation affirme qu'écologie et économie peuvent aller de pair.*
**c. Elle a été jeune fille au *pair* chez le père de Jennifer.**
Une jeune fille (ou un garçon) *au pair* fournit un certain travail (généralement s'occuper des enfants) en échange de la nourriture et du logement. Ici, le mot *pair* trouve son origine dans le vocabulaire économique : il s'agit de la valeur d'une action ou d'une obligation fixée lors de son émission. Un titre financier est ainsi remboursé *au pair* lorsque le prix du remboursement est égal à la valeur nominale (celle fixée au moment de l'émission). C'est cette notion de *parité* économique que l'on retrouve dans la locution verbale *travailler au pair*. Dans les faits, ce principe d'équivalence est parfois bafoué mais, par définition, une jeune fille *au pair* ne saurait être taillable et corvéable à merci !

**5. de verre.**
Balzac fut l'un des premiers à semer le trouble dans les esprits : dans le célèbre conte de *Cendrillon*, les pantoufles de

---
1. Voir les notions d'animé et d'inanimé au chapitre 3.

*verre* seraient en fait de *vair*, nom d'une ancienne fourrure appelée plus tard *petit-gris*[1]. Du point de vue de l'histoire littéraire, il est déjà peu banal qu'un écrivain corrige ainsi l'un de ses confrères, car *verre* est bien l'orthographe voulue par Perrault[2]. Mais il est plus étonnant encore qu'Émile Littré*, grand lexicographe du XIXe siècle, se soit rangé à l'avis de Balzac dans son *Dictionnaire de la langue française* (1863-1872). Enfermé dans une vue rationaliste, il juge « absurde » cette histoire de souliers « de verre », affirmant que ceux-ci ne peuvent être que « fourrés de vair ». Bizarrement, ni Balzac ni Littré ne s'émeuvent des autres étrangetés du conte : une citrouille transformée en carrosse, des lézards changés en laquais, un gros rat métamorphosé en cocher. L'écrivain et le dictionnariste, convaincus d'avoir affaire à une bourde d'imprimeurs, vont influencer pour des décennies professeurs, éditeurs et correcteurs...

Et voilà comment on a appris à des générations d'écoliers que les fines et transparentes pantoufles de verre de Cendrillon étaient une sorte de charentaises garnies d'une luxueuse fourrure !

**6.**

| synonymes | familier | courant | soutenu ou littéraire |
|---|---|---|---|
| **(a.)** impécunieux | | | x |
| **(b.)** désargenté | x | | |
| **(c.)** pauvre | | x | |
| **(d.)** indigent | | | x |
| **(e.)** fauché | x | | |

**(a.)** Le mot latin *pecunia* (« argent ») a donné plusieurs vocables en français dont le seul à être vraiment en usage aujourd'hui est *pécuniaire* (« qui est relatif à l'argent ou qui consiste en argent »).

Ex. : *Les étudiants démunis réclament un soutien pécuniaire à leur ministre de tutelle.*

---
1. Cette fourrure, gris et blanc, est celle de l'écureuil petit-gris.
2. *Cendrillon ou la Petite Pantoufle de verre* est le titre exact du conte publié en 1697 dans le recueil *Histoires ou Contes du temps passé*.

*IV. LES MOTS SONT UN JEU*

Quand la *pécune* coule à flots, on est *pécunieux*. Quand elle vient à manquer, on est *impécunieux* (registre littéraire* et vieilli*).
À NOTER : par analogie avec des formes comme *rancunier, rancunière*, on a forgé le barbarisme* « pécunier ». Le suffixe* *-aire* de *pécuniaire* (« relatif à ») a servi à former des mots comme *budgétaire, monétaire, planétaire*.
**(b.)** On reconnaît dans *désargenté* le préfixe *dé-* (*dés-* devant une voyelle) qui marque notamment la négation et la privation. Le terme est familier.
**(c.)** et **(d.)** Les mots les plus simples et les plus courants sont parfois les plus crus. Dans la langue administrative ou médiatique, les *pauvres* sont souvent appelés *indigents* ou *démunis*. Le registre soutenu prend alors valeur d'euphémisme[1].
**(e.)** On est *fauché* ou encore *fauché comme les blés*, expression dont la cohérence est renforcée par le sens figuré du mot *blé*, « argent » (registre familier*).

**7.**
**a. confrère.**
Des *collègues* sont des personnes qui exercent la même fonction ou qui travaillent au sein d'une même entreprise, d'une même administration.
Des *confrères* sont des personnes qui exercent la même profession libérale (médecins, avocats, notaires, etc.) ou qui appartiennent à une même société savante ou littéraire.
Autrefois, on appelait « mon (ma) cher (chère) confrère » une chère consœur, car le terme *consœur* était réservé à des femmes appartenant à des groupes exclusivement féminins (par exemple un ordre religieux ou une association). Si le groupe considéré était mixte, le masculin l'emportait.

> « Paris, 7 septembre 1877.
> Ma chère confrère,
> En arrivant de Saint-Gratien, je trouve votre lettre qui m'est renvoyée de Croisset. Nous en causerons tout à l'heure. »
> (Lettre de Gustave Flaubert à Mme Régnier)

---
1. Un euphémisme est l'expression atténuée d'une réalité susceptible d'être ressentie comme choquante ou déplaisante.

## 2. Les relations lexicales

### b. translucide.

Tenir compte des nuances du vocabulaire concret[1] est indispensable pour donner une description précise des êtres et des choses : des eaux *transparentes* ne sont pas des eaux *translucides*.

Est *transparent* ce qui laisse passer la lumière et permet de discerner les objets. Est *translucide* ce qui laisse passer la lumière sans permettre de distinguer nettement la forme des objets.

*Diaphane* est un synonyme de *translucide*, mais son contexte d'emploi est spécifique : il apparaît surtout dans des textes littéraires.

À NOTER : contrairement à *translucide*, *transparent* peut s'utiliser avec un sens figuré.

> Ex. : *Le chef de l'État a fait une allusion transparente à son souhait de se présenter aux prochaines élections.*

### c. remords.

Tenir compte des nuances du vocabulaire abstrait[2] est indispensable pour évoquer avec justesse ses opinions et toute la gamme des sentiments. Par exemple, *éprouver des regrets* et *être bourrelé de remords* ne disent pas la même chose.

On a des *regrets* lorsque l'on éprouve une insatisfaction ou un chagrin lié à une absence, une perte, un souhait que l'on n'a pas réalisé.

> « Je me plains à mes vers, si j'ai quelque regret :
> Je me ris avec eux, je leur dis mon secret,
> Comme étant de mon cœur les plus sûrs secrétaires. »
> (Joachim DU BELLAY, sonnet I, *Les Regrets*)

Le *remords* est le sentiment douloureux, souvent mêlé de honte, d'avoir mal agi. Contrairement au *regret*, qui a un sens plus large, le *remords* implique la conscience d'une faute morale.

La locution *être bourrelé de remords* est souvent altérée en « être bourré de remords ». *Bourrelé* est le participe passé d'un verbe rare : *bourreler*, « torturer moralement comme le ferait un bourreau ». Être *bourrelé de remords*, c'est donc être tourmenté par les *remords*.

---

1. Les mots concrets renvoient à des êtres ou à des choses que l'on peut percevoir par les sens.
2. Les mots abstraits renvoient à des notions et non à des êtres ou à des choses que l'on peut percevoir par les sens.

IV. LES MOTS SONT UN JEU

**d. ostentatoire.**
*Ostensible* et *ostentatoire* ont tous deux le même étymon* latin : *ostendere*, « montrer ».
Est *ostensible* ce que l'on ne cherche pas à cacher, ce qui est apparent. L'adjectif s'applique aussi bien à un objet qu'à un comportement.
> Ex. : *Ce professeur témoigne d'une préférence ostensible pour certains élèves.*

Est *ostentatoire* ce que l'on cherche à montrer, ce dont on fait étalage. Cet adjectif a souvent aujourd'hui une coloration péjorative, et c'est surtout cette nuance qui le distingue d'*ostensible* : ce qui est *ostentatoire* est jugé trop voyant, tapageur.
> Ex. : *On reproche à ce chef d'État son goût pour un luxe ostentatoire et clinquant.*

**e. être au pied du mur.**
*Être au pied du mur*, c'est se trouver dans une situation à laquelle on ne peut pas échapper et être contraint d'agir.
> Ex. : *Face à une crise sans précédent, les dirigeants de la zone euro sont au pied du mur.*

*Être le dos au mur*, c'est se trouver dans une situation désespérée, sans aucun moyen de fuite.
> Ex. : *L'étau se resserre autour du criminel en cavale qui se retrouve le dos au mur.*

Ces expressions utilisent toutes les deux l'image du mur comme obstacle, mais ne l'envisagent pas de la même manière. Dans le premier cas, l'obstacle est perçu comme ce qui fait réagir, ce qui met à l'épreuve (d'où le proverbe « C'est au pied du mur que l'on reconnaît le maçon ») ; dans le second cas, l'obstacle révèle une situation critique, sans issue.

**8.**
**a. avoir une mémoire de lièvre.**
Les éléphants ont la réputation d'être rancuniers. Cette caractéristique, légendaire ou réelle, serait à l'origine de l'expression *avoir une mémoire d'éléphant*, qui signifie « avoir une excellente mémoire » et plus particulièrement « ne pas oublier les torts que l'on a subis ».
En revanche, une *mémoire de lièvre* désigne une mémoire défaillante. Contrairement à l'éléphant, le lièvre n'est pas rancunier. Il revient facilement, dit-on, sur les lieux mêmes où il a été chassé... Cette expression se trouve déjà dans les dictionnaires du XVIIe siècle.

## b. philogyne.

Les éléments formants grecs ou latins permettent tout un jeu d'oppositions entre les mots composés du français : un *xénophile* (« qui a de la sympathie pour les étrangers ») est le contraire d'un *xénophobe* (« qui est hostile aux étrangers »), un régime *hypocalorique* (« qui comporte peu de calories ») s'oppose à un régime *hypercalorique* (« qui comporte beaucoup de calories »), etc.

*Misogyne* est formé sur le grec *misein*, « haïr » et *gunê*, « femme ». Son antonyme est *philogyne*, vocable nettement plus rare (formé avec le grec *philein*, « aimer »).

*Misandre* n'est pas le contraire de *misogyne*, comme on le croit souvent, mais un mot qui désigne une attitude symétrique : « femme qui déteste les hommes ». Il a été forgé vers 1970 pour faire pendant à *misogyne*, beaucoup plus ancien, même si le mot reste rare jusqu'au XIXe siècle.

Quant au *misanthrope*, il ne fait pas de détail et déteste le genre humain dans son ensemble :

> « PHILINTE. Tous les pauvres mortels, sans nulle excep-
> [tion,
> Seront enveloppés dans cette aversion ?
> Encore en est-il bien, dans le siècle où nous sommes...
> ALCESTE. Non : elle est générale, et je hais tous les hom-
> [mes :
> Les uns, parce qu'ils sont méchants et malfaisants,
> Et les autres, pour être aux méchants complaisants
> Et n'avoir pas pour eux ces haines vigoureuses
> Que doit donner le vice aux âmes vertueuses. »
> (MOLIÈRE, *Le Misanthrope*, acte premier, scène I)

# 3
# Ayez bon genre !
## Le genre des mots

Comment nomme-t-on un *homme-grenouille...* qui est une femme ? Une femme *défenseur* est-elle *une défenseure, une défenseuse, une défenderesse* ? Dans la langue française, la guerre des sexes fait toujours rage : l'Académie française ne veut pas de *professeure* ni de *procureure* dans son dictionnaire. Mais la féminisation des noms de métier semble irrévocablement en marche... Une seule chose est sûre : les mots qui ont mauvais genre ne seront pas admis dans ce chapitre.

1. En français, il existe trois genres possibles pour le nom : le masculin, le féminin et le neutre.
   ❐ vrai             ❐ faux

2. En français, le genre des noms d'animaux repose toujours sur la différence des sexes, comme c'est le cas pour les humains.
   ❐ vrai             ❐ faux

3.
   **a.** Quel est le point commun de tous les noms suivants ?
   *vigie – sentinelle – estafette* (= messager) *– recrue – ordonnance* (= soldat attaché au service d'un officier)
   **b.** Et le point commun des noms qui suivent ?
   *laideron – tendron – souillon – bas-bleu*

4. Mettez-les au féminin ! Dans le tableau suivant, indiquez pour chaque nom masculin la forme féminine correspondante... même si elle n'est pas courante !

| masculin | féminin |
|---|---|
| **(a.)** un voyou | |
| **(b.)** un artisan | |

## 3. Le genre des mots

| | |
|---|---|
| (c.) un monstre | |
| (d.) un professeur | |
| (e.) un défenseur | |
| (f.) un auteur | |
| (g.) un homme-grenouille | |
| (h.) un maire | |
| (i.) un ministre | |

5. Le féminin de *chancelier* est *chancelière*, celui d'*entraîneur* est *entraîneuse*, et celui de *procureur* est *procureuse*. Mais que signifiaient autrefois ces noms féminins ? Rendez à chacun de ces mots sa définition en traçant les bons liens.

   (a.) chancelière •  • entremetteuse
   (b.) entraîneuse •  • boîte garnie à l'intérieur de fourrure pour se réchauffer les pieds
   (c.) procureuse •  • jeune femme qui pousse les clients d'un bar à danser et à consommer

6. Même le *pape* a un féminin : *papesse*.
   ❐ vrai   ❐ faux

7. On appelle une *sage-femme* qui est un homme :
   ❐ un homme sage-femme
   ❐ une sage-femme homme
   ❐ un sage-homme

8. Certains mots n'ont pas le même sens selon qu'ils sont employés au masculin ou au féminin. Choisissez le bon genre dans les phrases suivantes.
   **a.** Jupiter (Zeus) est souvent représenté brandissant *son / sa* foudre.
   **b.** Le ministre a proposé que l'on apprenne l'hymne *national / nationale* dès l'entrée à l'école primaire.
   **c.** Le président veut faire de cette réforme *le grand œuvre / la grande œuvre* de son quinquennat.

9. Quels sont les trois mots français qui sont masculins au singulier et féminins au pluriel ?

IV. LES MOTS SONT UN JEU

# Réponses

**1. faux.**
La langue française ne comporte que deux genres, le masculin et le féminin, au contraire du latin qui utilisait également un neutre, notamment pour désigner les objets.
Dans une phrase comme « Tous les hommes naissent et demeurent libres et égaux en droits », le mot *hommes* englobe les hommes et les femmes. Mais il n'a pas pour autant une valeur de neutre ; c'est un masculin dans un emploi générique, c'est-à-dire désignant toute une classe d'éléments (les êtres humains des deux sexes).

**2. faux.**
Le genre des « inanimés » (les objets, les idées) est arbitraire, il ne se fonde sur aucune réalité.
Le genre des « animés humains » repose le plus souvent sur la différence des sexes : *un garçon / une fille, un chanteur / une chanteuse*.
Pour les « animés non humains » (les animaux), la répartition entre masculin et féminin est arbitraire : *une truite* peut être un mâle, *un moustique* peut être une femelle.
Seuls les animaux domestiques ont un genre naturel, ainsi qu'une partie du bétail et du gibier : *un chien / une chienne, un taureau / une vache, un cerf / une biche*.
Quant au *singe*, notre digne cousin, son genre s'aligne évidemment sur le nôtre : *un singe / une guenon* (ou, autrefois, *une singesse*).

**3.**
**a. Tous ces noms, bien que du genre féminin, désignent des hommes.**
Nous l'avons vu, le genre des animés humains est le plus souvent conforme au sexe, mais il existe quelques cas particuliers bien connus des grammairiens :
– *une vigie* est un matelot qui exerce une surveillance depuis un poste élevé d'un navire (par exemple depuis un nid de pie, poste d'observation placé sur le mât avant) ;
– *une sentinelle* est un soldat chargé de surveiller un lieu occupé par l'armée ;
– *une estafette* est un messager au sein de l'armée ;
– *une recrue* est un jeune soldat recruté pour accomplir son service militaire ;
– *une ordonnance* est un soldat attaché au service domestique d'un officier.

3. Le genre des mots

*Vigie, sentinelle, recrue* et *ordonnance* étaient à l'origine des noms de chose qui ont conservé leur genre féminin en devenant des noms de personne (dans la marine ou dans l'armée). Quant à *estafette*, c'est un emprunt à l'italien qui a gardé le genre d'origine.

La féminisation croissante de l'armée française fait que certains de ces termes s'appliquent désormais aux hommes comme aux femmes.

**b. Tous ces noms, bien que du genre masculin, désignent des femmes.**

– *un laideron* est une jeune fille ou une jeune femme laide ;
– *un tendron* est une très jeune fille qui plaît aux messieurs d'âge mûr ;
– *un souillon* est une femme d'aspect négligé (on dit aussi *une souillon*) ;
– *un bas-bleu* est une femme qui a des prétentions littéraires (calque de l'anglais *bluestocking*[1]).

On voit que les rares mots masculins désignant exclusivement des femmes sont peu gratifiants… Ils tendent à sortir de l'usage et à être mis au rang des curiosités linguistiques.

**4.**

| masculin | féminin |
| --- | --- |
| (a.) un voyou | une voyoute |
| (b.) un artisan | une artisane |
| (c.) un monstre | une monstresse |
| (d.) un professeur | une professeur(e) |
| (e.) défenseur | une défenseur(e) |
| (f.) un auteur | une auteur(e) |
| (g.) un homme-grenouille | une homme-grenouille ou une femme-grenouille |
| (h.) un maire | une maire ou une mairesse |
| (i.) un ministre | une ministre |

---

1. À la fin du XVIIIe siècle, un certain Stillingfleet, qui fréquentait le salon littéraire de Lady Montague, se fit remarquer par ses éternelles chaussettes de laine bleue. L'usage s'établit peu à peu d'appeler *bluestocking* les femmes qui fréquentaient de tels salons.

## IV. LES MOTS SONT UN JEU

Il existe en français trois manières de féminiser un nom masculin :
– la féminisation lexicale : *un homme-grenouille / une femme-grenouille*. Un mot spécifique marque alors le genre féminin ;
– la féminisation morphologique : *un apprenti / une apprentie* ; *un ambassadeur / une ambassadrice*. C'est l'adjonction d'un *-e* à la finale ou un suffixe* spécifique qui marque alors le genre féminin ;
– la féminisation syntaxique : *un ministre / une ministre*. C'est le déterminant (article, adjectif) qui marque alors le genre féminin.
Nous retrouvons ces trois ressources dans les mots de notre tableau.
**(a.)** *Voyou* est un nom masculin, mais la forme *voyoute* (nom ou adjectif) est attestée* au XIXe siècle et figure dans *Le Petit Robert*.
**(b.)** La forme *artisane* est peu courante dans l'usage mais correcte et admise par les dictionnaires. De même, on dit *une partisane* (et non « une partisante »).
**(c.)** Comme créature fantastique appartenant aux mythes et aux légendes, *monstre* est exclusivement masculin. Néanmoins, il existe un féminin *monstresse* (influence possible de l'anglais *monstress*) qui s'applique aux femmes redoutables de méchanceté ou aux petites filles indomptables.
> Ex. : *Cette enfant ne fait que des bêtises, c'est une véritable monstresse !*

**(d.)** Les noms en *-eur* ont généralement un féminin en *-euse*[1] : *un coiffeur / une coiffeuse, un chercheur / une chercheuse*. Certains noms n'acceptent pas ce suffixe en *-euse*. Il est néanmoins possible de les féminiser par le simple emploi du déterminant (*un / une, ce / cette*, etc.) et par l'éventuelle adjonction d'un *-e* final (usage bien établi au Québec ou en Suisse). On obtient alors : *une proviseure, une ingénieure*, etc. Cet usage choque certaines oreilles sensibles ; il permet pourtant d'éviter des aberrations grammaticales du type : « *Le professeur* de français étant *enceinte*, il sera remplacé pendant la durée de son congé maternité. »
**(e.)** *Défenseur* n'acceptant de féminin en *-euse*, on peut féminiser le mot en appliquant la règle énoncée précédemment : déterminant féminin + suffixe en *-eure*.

---

1. C'est le cas lorsqu'un nom en *-eur* dérive d'un verbe et qu'ils sont étroitement liés par le sens.

Ex. : *La défenseure des enfants a protesté publiquement contre l'expulsion de plusieurs familles pour lesquelles il n'existe pas de solution de relogement.*
Le terme *défenderesse* (féminin de *défendeur*) s'emploie en droit uniquement pour désigner une personne contre laquelle est intentée une action en justice (par opposition à *demandeur* / *demanderesse*).

**(f.)** Les noms en *-teur* ont un féminin en *-trice* ou en *-teuse*. Certains mots, comme *enquêteur*, ont deux féminins : dans l'usage, *enquêtrice* tend à l'emporter sur *enquêteuse*, qui est la forme traditionnelle et la seule admise dans le domaine judiciaire. D'autres mots en *-teur* perdent leur féminin d'origine : on ne dit guère plus *doctoresse*, sauf par plaisanterie, car le suffixe *-eresse* est ressenti comme lourd, vieilli et péjoratif[1]. Si l'on tient à féminiser le mot, on peut très bien dire *la docteur(e)*, avec un éventuel *e* final à l'écrit. De même, *une auteur(e)*, très courant au Québec, s'emploie de plus en plus en France. Les dictionnaires donnent *sculptrice* comme féminin de *sculpteur*, mais on rencontre aussi *sculpteuse* et *sculpteure*. L'usage tranchera avec le temps...

**(g.)** Si l'on en croit *Le Petit Robert*, les femmes sont des *hommes-grenouilles* comme les autres ! Il écrit donc sans sourciller : « Elle est homme-grenouille », mais la féminisation lexicale – *une femme-grenouille* – peut sembler plus naturelle.

**(h.)** Autrefois, la *mairesse* était la femme du *maire*, la *préfète* la femme du *préfet*, et l'*ambassadrice* tenait son rang au côté de son mari lors des soirées de l'*ambassadeur*. Ces emplois sont vieillis. On dit aujourd'hui *une préfète* pour désigner une femme préfet, *une maire* pour désigner une femme maire (l'emploi de *mairesse* est correct mais ressenti comme lourd et dévalorisant) et l'*ambassadrice* est désormais un ambassadeur à part entière.

**(i.)** *Ministre* est ce que l'on appelle en grammaire un mot « épicène », c'est-à-dire un mot qui a la même forme pour désigner un être masculin ou un être féminin. Pour féminiser un mot épicène, il suffit de lui adjoindre un déterminant féminin. *Mme le ministre* devient donc tout naturellement *Mme la ministre*, sauf si l'on souhaite s'en tenir à l'usage traditionnel,

---

[1]. Les suffixes *-esse* et *-eresse*, qui étaient neutres dans l'ancienne langue, sont aujourd'hui délaissés et généralement ressentis comme dépréciatifs.

ce qui est d'ailleurs le choix de certaines ministres. *Ministresse*, lourd et risible à cause du suffixe *-esse*, ne s'emploie que par plaisanterie... ou par mépris.

À NOTER : en 1986, une circulaire du Premier ministre de l'époque (Laurent Fabius) imposait la féminisation des titres et grades officiels dans l'administration. Que l'on dise, au sein de l'État, *Mme la ministre* et non plus *Mme le ministre* aurait évidemment eu valeur d'exemple, mais la circulaire fut ignorée par le nouveau gouvernement mis en place en 1988 (gouvernement Chirac). En 1997, les femmes nommées ministres (gouvernement Lionel Jospin) affirmèrent leur souhait d'être appelées « madame la ministre », ce qui devint l'usage officiel français : une nouvelle circulaire entérina en 1998 la féminisation des noms de métiers, titres, grades et fonctions au sein des administrations.

**5.**
(**a.**) **chancelière** •   • entremetteuse
(**b.**) **entraîneuse** •   • boîte garnie à l'intérieur de fourrure pour se réchauffer les pieds
(**c.**) **procureuse** •   • jeune femme qui pousse les clients d'un bar à danser et à consommer

(**a.**) Dans l'esprit de tous, la *chancelière* est aujourd'hui le chef du gouvernement qui préside à la destinée de la nation allemande[1]. Avant d'avoir cette noble signification, le mot *chancelière* a eu un sens plus prosaïque. Pendant plusieurs siècles, il a désigné une boîte garnie à l'intérieur de fourrure, ouverte sur un côté, dans laquelle on glissait ses pieds pour les réchauffer. Les *chancelières* ont été appréciées en France jusque dans des époques relativement récentes, par exemple durant les froides années de l'Occupation :

> « Les crèmeries sont froides. On n'y chauffe guère à cause du beurre et du lait. Julie, gantée de mitaines, enveloppée dans six pull-overs qui gonflaient sa blouse comme une baudruche, trônait à la caisse ; [...] ses pieds reposaient bien au chaud dans une chancelière. »
>
> (Jean DUTOURD, *Au bon beurre*)

---

[1]. Angela Merkel devient la première chancelière de l'histoire de l'Allemagne en 2005.

### 3. Le genre des mots

Sous l'Ancien Régime, le *chancelier* était le dignitaire qui gardait les sceaux de l'État. Étymologiquement, *chancelière* est issu de *chancelier*, mais les raisons pour lesquelles on est passé des sceaux royaux à une boîte chauffante pour les pieds demeurent un mystère lexicologique...

**b.** On peut être *entraîneuse sportive* ou *entraîneuse de chevaux*. On peut aussi *entraîner* les hommes à danser... et surtout à consommer dans des établissements de nuit (bars, cabarets, etc.). De même que les *caissières* sont devenues des *hôtesses de caisse*, les *entraîneuses* ont été rebaptisées, par doux euphémisme[1], *hôtesses de bar*.

**c.** En France, le *procureur* (de la République) est un magistrat du parquet qui représente les intérêts de la société et veille au respect de l'ordre public. Sa respectable épouse était jadis appelée *procureuse*. Mme Coquenard, la plus célèbre d'entre toutes, est la maîtresse de Porthos dans *Les Trois Mousquetaires* d'Alexandre Dumas. Mais une *procureuse* peut aussi exercer une fonction moins recommandable que le *procureur* : c'est alors une *entremetteuse*, c'est-à-dire qu'elle sert d'intermédiaire, contre rémunération, dans des affaires galantes. Afin d'éviter toute équivoque, il convient d'appeler une femme procureur *Mme la procureure* et non « Mme la procureuse »...

**6. vrai.**

Les familiers du tarot divinatoire connaissent bien *la papesse*, qui symbolise les mystères du monde, les choses cachées qui attendent d'être connues.

Historiquement, *la papesse* est une créature imaginaire : selon la légende, Jeanne est une femme pape qui aurait occupé le trône pontifical de 855 à 857.

Plus nombreuses sont les *papesses* de la mode, des arts, de l'édition... censées faire autorité dans leur domaine.

> Ex. : *Cette éditrice, inlassable découvreuse de talents, a longtemps été surnommée « la papesse de l'édition »*.

**7. un homme sage-femme.**

Depuis une trentaine d'années, en France, la profession de *sage-femme* est ouverte aux hommes. On nomme ceux-ci des *hommes sages-femmes*, appellation qui paraît aujourd'hui consacrée après quelques errements, car on a d'abord cherché un mot masculin pour désigner les mâles diplômés. L'Acadé-

---

1. Voir p. 28, note 1.

mie française, prenant l'affaire au sérieux, s'est empressée de trouver un masculin à *sage-femme*. En 1980, elle suggère le mot *maïeuticien*, d'après le grec *maieutikê*, « art d'accoucher quelqu'un », qui avait déjà engendré la *maïeutique*, méthode par laquelle Socrate, fils de sage-femme, accouchait les esprits, faisant surgir la vérité enfouie dans l'esprit de tout homme. Voilà une étymologie\* qui place certaines naissances sous le double patronage de l'Académie et de la philosophie socratique, ce qui peut aider à prendre un bon départ dans la vie, mais pour le moment le mot ne s'est pas imposé : les *hommes sages-femmes* semblent tenir à être désignés de la même manière que leurs consœurs...

**8.**
**a. Jupiter (Zeus) est souvent représenté brandissant *son* foudre.**
Quand il désigne le phénomène météorologique, *foudre* est féminin. S'il désigne le faisceau enflammé qui est l'un des attributs de Jupiter (Zeus), il est traditionnellement au masculin. Par allusion à la force et à la fulgurance de la foudre, on parle ironiquement de *foudre de guerre* (« guerrier redoutable qui fait trembler ses ennemis ») ou de *foudre d'éloquence* (« orateur remarquable qui subjugue son auditoire »). Dans ces emplois, *foudre* est également masculin.
**b. Le ministre a proposé que l'on apprenne l'hymne *national* dès l'entrée à l'école primaire.**
Le mot *hymne* est masculin, malgré sa finale en *-e*, sauf lorsqu'il désigne un chant à la gloire de Dieu dans la tradition judéo-chrétienne.
**c. Le président veut faire de cette réforme *le grand œuvre* de son quinquennat.**
Pour les alchimistes, le *grand œuvre* est la transmutation des métaux en or. Au sens figuré\*, l'expression s'applique à un projet d'une grande importance (parfois avec ironie).
Dans deux autres cas, le mot *œuvre* est masculin : le *gros œuvre* d'un bâtiment, d'une maison (fondations, murs et toiture) ; l'ensemble des œuvres d'un artiste (surtout peintre et graveur).
   Ex. : *Cet ouvrage présente tout l'œuvre peint de Cézanne.*
Dans tous ses autres emplois, le mot *œuvre* est féminin.

**9. Amours, délices et orgues.**
– En ancien français\*, *amour* a les deux genres, mais c'est souvent le féminin qui l'emporte, au singulier comme au plu-

riel. Au XVIIᵉ siècle, le masculin reprend l'avantage, mais le féminin reste fréquent. Les grammairiens, qui aiment les choses bien rangées, s'efforcent alors de le faire masculin au singulier et féminin au pluriel. Cette opposition des genres n'est valable que pour l'amour charnel ; l'amour maternel, l'amour de la terre, l'amour de la patrie, l'amour de Dieu, etc., sont résolument masculins, quel que soit le nombre.
– Comme *amour*, *délice* change également de genre avec le nombre.
    Ex. : *Un vrai délice* mais *Quelles délices infinies !*
– Le cas de *orgue* est particulier et souvent mal compris. Dans *La Philosophie de Courteline* (1917), l'auteur affirme, en s'en amusant, que l'on doit dire en bonne logique « Cet orgue est le plus beau des plus belles », puisque *orgue* est masculin au singulier et féminin au pluriel. En réalité, le mot est bien masculin, au singulier comme au pluriel, mais il est féminin dans le cas d'un « pluriel emphatique ». Il désigne alors un seul instrument, mais avec un effet de solennité.
    Ex. : *Le cercueil de ce glorieux serviteur de l'État a été porté dans l'église au son des grandes orgues.*

# 4
# À proprement parler

## Impropriétés, confusions, anglicismes

Dans ce chapitre, vous allez endosser plusieurs rôles : présentateur du journal télévisé, chroniqueur judiciaire, et enfin candidat à l'Académie française. Attention, pour être élu et rejoindre les rangs de l'illustre compagnie, vous devrez éviter les impropriétés*, traquer les confusions entre les mots qui se ressemblent et partir en chasse contre les anglicismes*.

Espérons que vous ne terminerez pas mystérieusement foudroyé en prononçant votre discours de réception, comme les académiciens du roman de Gaston Leroux, *Le Fauteuil hanté*[1] !

**1.** Vous êtes le nouveau présentateur du journal télévisé d'une grande chaîne, félicitations ! Bien entendu, vous vous faites un devoir d'employer toujours le mot juste. Prouvez-le une fois encore en choisissant la forme qui convient dans chacune des phrases suivantes.

**a.** Les employés se disent ❐ *pressés* ❐ *pressurés* ❐ *pressurisés* par des conditions de travail qui ne cessent de se dégrader.

**b.** Après s'être déclaré favorable à la retraite à soixante-dix ans, le ministre a dû ❐ *tempérer* ❐ *temporiser* ❐ *tempêter* ses propos devant la levée de boucliers au sein même de la majorité.

**c.** La secrétaire nationale du Parti communiste a ❐ *enjoint* ❐ *incité* ❐ *exhorté* la direction du Parti socialiste à rejoindre la construction d'une alternative antilibérale.

---

[1]. Dans *Le Fauteuil hanté*, roman de Gaston Leroux (1909), les candidats à la succession de Mgr d'Abbeville s'effondrent les uns après les autres au moment de prononcer leur discours de réception. Du coup, les Immortels ne le sont plus et les Quarante ne sont plus que trente-neuf. Rien ne va plus à l'Académie !

### 4. Impropriétés, confusions, anglicismes

**d.** Les membres de la classe politique sont ❏ *unanimes* ❏ *tous unanimes* ❏ *totalement unanimes* à saluer la mémoire d'un « grand serviteur de l'État ».

**e.** Avec ses robes de haute couture et son goût pour le glamour, la ministre ❏ *détone* ❏ *détonne* ❏ *dénote* au sein du paysage politique français.

**2.** Vous avez malheureusement été écarté de la présentation du journal télévisé, vous voici désormais chroniqueur judiciaire. Or, les mauvaises langues vous reprochent de ne rien connaître au vocabulaire juridique. Pour que justice vous soit rendue, choisissez sans hésiter le mot qui convient dans les phrases suivantes.

**a.** La loi de 1905 ❏ *dispose* ❏ *propose* ❏ *stipule* que la République assure la liberté de conscience et garantit le libre exercice des cultes.

**b.** Dans cette affaire de faux listings bancaires, les ❏ *inculpés* ❏ *prévenus* ❏ *accusés* ont comparu devant le tribunal correctionnel de Paris.

**c.** *Mettre quelqu'un en demeure*, c'est :
❏ lui donner une sépulture (sa dernière demeure)
❏ l'incarcérer en maison d'arrêt
❏ le sommer de remplir une obligation sans délai

**d.** En France, pour s'adresser à un magistrat qui tient une audience publique, on dit :
❏ Votre Honneur
❏ Votre Grandeur
❏ Monsieur le Président

**3.** Vous avez si bien défendu et illustré la langue française durant votre carrière journalistique que vous voici candidat à l'Académie française. Pour être élu, vous devez faire les bons choix dans les phrases suivantes consacrées aux confusions entre les mots (ou les locutions*) qui se ressemblent.

**a.** La version ❏ *originale* ❏ *originelle* de ce film est bien meilleure que la nouvelle qui est actuellement à l'affiche.

**b.** ❏ *À l'attention de* ❏ *À l'intention* de M. le recteur de l'académie de Versailles, 3, boulevard de Lesseps, 78017 Versailles.

**c.** Jason n'a pas réussi son épreuve d'anglais, ❏ *loin s'en faut* ❏ *tant s'en faut*.

295

IV. LES MOTS SONT UN JEU

**d.** Tous nos plats sont accompagnés de pommes de terre ❒ *en robe des champs* ❒ *en robe de chambre* issues de l'agriculture biologique.

**4.** Dernière nouvelle : un deuxième candidat au fauteuil d'académicien à pourvoir, ex-président de la République, pourrait bien vous brûler la politesse. Seul moyen de l'emporter : répondre correctement aux deux questions suivantes.
**a.** Chassez l'intrus dans cette liste de mots :
candidat – impétrant – diplômé – récipiendaire
**b.** Que désigne traditionnellement un magasin *bien achalandé* ?
❒ un magasin qui attire de nombreux clients
❒ un magasin qui comporte de nombreuses marchandises
❒ un magasin qui a une politique de prix bas

**5.** Vous êtes enfin reçu à l'Académie française ! Revêtu de l'habit vert, portant fièrement l'épée, juge éclairé du bon usage des mots, vous menez un nouveau combat : bouter l'anglicisme hors de la langue française. Dans les phrases suivantes, vous devez remplacer chaque anglicisme (en italique) par au moins un mot français. *Good luck!*
**a.** Partout en Europe, la crise *impacte* le moral des ménages.
...............

**b.** Cet antivirus envoie tous les fichiers *suspicieux* en quarantaine.
...............

**c.** « Je n'ai pas confiance en moi, je me sens de plus en plus *insécure*. »
...............

**d.** La direction de l'entreprise a dévoilé ses stratégies pour *booster* les ventes.
...............

**e.** Comment *dispatcher* les aides des associations humanitaires pour qu'elles profitent aux plus démunis ?
...............

**f.** En acceptant ce poste sans lien avec sa formation, Cindy se lance dans un nouveau *challenge* professionnel.
...............

## 4. Impropriétés, confusions, anglicismes

# Réponses

**1.**
**a. Les employés se disent *pressurés* par des conditions de travail qui ne cessent de se dégrader.**
Lorsque l'on maintient une pression atmosphérique normale à l'intérieur d'un avion, celui-ci est *pressurisé*. La chute de cette pression se nomme *dépressurisation*, terme technique connu de tous ceux qui ont déjà goûté aux agréments du voyage aérien.
   Ex. : *Le commandant de bord a rassuré les passagers en leur indiquant que, malgré la dépressurisation brutale de l'appareil, il contrôlait parfaitement la situation.*
Le verbe *pressurer* n'est pas en lien avec *pressurisation*, qui est un anglicisme, mais avec *pressurage*. Les fruits, les graines sont *pressurés* afin que l'on en extraie le jus ou l'huile. L'image est transparente : au sens figuré\*, une personne est *pressurée* quand on tire d'elle tout ce que l'on peut en obtenir : sa capacité de travail, le paiement de ses impôts, le remboursement de ses crédits, etc.
On peut aussi *se pressurer le cerveau*, c'est-à-dire faire un effort intellectuel intense, par exemple pour répondre aux questions de cet ouvrage.
**b. Après s'être déclaré favorable à la retraite à soixante-dix ans, le ministre a dû *tempérer* ses propos devant la levée de boucliers au sein même de la majorité.**
*Temporiser*, du latin *tempus*, « temps », c'est « retarder le moment d'agir dans l'attente d'un moment plus favorable ».
   Ex. : *La France se prononce pour l'interdiction du commerce international du thon, mais elle temporise face à la colère des pêcheurs* (comprenez : le gouvernement cherche à gagner du temps pour éviter une crise dans le secteur de la pêche).
Par glissement de sens\*, *temporiser* est parfois employé comme s'il signifiait *tempérer*, « modérer, atténuer ». Cette confusion, contraire à l'étymologie\* et au sémantisme du mot, gagne peu à peu du terrain dans l'usage.
**c. La secrétaire nationale du Parti communiste a *incité* ou *exhorté* la direction du Parti socialiste à rejoindre la construction d'une alternative antilibérale.**
Peu de verbes français sont aussi malmenés que l'est le malheureux *enjoindre*, qui fait souvent l'objet d'une double erreur de construction et de signification.

*Enjoindre* est un verbe transitif indirect, c'est-à-dire qu'il se construit avec un complément d'objet introduit par une préposition. On *enjoint à quelqu'un de faire quelque chose*, on ne « l'enjoint pas ». Plus gênant que ce solécisme[1] est l'emploi impropre d'*enjoindre* au sens d'« inciter, exhorter », alors qu'*enjoindre* est synonyme* d'*ordonner*.

> Exemple fautif : « La secrétaire nationale du Parti communiste a enjoint à la direction du Parti socialiste de rejoindre la construction d'une alternative antilibérale. »

Il est bien peu probable que notre secrétaire se soit crue capable d'ordonner quoi que ce soit à la direction du PS ; tout au plus l'a-t-elle *incitée, exhortée, engagée* à rejoindre le camp des antilibéraux…

**d. Les membres de la classe politique sont *unanimes* à saluer la mémoire d'un « grand serviteur de l'État ».**

Du latin *unus*, « un seul » et *animus*, « âme, esprit », l'adjectif *unanime* renvoie à l'idée d'un accord général. Des personnes sont donc *unanimes* quand elles ont toutes une même opinion, un même avis. La forme renforcée « tous unanimes », qui double l'idée de totalité, est considérée comme pléonastique* et est à éviter dans un registre soutenu*.

À NOTER : au singulier, *unanime* signifie « qui exprime un avis commun à tous ».

> Ex. : *La condamnation est unanime après cette nouvelle profanation de tombes musulmanes.*

**e. Avec ses robes de haute couture et son goût pour le glamour, la ministre *détonne* au sein du paysage politique français.**

Dans le domaine de la musique, un instrument qui s'écarte du ton *détonne*. Au sens figuré, *détonner* se dit de quelque chose ou de quelqu'un qui n'est pas en harmonie avec un ensemble. Le préfixe* *dé-* a ici une valeur négative, comme dans de nombreux autres verbes français : *décommander, décroître, défaire*, etc.

C'est par un rapprochement erroné avec cette catégorie de verbes que l'on emploie souvent *dénoter* comme s'il signifiait « sortir du ton, constituer une fausse note ». Mais dans *dénoter*, le préfixe *dé-* a une valeur intensive[2], comme dans *démontrer* ou *dénommer*. Notez bien le sens de *dénoter* : « indiquer,

---

1. Un solécisme désigne une construction syntaxique qui n'est pas admise.
2. Il convient en fait de distinguer le préfixe *dé-* « négatif » du préfixe *dé-* « intensif », car ils n'ont pas la même origine, mais l'important est de bien

révéler » et utilisez-le à bon escient, comme dans l'exemple suivant :
> *Le jury précise que les notes inférieures à 8 dénotent une mauvaise compréhension du sujet combinée à une rédaction défaillante.*

Pour compliquer un peu les choses, il existe un verbe *détoner* (avec un seul *n*) qui signifie « exploser avec bruit ».

**2.**
**a. La loi de 1905 *dispose* que la République assure la liberté de conscience et garantit le libre exercice des cultes.**

La loi *dispose*, le contrat *stipule* ! Quel professeur de droit, du haut de sa chaire, n'a tonné contre ses étudiants qui confondent *disposer* et *stipuler* ? Une loi, un article de loi, un code *disposent* ; un contrat, une clause d'un contrat, une convention, un traité *stipulent*, c'est-à-dire énoncent comme une condition.

> Ex. : *Le contrat d'auteur du célèbre animateur stipule qu'il recevra un droit de 15 % pour chaque exemplaire vendu de son autobiographie.*

Seul le terme *stipuler* est passé du langage juridique à la langue générale avec le sens de « indiquer expressément ».

**b. Dans cette affaire de faux listings bancaires, les *prévenus* ont comparu devant le tribunal correctionnel de Paris.**

Le terme *inculpé* n'est plus en usage dans le vocabulaire judiciaire. En effet, dans le nouveau Code de procédure pénale (1993), le mot *inculpation* a été remplacé par l'expression *mise en examen*, « acte par lequel un juge d'instruction fait connaître à une personne le crime ou le délit qui lui est reproché ». Le *prévenu* est la personne traduite devant un tribunal correctionnel afin d'y être jugée pour le délit qui lui est reproché. L'*accusé* est la personne traduite devant une cour d'assises afin d'y être jugée pour le crime dont elle est soupçonnée.
Rappelons que l'on est *suspect* avant d'avoir été mis en examen et éventuellement *coupable* après avoir été jugé...

**c. le sommer de remplir une obligation sans délai.**

Dans le langage juridique, le mot *demeure* est parfois à prendre dans son sens ancien : « fait de demeurer, de s'attarder ; retard ». *Mettre quelqu'un en demeure (de faire quelque chose)*,

---

comprendre que, pour une même forme en français, il y a deux valeurs sémantiques différentes.

c'est le rendre responsable de son retard et le sommer de remplir ses obligations sans délai.

On retrouve la même signification dans la locution *il y a péril en la demeure*, « il est risqué d'attendre et il faut agir rapidement ». Par confusion avec le sens moderne de *demeure*, « habitation », cette locution est souvent employée abusivement pour dire : « il y a un danger dans la maison ».

**d. Monsieur le Président.**
En France, on dit toujours *Monsieur le Président* (ou *Madame la Présidente*) au magistrat qui tient une audience publique (*Votre Honneur* s'emploie aux États-Unis). Au conseil des prud'hommes, on peut dire, en toute simplicité, *Monsieur le Conseiller*.

Il arrive que dans les tribunaux, sous l'influence des séries télévisées américaines, des justiciables donnent respectueusement du *Votre Honneur* à un président outré par ce crime linguistique.

**3.**

**a. La version *originale* de ce film est bien meilleure que la nouvelle qui est actuellement à l'affiche.**
*Original* et *originel* sont des paronymes\* d'un genre particulier, deux mots qui se ressemblent comme deux gouttes d'eau : non seulement ils ont une forme quasi identique, mais ils sont également proches par le sens et issus du latin *originalis*.
*Originel* signifie « qui date de l'origine, qui vient de l'origine ».
>    Ex. : *Le sens originel de décimer est « mettre à mort une personne sur dix ».*

Dans un contexte religieux, le *péché originel* (l'expression ne figure pas dans le texte biblique), qui fait allusion à la désobéissance d'Adam et Ève, nous fait remonter à l'*origine* des temps.
*Original* désigne ce qui émane directement de l'auteur et constitue ainsi la source première de reproductions, de traductions, d'adaptations… *Original* connaît une autre acception\*, d'ailleurs dominante aujourd'hui, qui est « méliorative » (valorisante) : un film, un livre est *original* lorsqu'il semble ne s'inspirer d'aucun modèle et qu'aucune autre œuvre ne peut lui être comparée.

**b. *À l'attention de* M. le recteur de l'académie de Versailles, 3, boulevard de Lesseps, 78017 Versailles.**
On hésite souvent, au moment d'indiquer sur une lettre ou une enveloppe le nom du destinataire, s'il faut écrire *à l'attention de* ou *à l'intention de*.

Ces deux locutions, qui sont des paronymes, se distinguent par leur signification et leur contexte d'utilisation. On porte un courrier *à l'attention de* son destinataire, c'est-à-dire que l'on sollicite sa pleine et entière *attention*. Cette formule ne s'emploie que dans le contexte de la correspondance administrative ou professionnelle.

*À l'intention de* signifie « spécialement pour, en l'honneur de ». Le contexte d'emploi de cette locution est plus large.

   Ex. : *Une messe sera dite à l'intention de ce grand serviteur de l'État ; une soirée de bienvenue est organisée à l'intention des nouveaux adhérents de l'association.*

**c. Jason n'a pas réussi son épreuve d'anglais, *tant s'en faut*.**
C'est par le croisement de *loin de là* et de *tant s'en faut* qu'est né « loin s'en faut », locution critiquable quoique courante.
*Loin de là* signifie « bien au contraire ». Cette locution souligne que l'on est très éloigné d'un but envisagé ou d'une qualité considérée.

   Ex. : *Il n'est pas vraiment beau, loin de là.*

Dans les formules *peu s'en faut* (« presque ») et *beaucoup s'en faut* ou *tant s'en faut* (« bien au contraire, loin de là »), le verbe *falloir* ne marque pas la nécessité mais le manque. Il s'emploie toujours avec un adverbe de quantité.

**d. Tous nos plats sont accompagnés de pommes de terre *en robe des champs* ou *en robe de chambre* issues de l'agriculture biologique.**
Les pommes de terre *en robe des champs* sont cuites dans leur peau à l'eau salée. L'image paraît claire : la pomme de terre, servie sans apprêt, semble tout droit sortie des champs.
La locution *en robe de chambre* est parfois interprétée comme une déformation populaire de *en robe des champs*. Étrange analyse : pourquoi le « peuple », réputé ne pas manquer de bon sens, aurait-il remplacé une transparente *robe des champs* par une bien obscure *robe de chambre* ? Par plaisanterie, comme le pensent certains ? Pourtant, c'est bien *en robe de chambre* que l'on trouve dans le *Grand Dictionnaire universel du XIX$^e$ siècle*, de M. Larousse, qui n'avait pas spécialement pour habitude de plaisanter avec les mots... Dans les dictionnaires, les pommes de terre *en robe de chambre* ont donc précédé les pommes de terre *en robe des champs*. Et dans les campagnes, il se pourrait bien que l'expression *en robe de chambre* ait été autrefois la seule consacrée :

   « À midi, nous déjeunons, sur l'herbe, aux portes du village. Mme Rezeau nous a pourvus d'œufs durs, de salade de haricots et de pommes de terre en robe de chambre (je proteste au passage ; on devrait dire : pommes de terre en robe des champs). »

(Hervé BAZIN, *Vipère au poing*)

**4.**
**a. L'intrus : candidat.**
Un *impétrant* (du latin *impetrare*, « obtenir ») est celui qui obtient un diplôme et non pas celui qui le brigue, le *candidat*. Chaque mois de juin, en France, les médias évoquent « les impétrants qui planchent sur les sujets de philosophie du baccalauréat », décernant ainsi d'emblée le plus célèbre diplôme national à l'ensemble des *candidats*.
De sens plus large, le mot *récipiendaire* (du latin *recipere*, « recevoir ») désigne quiconque obtient un diplôme, une médaille, un prix, une bourse (au Québec). Au sens premier*, le *récipiendaire* est une personne admise dans une compagnie ou une société savante au cours d'une cérémonie.
   Ex. : *Les récipiendaires de l'Académie française prononcent un discours devant leurs pairs.*
**b. un magasin qui attire de nombreux clients.**
Le mot *chaland* est à l'origine le participe présent d'un ancien verbe français, *chaloir*, « importer, être important pour quelqu'un ». On en trouve encore la trace dans une locution vieillie, *peu me chaut* (« peu m'importe »). En ancien français*, le *chaland* est l'ami, le protecteur, ou encore une personne charitable. Au XVIe siècle, le *chaland* n'est plus qu'un client, mais régulier et fidèle, celui dont rêvent tous les commerçants... De la boutique pleine de clients, on est passé logiquement à l'idée d'une boutique bien pourvue en marchandises : ceci explique cela. *Bien achalandé* en est venu à signifier « qui est bien approvisionné ». Dommage, car *achalandé* se trouve ainsi éloigné du sémantisme de sa famille de mots* : *chaland*, « client » → *achalander*, « procurer des clients à » ; *achalandage*, « clientèle attachée à un fonds de commerce » ; *zone de chalandise*, « espace dans lequel se trouvent les clients potentiels des commerces ». La nouvelle signification d'*achalandé* est si solidement installée dans l'usage actuel que l'on risque de n'être plus compris si l'on s'en tient au sens traditionnel.
À NOTER : au Québec, *achalandé* s'emploie couramment pour dire « fréquenté ».
   Ex. : *La rue Sainte-Catherine est la plus achalandée de Montréal.*

**5.**
**a. *touche*, *influe sur*, *a un effet sur*, *une incidence sur*...**
Au sens propre*, un *impact* désigne un choc entre deux corps, une collision. Au figuré, le mot prend tout naturellement le sens de « effet, influence, retentissement ».
Le verbe *impacter* est attesté* en français depuis les années 1960, mais dans un emploi spécialisé en chirurgie qui n'est pas pris en compte par les dictionnaires usuels. Dans les années 1990, l'anglicisme *impacter* (« avoir un impact sur ») déferle sur le monde francophone, balayant sur son passage tous les mots de sens voisin. D'abord réservé à la langue des affaires, *impacter* triomphe aujourd'hui dans la langue générale. Rien ni personne n'échappe à l'« impactage » : les marchés, les entreprises, les consommateurs, la vie quotidienne des Français, mais aussi les lecteurs et les spectateurs sont *impactés* jusqu'à plus soif. Un mot qui, à force d'être répété sur tous les tons et dans tous les domaines, risque bien de perdre de son *impact*.
**b. *suspects*.**
*Suspicieux* au sens de « suspect » est un anglicisme venu du langage informatique qui tend à se répandre dans l'usage courant. On rappellera donc qu'est *suspect* quelque chose ou quelqu'un qui inspire des soupçons ; *suspicieux* quelqu'un qui tient pour *suspecte* une chose ou une personne.
   Ex. : *Devant les contradictions du soi-disant témoin du crime, la police s'est montrée de plus en plus suspicieuse.*
**c. *fragile*, *anxieux*, *inquiet*...**
Anglicisme à la mode dans le vocabulaire « psychologisant ». Quand on est « insécure », on est peut-être *fragile*, *anxieux*, *inquiet*, *vulnérable*, à moins que l'on manque tout simplement d'assurance, de confiance en soi...
Quant à un lieu où l'on ne s'estime pas en sécurité, on peut dire qu'il est *peu sûr*, voire *dangereux*.
**d. *augmenter*, *développer*, *doper*...**
Avec *impacter*, *booster* (de l'anglais *to boost*, « augmenter ») est l'un des anglicismes les plus furieusement à la mode depuis les années 1990. Selon le contexte, de nombreux verbes français peuvent lui être substitués : *augmenter*, *développer*, *doper*, *accroître*, *dynamiser*, *renforcer*, *stimuler*, *accélérer*.
**e. *distribuer*, *répartir*...**
Plusieurs verbes français sont disponibles pour éviter l'anglicisme *dispatcher* attesté depuis les années 1970 : *distribuer*, *répartir*, *ventiler*, *orienter*. *Dispatcher* est dérivé de *dispatching*,

mot technique qui désigne la régulation d'un trafic (aérien, ferroviaire), la distribution de l'électricité, etc. Les Français d'aujourd'hui raffolent de ces mots à coloration technique ou scientifique (comme *initier*, *perdurer*, *pérenne*). Il reste à écrire une histoire des sensibilités linguistiques qui recenserait, au fil des décennies, ces modes langagières qui touchent tous les locuteurs, à des degrés divers, et nous éclairent sur les domaines socialement et culturellement valorisés d'une époque donnée.

**f. défi.**

*Challenge* est le plus français de nos anglicismes courants. Mot anglais emprunté à l'ancien français *chalenge* (« accusation », puis « défi »), *challenge* s'est réintroduit en français contemporain, dans le domaine du sport, pour désigner une compétition dans laquelle les tenants d'un titre ou les détenteurs d'un prix remettent celui-ci en jeu (*challenge* est souvent synonyme de *coupe* ou de *tournoi*). Mais c'est son sens figuré, « défi à relever dans ce que l'on entreprend ; gageure[1] », qui lui assure un retour triomphal dans sa langue d'origine.

À NOTER : au XIXe siècle, et dans la première partie du XXe siècle, seule la « bonne société » emploie des anglicismes, par snobisme. Dans la seconde moitié du XXe siècle, les emprunts à l'anglais se répandent dans toutes les classes de la population française, suscitant chez un petit nombre d'usagers rejets et critiques au nom de la « défense de la langue française ». Les anglicismes ne représentent en fait que 6 % environ des mots d'un dictionnaire[2], mais certains domaines, et non des moindres – la mode, le sport, l'informatique, les médias –, en usent sans modération. Si certains anglicismes, qui viennent combler des lacunes du français, sont utiles, d'autres, qui se substituent à des vocables français existants, sont plus discutables. Nous avons essayé d'en donner ici quelques exemples significatifs.

---

[1]. Une *gageure* est un défi particulièrement difficile à relever (on prononce « gajure »).
[2]. Selon Alain Rey, *Le français, une langue qui défie les siècles*, Gallimard, coll. « Découvertes », 2008.

# 5
# Vous pouvez répéter ?

## Les mots recherchés

Si tous les mots étaient courants, et usés à force d'avoir servi, la langue serait ennuyeuse. On ne serait jamais surpris par une forme, une signification. Dans ce chapitre, vous allez découvrir des mots biscornus : *latitudinaire*, *abstème*, *animadversion*... Ils ne sortent pas d'un grimoire poussiéreux mais figurent pour la plupart dans le dictionnaire qui trône sur vos étagères. Disponibles mais peu usités, les mots recherchés n'ont pas vraiment d'utilité, ils s'offrent pour un temps à la curiosité, à l'imagination, à la rêverie, puis se font oublier. D'ailleurs, on ne se rappelle jamais ce qu'ils peuvent bien vouloir dire...

1. Si vous êtes *latitudinaire*...
   - ❐ vous vivez sous de hautes latitudes
   - ❐ vous avez toute latitude pour organiser votre travail
   - ❐ vous faites preuve de laxisme

2. Si vous êtes *difficultueux*...
   - ❐ vous avez des difficultés à effectuer une tâche
   - ❐ vous causez des difficultés aux autres
   - ❐ vous vous complaisez dans les situations difficiles

3. La *callipédie*, c'est :
   - ❐ l'art d'avoir de jolis pieds (*pes*, *pedis* signifie « pied » en latin)
   - ❐ l'art de faire de beaux enfants (*pais*, *paidos* signifie « enfant » en grec)

4. Lors d'un entretien d'embauche, le recruteur vous demande de lui exposer votre parcours professionnel *compendieuse-*

*ment* (c'est un recruteur qui a du vocabulaire...). Votre récit sera donc :
❏ bref, concis
❏ long, détaillé

**5.** Parmi les mots latins de la liste suivante, quel est celui que l'on emploie en français pour désigner des bagages encombrants ?
errata – addenda – impedimenta – duplicata – agenda – visa

**6.** Quel est le mot qui signifie « doux comme du miel » ?
❏ mielleux
❏ mellifère
❏ melliflu

**7.** Mauvaise nouvelle : votre médecin vient de vous interdire le vin. Vous êtes désormais :
❏ abstinent
❏ abstentionniste
❏ abstème

**8.** Mettez à leur place les *contempteurs* et les *thuriféraires* dans les phrases qui suivent.
**a.** Les ............... du président se relaient dans les médias pour défendre son bilan qu'ils jugent excellent.
**b.** Les ............... du régime iranien ont défilé dans les rues en scandant « mort au dictateur ! ».

**9.** Reliez chaque adjectif à la définition qui convient :

équanime • • qui manque d'audace
longanime • • qui fait preuve d'indulgence
pusillanime • • qui est d'une humeur toujours égale

**10.** Vous avez donné une conférence intitulée « Métonymie et synecdoque dans le théâtre classique », un sujet que vous connaissez bien. À son issue, un auditeur a qualifié votre discours de *galimatias*. Qu'a-t-il voulu dire ?
**a.** Il a souligné la clarté et la précision de votre propos.
**b.** Il a jugé votre conférence trop superficielle.
**c.** Il n'a rien compris à votre conférence.

## 5. Les mots recherchés

**11.** Si vous éprouvez de l'*animadversion* pour votre employeur, vous avez pour lui...
 ❐ de l'antipathie
 ❐ de la sympathie
 ❐ de l'admiration

**12.** On dit de vous que vous aimez fréquenter les bars *interlopes* de la capitale. De tels endroits sont :
 ❐ louches
 ❐ chics
 ❐ cosmopolites
 ❐ très animés

IV. LES MOTS SONT UN JEU

# Réponses

**1. vous faites preuve de laxisme.**
Long de cinq syllabes, difficile à prononcer sans que la langue nous fourche, et d'un emploi rare : *latitudinaire* est un beau spécimen du mot recherché.
En latin, *latitudo* signifie « largeur ». C'est ce sens étymologique* qu'a d'abord eu le mot *latitude* en français. Au XVIe siècle, il prend le sens abstrait de « faculté d'agir à sa guise » que l'on retrouve dans les locutions* : *donner (laisser) toute latitude à quelqu'un, avoir toute latitude pour*.
Bien moins connu que *latitude*, l'adjectif *latitudinaire* (dérivé du même radical latin) a d'abord qualifié celui qui avait les idées larges en matière religieuse, c'est-à-dire qui cherchait à élargir au maximum la voie du salut pour le genre humain. Idée généreuse que l'on ne retrouve guère dans le sens étendu – et péjoratif – qu'a ensuite pris le mot : « trop tolérant, trop complaisant ». On est donc *latitudinaire* quand on est *laxiste*... tout simplement !

> Ex. : « *La justice est latitudinaire !* » déplorent les commerçants victimes de ce braqueur récidiviste.

**2. vous causez des difficultés aux autres.**
Bien que vieilli* et d'un emploi devenu rare, *difficultueux* figure toujours dans les dictionnaires usuels (*Le Petit Larousse, Le Petit Robert*). Appliqué aux choses, il est synonyme* de *difficile*. Appliqué aux êtres, il signifie « qui fait des difficultés en toute occasion ». Plus simplement – et plus trivialement – il se pourrait bien qu'un être *difficultueux* soit un *sacré emmerdeur*.

> Ex. : *Après six heures de négociations, les représentants syndicaux ont quitté la réunion, très remontés. « \*\*\* est quelqu'un de difficultueux, impossible de trouver un accord avec lui », ont-ils regretté.*

**3. l'art de faire de beaux enfants (*pais*, *paidos* signifie « enfant » en grec).**
Analysons le mot *callipédie* : le premier élément formant est *calli-* (du grec *kallos*, « beauté »). Il entre dans la composition* de quelques mots français : la *calligraphie* est l'art de bien former les caractères d'écriture (en grec, *graphein* signifie « écrire »), *callipyge* (en grec, *pugê* signifie « fesse ») désigne

des fesses d'un bel arrondi, et un *calligramme* (néologisme* forgé par Apollinaire) est un poème dont la disposition des vers forme un dessin.

L'élément *-pédie* est tiré du grec *pais, paidos* (« enfant ») que l'on retrouve dans *orthopédie* (à l'origine, l'art de corriger les difformités corporelles chez l'enfant).

Voici ainsi, dévoilée par l'étymologie*, la définition de la *callipédie* (selon Littré*) : « Ensemble de conseils donnés aux parents pour qu'ils procréent des enfants aussi beaux qu'il leur est possible. »

**4. bref, concis.**

Ce mot de six syllabes qui signifie « succinctement, brièvement » a toutes les allures d'une farce. Il fait une apparition remarquée dans l'unique comédie de Racine, *Les Plaideurs* (1668), mis dans la bouche d'un avocat verbeux qui promet de « faire court ».

Les auteurs du XIXe siècle, sans doute influencés par la forme à rallonge du mot, lui prêteront à tort le sens de « longuement, dans le détail ». Ils se feront taper sur les doigts par Littré, qui juge la faute « ridicule ».

*Compendieusement* ne s'emploie plus aujourd'hui, sauf par plaisanterie... ou par pédantisme.

> « L'INTIMÉ, *d'un ton pesant*.
> Je vais, sans rien omettre, et sans prévariquer,
> Compendieusement énoncer, expliquer,
> Exposer, à vos yeux, l'idée universelle
> De ma cause, et des faits, renfermés, en icelle. »
> (RACINE, *Les Plaideurs*, acte III, scène III)

À NOTER : *compendieusement* est un dérivé de l'adjectif *compendieux*, « bref, concis », lui-même dérivé du latin *compendium*, « abréviation, résumé ».

**5. impedimenta.**

Les *impedimenta*[1] désignaient autrefois les bagages, les équipements qui ralentissaient la marche d'une armée en campagne. Le mot est resté dans l'usage le plus recherché, celui d'un salon mondain, par exemple, pour évoquer des bagages encombrants :

---
1. On prononce « impédiminta ».

IV. LES MOTS SONT UN JEU

> « Voyez d'ailleurs comme nous autres femmes nous sommes moins heureuses que le sexe fort ; pour aller aussi près que chez nos amis Verdurin nous sommes obligées d'emporter avec nous toute une gamme d'impedimenta. »
> (Marcel PROUST, *Sodome et Gomorrhe*)

Au sens figuré*, et dans un registre littéraire*, *impedimenta* s'emploie pour désigner ce qui entrave un mouvement, une activité. J.K. Rowling a fait découvrir le mot aux millions de lecteurs de sa série *Harry Potter* en baptisant *impedimenta* un sortilège qui paralyse temporairement une partie du corps.

### 6. melliflu.

*Melliflu* est issu du latin *mel*, « miel » et *fluere*, « couler ». Il ne s'emploie plus au sens propre* (« qui distille du miel »), mais les dictionnaires contemporains mentionnent encore le sens figuré « qui a la douceur du miel » (souvent avec une nuance péjorative) : *des paroles mellifues, un style melliflu*.
On rencontre parfois le doublet[1] *mellifluent*, qui comporte la même idée de douceur appliquée à la parole, à la langue :

> « La langue n'était plus le babil mellifluent ou, si vous voulez, le margouillis des Andalous, mais une langue dure, aigre, sifflante, qui me mettait dans une espèce de fureur physique […]. »
> (Henry de MONTHERLANT, *La Petite Infante de Castille*)

### 7. abstème.

L'origine du mot *asbtème* (du latin *abstemius*, « qui s'abstient de boire du vin ») est religieuse. Dans le droit canon[2], est *abstème* celui qui, par répugnance, ne peut communier au vin. Le mot est passé dans la langue générale pour désigner toute personne qui s'abstient de boire du vin et, par extension de sens*, n'importe quelle boisson alcoolisée. *Abstème* devient alors un synonyme recherché d'*abstinent*.

### 8.
**a. Les *thuriféraires* du président se relaient dans les médias pour défendre son bilan qu'ils jugent excellent.**

---

1. Des doublets sont des mots qui ont la même étymologie mais qui diffèrent par la forme et le sens.
2. Droit ecclésiastique qui s'appuie sur les « canons » de l'Église, c'est-à-dire les règles en matière de foi et de discipline religieuse.

5. Les mots recherchés

**b. Les *contempteurs* du régime iranien ont défilé dans les rues en scandant « mort au dictateur ! ».**

*Thuriféraire* et *contempteur* ne sont pas rares dans le style journalistique « élégant », mais il n'est pas assuré que tous les lecteurs en connaissent la signification.

**a.** L'étymologie éclaire le sens de *thuriféraire* : du latin *tus, turis*, « encens » et *ferre*, « porter », le *thuriféraire* est celui qui porte l'encensoir au cours d'une cérémonie religieuse. Au sens figuré, et dans un registre littéraire, le *thuriféraire* est celui qui *encense*, qui *flatte*, qui *loue*.

**b.** Dans un registre littéraire, le *contempteur* est celui qui *critique, méprise, dénigre* quelqu'un ou quelque chose. Le mot s'emploie aussi comme adjectif.

   Ex. : *Il a jeté un regard contempteur sur les toiles exposées dans la galerie.*

**9.**

équanime • • qui manque d'audace
longanime •✕• qui fait preuve d'indulgence
pusillanime • • qui est d'une humeur toujours égale

Ces trois adjectifs ont en commun la racine latine *anim*, qui évoque le souffle vital, l'esprit[1].

Si vous êtes *équanime* (du latin *aequus*, « égal » et *animus*, « esprit, âme »), vous faites preuve d'une belle égalité d'âme ou d'humeur. Bien que l'*équanimité* soit une qualité appréciée socialement, le nom comme l'adjectif dérivé sont d'un emploi rare et recherché.

Si vous êtes *longanime* (du latin *longus*, « long » et *animus*, « esprit, âme »), vous faites preuve d'indulgence envers ceux que vous pourriez facilement punir. Autrement dit, vous êtes *magnanime*, synonyme plus fréquent.

Si vous êtes *pusillanime*[2] (du latin *pusillus*, « tout petit », et *animus*, « esprit, âme »), vous avez l'esprit étroit, vous manquez d'audace, vous n'aimez ni les risques ni les responsabilités. Autrement dit, vous êtes *timoré*. Dans l'usage actuel, *pusillanime* et *timoré* sont souvent remplacés par *frileux*, qui est plus vague mais immédiatement compréhensible.

   Ex. : *Les banques, toujours frileuses, renâclent à accorder des prêts immobiliers.*

---
1. Voir aussi le mot *unanime*, chapitre 4, p. 46.
2. On prononce « pusilanime ».

IV. LES MOTS SONT UN JEU

## 10. c. Il n'a rien compris à votre conférence.

L'origine de *galimatias*[1] est discutée. Certains étymologistes pensent que le mot provient du bas latin *ballimathia*, « chanson obscène », d'autres insistent sur l'influence de l'ancien verbe *galer*, « s'amuser, se moquer » ; on prononcerait ainsi un *galimatias* quand on s'amuse à se rendre incompréhensible[2].

Si l'étymologie de *galimatias* reste inconnue, le sens, lui, en est bien établi... et impitoyable : un *galimatias* est un discours ou un écrit embrouillé, confus, obscur, incompréhensible, bref, un authentique *charabia*.

Boileau, qui n'aimait que ce qui s'énonce clairement[3], distinguait le *galimatias simple* du *galimatias double* : le *galimatias simple* est incompréhensible pour celui qui l'entend, le *galimatias double* l'est également pour celui qui le prononce ! On ne saurait être plus clair : le *galimatias* est ennemi de cette langue transparente et ordonnée chère à nos classiques. Pour Molière, le *galimatias*, que la portion soit simple ou double, est une pure rhétorique qui permet d'impressionner et de dominer son interlocuteur. Les médecins en font grand usage :

> « BÉRALDE
> [...] toute l'excellence de leur art consiste en un pompeux galimatias, en un spécieux babil, qui vous donne des mots pour des raisons et des promesses pour des effets. »
> (MOLIÈRE, *Le Malade imaginaire*, acte III, scène III)

## 11. de l'antipathie.

Emprunté au latin *animadversio*, « attention », *animadversion* a d'abord signifié « réprobation, désapprobation » avant de désigner une vive antipathie envers quelque chose ou quelqu'un.

> Ex. : *Il n'a pas su se faire apprécier de ses collègues qui éprouvent pour lui la plus vive animadversion.*

## 12. louches.

*Interlope* signifie « louche, suspect » et s'emploie à propos de personnes ou de lieux. Emprunté à l'anglais *interloper* (« intrus »), ce mot est habitué aux eaux troubles du langage :

---

1. On prononce « galimatia » sans faire entendre le *s* final.
2. Selon Pierre Guiraud, *Dictionnaire des étymologies obscures*, Payot, 1982.
3. « Ce que l'on conçoit bien s'énonce clairement, / Et les mots pour le dire arrivent aisément » (Nicolas Boileau, *L'Art poétique*).

## 5. Les mots recherchés

au XVII<sup>e</sup> siècle, un *interlope* est un navire qui trafique en fraude dans des pays concédés à des compagnies de commerce. Au siècle suivant, le mot se fait adjectif et prend un sens plus large : un commerce *interlope* est un commerce *illégal, frauduleux*. Il ne s'emploie plus aujourd'hui (souvent par plaisanterie) que pour désigner des personnes ou des lieux d'apparence louche et suspecte.

Ex. : *Malgré les plaintes répétées des voyageurs, des individus interlopes se livrent chaque soir au trafic de crack aux abords de la gare.*

# 6
# Jadis et naguère
## Les mots d'autrefois

Les mots n'échappent pas au destin commun : ils vieillissent. Dans un dictionnaire, un mot est dit « vieilli* » s'il tend à sortir de l'usage, près de sombrer dans l'oubli. Qualifié de « vieux* », il accuse encore un peu plus son âge et n'est plus employé, sauf par archaïsme*.

Voici des mots que vous n'utilisez pas tous les jours, mais que vous connaissez peut-être pour les avoir croisés chez Molière, Verlaine, Jules Renard ou chez un auteur contemporain sensible à leur parfum d'autrefois.

**1.** Qu'appelle-t-on un *écornifleur* ?
- ❏ un pique-assiette, un parasite
- ❏ un mauvais jardinier (de *écorner* et *fleur*)
- ❏ un cambrioleur (dans l'ancien argot*, *écorner* signifiait « fracturer »)

**2.** Si vous appartenez à la « France qui se lève tôt[1] », chère au président de la République française Nicolas Sarkozy, vous êtes donc :
- ❏ matinal
- ❏ matineux
- ❏ matinier
- ❏ matutinal (ou matutineux)

**3.** Si l'on dit d'un écrivain qu'il est un *grimaud*, on dit de lui :
- ❏ qu'il est un écrivain remarquable
- ❏ qu'il est un écrivain sans talent
- ❏ qu'il est un écrivain sans succès

---

1. Expression employée à de nombreuses reprises par Nicolas Sarkozy lors de la campagne électorale de 2005 pour l'élection présidentielle.

## 6. Les mots d'autrefois

4. Si l'on dit d'un écrivain qu'il a un style *coruscant*, on dit de lui :
   ❏ qu'il a un style précieux, maniéré
   ❏ qu'il a un style sobre et concis
   ❏ qu'il a un style lourd et maladroit

5. Complétez ce vers du *Tartuffe* (1669) de Molière par le mot qui convient pour marquer la stupéfaction : *ébaubie* ou *ébaudie*.
   « Je suis toute ………, et je tombe des nues ! »

6. Que signifie l'adverbe *derechef* ?
   ❏ immédiatement
   ❏ autrefois
   ❏ une nouvelle fois, de nouveau

7. Le langage juridique utilise de nombreux mots anciens qui ne sont plus toujours compris de nos jours. Dans la formule suivante, remplacez *nonobstant* par le synonyme* qui convient :
   « *Nonobstant* les dispositions du paragraphe 2 de l'article 16... »
   ❏ Étant donné
   ❏ Malgré
   ❏ Excepté

8. Trouvez les trois mots (même champ lexical[1]) qui composent le nom *coquecigrue* :
   ………… + ………… + ………… = *coquecigrue*

9. Qu'appelait-on autrefois le *déduit* ?
   ❏ au XIX$^e$ siècle, somme déduite de la paie d'un employé nourri et blanchi
   ❏ un logement étroit et misérable
   ❏ des ébats amoureux

10. Vous êtes en bonne forme, en bonne santé, vous avez le plein usage de vos membres. En un mot, vous êtes :
    ❏ ingambe
    ❏ égrotant

---

1. Un champ lexical est l'ensemble des mots et des locutions qui se rapportent à une même notion.

## IV. LES MOTS SONT UN JEU

- ❏ valétudinaire
- ❏ cacochyme

**11.** Que signifie l'adjectif *capricant* ?
- ❏ qui se plaint constamment, qui bêle (*capricant* vient du latin *capra*, « chèvre »)
- ❏ qui est saccadé, sautillant
- ❏ qui caractérise le signe astrologique du Capricorne

**12.** Certains mots d'argot traversent les époques, d'autres sont tombés en désuétude. Qu'appelait-on autrefois un *fric-frac* ?
- ❏ un frac (habit noir de soirée) très chic
- ❏ un cambriolage
- ❏ un bal populaire fréquenté par des femmes aux mœurs légères

**13.** *Touchez pas au grisbi* est le titre d'un roman policier d'Albert Simonin porté à l'écran par Jacques Becker (1954), avec Jean Gabin dans le rôle principal. En argot, le *grisbi* c'est :
- ❏ le commissaire du Quai des Orfèvres (siège de la police judiciaire à Paris)
- ❏ le caïd (chef de bande)
- ❏ l'argent

**14.** L'expression *battre la chamade* est toujours en usage, mais le sens du mot *chamade* est oublié. Rendez-lui sa définition :
- ❏ autrefois, dans une ville assiégée, batterie de tambour signifiant à l'ennemi que l'on capitule
- ❏ musique très rythmée sur laquelle on dansait au XVIII$^e$ siècle
- ❏ préparation culinaire médiévale que l'on battait énergiquement pour bien mélanger les ingrédients

**15.** *Crier haro sur quelqu'un*, c'est le condamner publiquement, le désigner à l'indignation générale. Mais que devaient faire jadis tous ceux qui entendaient quelqu'un crier « *haro !* » ?
- ❏ prendre les armes
- ❏ arrêter un individu surpris en flagrant délit
- ❏ aller chercher du secours

6. Les mots d'autrefois

# Réponses

**1. un pique-assiette, un parasite.**
Le mot *écornifleur* est relativement ancien, puisqu'il est attesté* au XVIe siècle, mais le roman de Jules Renard, *L'Écornifleur* (1892), a sans doute contribué à lui redonner une vitalité au XXe siècle dans les milieux littéraires. Ce court récit, cruel et triste, brosse le portrait d'un jeune faiseur de vers qui séduit un couple de bourgeois et vit peu à peu à ses crochets...
À NOTER : le synonyme *écornifleux*, disparu du français standard, est courant au Québec pour désigner celui qui est curieux par indiscrétion, qui met son nez dans les affaires des autres.

**2. matinal, matineux.**
*Matinal* et *matineux* désignent tous deux une personne qui se lève tôt, mais seul *matinal* s'emploie couramment en français contemporain, *matineux* étant sorti de l'usage. Apparu au Moyen Âge, *matineux* figure dans le *Dictionnaire de l'Académie française* dès la première édition (1694), avec cette observation sur le beau sexe : « Les dames ne sont guère matineuses. »
*Matinier* et *matutinal*, qui signifient « propre au matin », ne sont reconnus par l'Académie qu'au XVIIIe siècle. *Matutinal* est « peu usité », précise alors l'Académie... et il le restera, son emploi demeurant strictement littéraire ou plaisant.

**3. qu'il est un écrivain sans talent.**
Un *grimaud* est un mauvais écrivain. Le mot vient du francique (le francique était la langue des Francs) *grîma*, « masque », et a peut-être subi l'influence de *grimoire*. *Grimaud* a d'abord désigné de manière péjorative un écolier des petites classes : « Allez, petit grimaud, barbouilleur de papier », lance aimablement Trissotin à Vadius dans *Les Femmes savantes*[1] (1672) de Molière.
Un écrivain vous déçoit, il n'a aucun style ? Traitez-le de *grimaud*, mais aussi de *plumitif*, d'*écrivassier*, d'*écrivaillon*, d'*écrivailleur*... tous ces mots étant synonymes.
À NOTER : *grîma*, « masque », a également donné en français *grime* (autrefois, au théâtre, rôle de vieillard ridicule), *grimer*, *grimace*.

---
1. Acte III, scène III.

IV. LES MOTS SONT UN JEU

**4. qu'il a un style précieux, maniéré.**
Est *coruscant* (du latin *coruscare*, « briller, étinceler ») ce qui brille intensément, ce qui scintille. Le mot s'emploie au sens propre* (*un joyau coruscant*) comme au figuré* (*un style coruscant*). Il apparaît au XIVe siècle, se fait oublier après le XVIe siècle, puis refait surface au XIXe siècle dans la langue littéraire. On le croise notamment chez certains écrivains « fin de siècle » au style recherché (les frères Goncourt, Huysmans).

**5. « Je suis toute ébaubie, et je tombe des nues ! »**
Le verbe *ébaubir* vient de l'ancien français* *abaubir*, « rendre bègue ». Être *ébaubi*, c'est être stupéfait (au point d'en bégayer, comme l'indique l'étymologie). Le mot est aujourd'hui vieilli et d'un registre littéraire, mais il était familier au XVIIe siècle. Dans *Le Tartuffe* de Molière, Mme Pernelle (mère d'Orgon), ayant découvert la nature scélérate de Tartuffe, ne peut retenir cette exclamation : « Je suis toute ébaubie, et je tombe des nues[1] ! »
*Ébaudir* est issu lui aussi de l'ancien français (*bald*, « joyeux »). Être *ébaudi*, c'est être égayé, joyeux. Cet archaïsme littéraire s'emploie surtout à la forme pronominale *s'ébaudir*, « s'égayer, se réjouir » : « la joie calme où s'ébaudissait mon âme », écrit Baudelaire dans *Le Spleen de Paris* (1869).

**6. une nouvelle fois, de nouveau.**
Il est des mots un peu oubliés, désuets, qui refleurissent dans l'usage de manière inattendue. C'est ce qui est arrivé à *derechef*. Le mot *chef* est issu du latin *caput*, « tête », sens étymologique* qu'il a conservé dans *couvre-chef*, *opiner du chef*, etc. Au Moyen Âge, *chef* désignait déjà celui qui est à la tête d'un groupe humain, mais aussi le bout, l'extrémité d'un objet. Composé de la préposition *de*, du préfixe *re-* (qui marque ici la répétition) et de *chef* (« extrémité »), *derechef* signifie littéralement « qui est une nouvelle fois à l'extrémité », d'où « une nouvelle fois, de nouveau ».
    Ex. : *Ayant échoué au concours d'orthophonie, elle se présenta derechef l'année suivante.*
Réservé jusqu'ici aux textes littéraires, *derechef* se manifeste fièrement, depuis quelques années, dans les forums Internet et les blogs. On se gardera de l'employer à tort au sens d'« immédiatement, sur-le-champ ».

---
1. Acte V, scène v.

### 7. Malgré.

Lourdaud et vieillot, *nonobstant* illustre à merveille le « style gendarme ». Formé de l'adverbe *non* et de l'ancien français *obstant* (du latin *obstans*, participe présent de *obstare*, « faire obstacle »), il s'emploie comme préposition (« malgré ») ou comme adverbe (« cependant »). On le croise dans des textes littéraires, dans des blogs – par plaisanterie parfois –, mais il tient surtout sa place dans les formules gracieuses du langage juridique...

### 8. *coq + cigogne + grue = coquecigrue.*

En forme de ménagerie lexicale, *coquecigrue* (attesté au XVI$^e$ siècle) est sans doute composé de *coq*, *grue* et *cigogne* (que l'on devine à l'intersection des deux autres mots). Le terme a d'abord désigné un oiseau imaginaire, puis a pris le sens figuré de « fantasme, illusion », mais aussi « baliverne, sornette ». On le retrouve dans l'expression *à la venue des coquecigrues*, dont les équivalents modernes et familiers sont *à la Saint-Glinglin* ou *quand les poules auront des dents*. À la fin du XIX$^e$ siècle, Jules Renard a fait un sort à ce mot étrange en baptisant l'un de ses ouvrages *Coquecigrues* (1893).

À NOTER : autre animal fabuleux, la *chimère* est faite elle aussi d'un drôle d'assemblage : tête de lion, corps de chèvre et queue de serpent. Le mot a connu la même évolution sémantique que *coquecigrue*, désignant au figuré les fantasmes, les illusions et les espérances vaines qui s'emparent des hommes.

### 9. des ébats amoureux.

Dérivé du verbe *déduire*, « divertir » en ancien français, *déduit* a d'abord eu le sens général de « divertissement, plaisir ». Au XVII$^e$ siècle, le *Dictionnaire de l'Académie française* le juge déjà « vieilli », mais le mot a trouvé une nouvelle jeunesse en se spécialisant peu à peu dans les plaisirs de l'amour :

> « De la douceur, de la douceur, de la douceur !
> Calme un peu ces transports fébriles, ma charmante.
> Même au fort du déduit parfois, vois-tu, l'amante
> Doit avoir l'abandon paisible de la sœur. »
> (Paul VERLAINE, « Lassitude », dans *Poèmes saturniens*)

### 10. ingambe.

*Ingambe* est un mot trompeur. L'usager, croyant reconnaître le préfixe* privatif *in-*, lui donne volontiers le sens d'*impotent*,

« qui se meut avec difficulté ». Tout au contraire, est *ingambe* celui qui est en bonne forme, leste, alerte (de l'italien *in gamba*, littéralement « en jambes ») :

> « Ce fait, il se reboutonna et, pour montrer aux amis qu'il était aussi ingambe que n'importe lequel d'entre eux, il entama, brandissant sa hachette au centre de la bande, une sorte de danse du scalp qui n'aurait pas été déplacée au milieu d'un chapitre du *Dernier des Mohicans* ou du *Coureur des Bois*. »
>
> (Louis PERGAUD, *La Guerre des boutons*)

Le français dispose de plusieurs mots recherchés pour désigner quelqu'un de faible et de malade : *égrotant* (du latin *aegrotare*, « être malade »), *valétudinaire* (du latin *valetudo*, « état de santé »). Le plus biscornu, *cacochyme*, est emprunté au grec *kakos*, « mauvais » (comme *cacophonie*) et *khumos*, « humeur ». On parle surtout, généralement par plaisanterie, d'un *vieillard cacochyme*. Tous ces mots sont vieillis, ont pour synonyme courant *maladif*, et sont d'un emploi littéraire :

> « [...] il arrivait pourtant que d'un sourire, d'un mot, elle tirât Jean Péloueyre du néant, parce que dans ses calculs, ce fils d'un père égrotant, ce pauvre être voué au célibat et à une mort prématurée, canaliserait au profit de Fernand Cazenave la fortune des Péloueyre. »
>
> (François MAURIAC, *Le Baiser au lépreux*)

## 11. qui est saccadé, sautillant.

« Capricant ? Le mot a du rythme : inégal, saccadé, sautillant », écrit Yves Navarre dans *Une vie de chat* (1986), reprenant la définition même du *Petit Robert*. Du latin *capra*, « chèvre », *capricant* se disait notamment, dans l'ancienne médecine, d'un pouls au battement irrégulier. Celui d'Argan, dans *Le Malade imaginaire* (1673) de Molière, est tout à la fois « duriuscule », « repoussant », « et même un peu capricant[1] ».

Au figuré, l'adjectif a pris le sens de « fantasque » (*un esprit capricant*), « changeant, capricieux » (*une humeur capricante*). Le mot semble peu à peu s'éteindre dans l'usage littéraire...

---

1. Acte II, scène VI.

6. Les mots d'autrefois

## 12. un cambriolage.

Prononcez le mot *fric-frac* et tendez l'oreille. Qu'entendez-vous ? Un bruit sec, comme un double claquement. Formé sur une ancienne onomatopée[1], *fric-frac* devient un nom dans la langue cryptée des voleurs au XIXe siècle. Il désigne alors un cambriolage par effraction, un *casse*, autre terme argotique qui, lui, est toujours en usage.

Impossible d'évoquer ce mot sans songer à Arletty et Michel Simon dans le film *Fric-frac* (1939) adapté de la pièce d'Édouard Bourdet :

> « JO. Un fric-frac dans des conditions pareilles, faut être dingo pour s'imaginer que ça va réussir.
> LOULOU. T'as les foies ?
> JO. J'ai pas les foies mais j'aime pas ça, ça m'rend nerveux.
> LOULOU. Tu parles d'un gangster ! »
> (extrait des dialogues de *Fric-frac*, film de Maurice LEHMANN et Claude AUTANT-LARA)

## 13. l'argent.

D'origine obscure et aujourd'hui vieilli, *grisbi* est l'un de ces nombreux mots argotiques qui désignent l'argent : *flouze*, *oseille*, *pèze*... Il illustre cet argot pittoresque (*chnouf*, *cave*, *rififi*...) popularisé dans les années 1950-1960 par une vague de romans et de films policiers consacrés à la pègre[2].

> « RITON. Qu'est-ce qu'il veut, cet Angelo ?
> MAX. [...] T'as pas d'idée sur ce qu'il voulait faire quand il est venu t'inviter à sortir à deux heures du mat' pour une affaire bidon ? Mais essaie de gamberger un peu pour une fois.
> RITON. J'vois pas, Max.
> MAX. Ben moi, j'vais t'expliquer. Il voulait tout simplement t'emmener dans un coin tranquille et puis te travailler à la caresse pour savoir où on avait planqué notre grisbi. »
> (extrait des dialogues de *Touchez pas au grisbi*, film de Jacques BECKER)

---

[1]. Une onomatopée est un mot censé imiter phonétiquement la chose qu'il désigne.
[2]. Par exemple, les films *Razzia sur la chnouf* (Henri Decoin, 1954) et *Du rififi chez les hommes* (Jules Dassin, 1955) d'après les romans homonymes d'Auguste Le Breton.

## IV. LES MOTS SONT UN JEU

**14. autrefois, dans une ville assiégée, batterie de tambour signifiant à l'ennemi que l'on capitule.**

Lorsque les battements de notre cœur s'accélèrent sous l'effet d'une émotion, on dit qu'il *bat la chamade*. Autrefois, dans une cité assiégée, la *chamade* désignait un roulement de tambour (ou une sonnerie de trompette) qui indiquait à l'ennemi que l'on comptait se rendre.

Certaines expressions, bien que toujours en usage, comportent des mots qui ne sont plus compris. Le sens de ces mots une fois révélé, l'effet métaphorique joue à plein et l'expression prend, parfois, une beauté particulière. C'est le cas de *battre la chamade*, qui fait de notre cœur, traditionnellement considéré comme le siège des sentiments amoureux, une forteresse assiégée et comme vaincue par avance.

> « D'où vient l'expression "la chamade", demanda le jeune Anglais à l'autre bout de la table.
> – D'après le Littré*, c'était un roulement joué par les tambours pour annoncer la défaite, dit un érudit.
> – C'est follement poétique, s'écria Claire Santré en joignant les mains. Je sais que vous possédez plus de mots que nous, mon cher Soames, mais vous m'avouerez que, pour la poésie, la France reste reine. »
>
> (Françoise SAGAN, *La Chamade*)

**15. arrêter un individu surpris en flagrant délit.**

*Haro*, vieux mot français issu du francique, a eu plusieurs emplois au Moyen Âge. Au XIIIe siècle, on crie « *haro !* » pour signifier la fin d'une foire ; au siècle suivant, on pousse le même cri pour exciter les chiens de chasse. Dans l'ancien droit normand, le terme a encore un autre sens : il désigne le cri d'alerte poussé par la victime d'un flagrant délit. Tous ceux qui l'entendaient devaient aussitôt intervenir pour intercepter le coupable. Littré indique qu'il existait même un « droit de haro » permettant de mettre à l'amende ceux qui avaient laissé échapper le larron. De quoi faire naître bien des vocations de justicier...

C'est de ce sens juridique qu'est née l'expression *crier haro sur quelqu'un* (ou *quelque chose*), « condamner publiquement, désigner à l'indignation générale », illustrée par La Fontaine dans l'une de ses fables :

> « L'âne vint à son tour et dit : "J'ai souvenance
> Qu'en un pré de moines passant,

## 6. Les mots d'autrefois

La faim, l'occasion, l'herbe tendre, et je pense
Quelque diable aussi me poussant,
Je tondis de ce pré la largeur de ma langue.
Je n'en avais nul droit, puisqu'il faut parler net."
À ces mots on cria haro sur le baudet. »
(LA FONTAINE, « Les Animaux malades de la peste »,<br>dans *Fables*, VII, 1)

L'expression a traversé les siècles et est toujours vivante aujourd'hui : on *crie haro sur* les banquiers, les traders[1], les commissaires européens... Rappelons que le baudet de La Fontaine, lui, était innocent.

---

1. Opérateurs de marché.

# 7

## Arrêt sur image

### Les expressions

« Pourquoi : bête comme chou ? Croyez-vous que les choux soient plus bêtes qu'autre chose ? Vous dites : répéter trente-six fois la même chose. Pourquoi particulièrement trente-six ? Pourquoi : dormir comme un pieu ? Pourquoi : tonnerre de Brest ? Pourquoi : faire les quatre cents coups ? » N'imitez pas le docteur Cottard, personnage proustien, qui prend un peu trop au pied de la lettre les expressions du français. Faites plutôt un arrêt sur image pour percer leur mystère.

Dans ce chapitre, vous croiserez des expressions familières, d'autres plus littéraires. Vous pourrez constater que certaines d'entre elles sont ancrées dans la mythologie, l'histoire, la littérature, mais toutes constituent un monde en soi, riche de ses images et de sa rhétorique – un des trésors de la langue.

**1.** Pour comprendre l'origine d'une expression, il faut commencer par orthographier celle-ci correctement. Repérez les erreurs dans les exemples suivants et récrivez chaque expression avec la bonne orthographe.

**a.** Les ministres ont répété *à l'envie* que l'environnement était l'une des priorités du gouvernement.

...........................................

**b.** *Le banc et l'arrière-banc* des ténors du parti étaient réunis pour accueillir le président.

...........................................

**c.** On a vu un ministre *bâiller aux corneilles* pendant le discours du président.

...........................................

**d.** Les consommateurs *ne s'en laissent pas compter*, ils ne croient pas à la baisse des prix annoncée.

...........................................

**e.** Ils réclament *à corps et à cris* une hausse de leur pouvoir d'achat.
.................................

**2.** Bien des expressions font allusion à l'histoire, parfois à la politique ou aux médias... Par exemple, connaissez-vous le sens et l'origine de l'expression *avoir l'œil américain* ?
   **a.** Pendant la guerre froide, on disait d'un Européen soupçonné d'espionnage pour le compte des États-Unis qu'il *avait l'œil américain*.
   **b.** Il s'agit d'une allusion à la vue perçante attribuée aux Indiens d'Amérique. *Avoir l'œil américain*, c'est remarquer quelque chose du premier coup d'œil.

**3.** En 1974, un article publié dans *L'Express* se concluait par la phrase : « On ne tire pas sur une ambulance. » Depuis, la formule a été maintes fois réutilisée, mais qui en est à l'origine ?
   ❒ Simone Veil
   ❒ Françoise Giroud
   ❒ Marguerite Duras
   ❒ Gisèle Halimi

**4.** La *traversée du désert* est l'une des nombreuses expressions qui font allusion à la Bible. Quelle épreuve désigne-t-elle ?
   ❒ pour un croyant, une longue crise spirituelle
   ❒ pour un homme politique, une longue période passée loin du pouvoir
   ❒ pour tout le monde, une longue période sans rencontre sentimentale

**5.** Autre expression qui fait référence à la Bible, *les ouvriers de la onzième heure* désignent :
   ❒ les ouvriers du bâtiment qui font des heures supplémentaires
   ❒ les employés qui travaillent de nuit
   ❒ ceux qui se rallient tardivement à une cause

**6.** Qu'appelle-t-on la *boîte de Pandore* ? Choisissez la bonne explication.
   **a.** Pandore est le saint patron des gendarmes. La *boîte de Pandore*, c'est le *panier à salade*, la *boîte de six* (langage des cités), autrement dit le car de police.

## IV. LES MOTS SONT UN JEU

**b.** Pandore est la première femme de l'humanité dans la mythologie grecque. La *boîte de Pandore*, c'est la jarre qu'elle a ouverte par curiosité, libérant ainsi tous les maux de l'humanité.

**7.** *Tomber de Charybde en Scylla*, c'est :
- ❐ aller de surprise en surprise
- ❐ passer du succès à l'échec
- ❐ échapper à un danger pour tomber dans un autre plus grand encore
- ❐ pour un séducteur, quitter une femme pour tomber dans les bras d'une autre

**8.** *Revenons à nos moutons*, dit-on quand on veut recentrer la discussion sur le sujet qui nous occupe. Mais de quels moutons s'agit-il ?
- ❐ des moutons de Panurge (allusion littéraire à Rabelais)
- ❐ des moutons de Thibaut l'Agnelet (allusion littéraire à *La Farce de maître Pathelin*)
- ❐ des moutons de Marie (allusion littéraire à *La Mare au diable*)

**9.** À quel moment de la journée est-on *entre chien et loup* ?
- ❐ à l'aube
- ❐ à la mi-journée
- ❐ au crépuscule

**10.** Certaines expressions, généralement littéraires, sont déformées par les locuteurs qui se méprennent sur les mots employés. En voici quelques grands classiques devenus des calembours. Serez-vous capable de retrouver chaque fois la bonne expression ?
   **a.** En bon uniforme
   ..............................................
   **b.** Vieux comme mes robes
   ..............................................
   **c.** Fier comme un bar-tabac
   ..............................................
   **d.** Passer sous les fourches Claudine
   ..............................................

**11.** Pour terminer ce chapitre, une locution des plus étranges dont les mots semblent se contredire : une *douleur exquise*. Quelle est cette drôle de douleur ?
  ❐ dans les pratiques sadomasochistes, c'est le point culminant du plaisir associé à la douleur
  ❐ dans le langage médical, c'est une douleur vive et nettement localisée
  ❐ dans le langage poétique, c'est un sentiment amoureux où se mêlent la joie et le tourment

IV. LES MOTS SONT UN JEU

# Réponses

**1. a.** *à l'envi.* **b.** *Le ban et l'arrière-ban.* **c.** *bayer aux corneilles.* **d.** *ne s'en laissent pas conter.* **e.** *à cor et à cri.*
**a.** Le mot *envi* signifie « défi » en ancien français\*, puis « rivalité » au XVIe siècle, d'où *à l'envi*, « en rivalisant, à qui mieux mieux ». C'est là le sens traditionnel et littéraire de cette locution\* adverbiale mais, sous l'influence de son homonyme\* *envie*, une nouvelle signification est apparue : « selon le souhait de chacun, autant qu'on le désire ».

   Ex. : *Ce meuble, qui allie élégance et fonctionnalité, est modulable à l'envi.*

Cet emploi douteux, qui relève surtout du style « catalogue de décoration intérieure », reste pour le moment à la porte de nos dictionnaires.
**b.** Au Moyen Âge, le *ban* désignait la convocation de ses vassaux par le suzerain en période de guerre. Le mot s'est ensuite appliqué à l'ensemble des nobles ainsi appelés, d'où (*convoquer*) *le ban et l'arrière-ban*. La locution s'est maintenue dans l'usage, prenant le sens de « tous ceux dont on peut espérer du secours » et, par extension\*, de « tout le monde ». L'origine de l'expression n'étant plus comprise, *ban* est souvent orthographié *banc* par les usagers du français, l'image s'imposant naturellement à l'esprit étant alors celle des rangées de bancs d'une assemblée.
**c.** On *baye aux corneilles* lorsque l'on regarde en l'air, la bouche ouverte, niaisement. Le verbe *bayer*, qui signifie « demeurer la bouche ouverte », est une variante de *béer*, que l'on rencontre surtout aujourd'hui dans des formes dérivées : *rester bouche bée, être béant d'admiration*...

Quant aux corneilles, sans doute étaient-elles une proie insignifiante pour le chasseur d'autrefois, tout juste bonnes à nourrir les rêveries de celui qui demeurait le nez en l'air, à ne rien faire.
**d.** *Ne pas s'en laisser conter*, c'est ne pas se laisser tromper par de beaux discours. Les usagers qui écrivent fautivement *compter* ne fautent qu'à demi, car les deux verbes n'en font historiquement qu'un seul. En effet, en ancien français, *conter*, issu du latin *computare*, a deux significations : « calculer » et « relater ». Au XIVe siècle, la première signification liée au calcul reçoit la graphie latinisante *compter*, mais les deux verbes *conter* et *compter* se distinguent mal dans l'usage

jusqu'à la fin du XVIIe siècle où l'opposition s'établit alors nettement. C'est bien *conter* qui est ainsi défini par le *Dictionnaire universel* de Furetière (1690) : « Faire une narration ; rapporter un fait ; une histoire vraie ou fausse. »

**e.** *À cor et à cri* est une expression empruntée au vocabulaire de la vénerie (chasse à courre), le cor étant un instrument à vent :

> « J'aime le son du Cor, le soir, au fond des bois [...] Dieu ! que le son du Cor est triste au fond des bois ! »
> (Alfred de VIGNY, « Le Cor », dans *Poèmes antiques et modernes*)

*À cor et à cri* s'emploie avec des verbes de parole (*demander*, *réclamer*, *protester*) et signifie « avec beaucoup d'insistance ». Par confusion due à l'homonymie *cor* / *corps*, cette expression est souvent orthographiée, dans l'écrit ordinaire, « à corps et à cris ».

**2. b. Il s'agit d'une allusion à la vue perçante attribuée aux Indiens d'Amérique.** *Avoir l'œil américain*, **c'est remarquer quelque chose du premier coup d'œil.**
Vous êtes très observateur ? Rien ne vous échappe ? Alors, vous *avez l'œil américain*. Cette expression, qui date du XIXe siècle et qui est devenue rare dans l'usage actuel, fait allusion à l'excellente acuité visuelle attribuée aux Indiens d'Amérique. Les romans de James Fenimore Cooper (comme *Le Dernier des Mohicans*, 1826), qui ont connu un grand retentissement en France au XIXe siècle, ont sans doute contribué à la diffusion de cette expression. La figure de l'Indien au regard perçant y est omniprésente.

**3. Françoise Giroud.**
En 1974, durant la campagne pour l'élection présidentielle, Françoise Giroud, dans le magazine *L'Express*, brosse un portrait sans concession du candidat Jacques Chaban-Delmas. La plume acérée, le style concis, elle commence ainsi : « Dans tous les sports, il y a les joueurs de première catégorie. Et puis les autres. L'ennui, pour M. Chaban-Delmas, c'est qu'il ne joue pas dans sa catégorie », et termine tout aussi aimablement : « En attendant, on ne tire pas sur une ambulance. » (*L'Express*, 24 avril 1974)
Depuis, cette formule (ou sa variante *Ne tirez pas sur l'ambulance*) est devenue courante pour signifier « on ne s'acharne pas sur quelqu'un qui est en grande difficulté ». Un bon exem-

ple de la manière dont les locutions françaises contemporaines se nourrissent de la phraséologie journalistique et politique.

## 4. pour un homme politique, une longue période passée loin du pouvoir.

La *traversée du désert* est une expression s'appliquant traditionnellement à un homme politique qui n'occupe plus le devant de la scène durant une longue période. Elle s'est d'abord employée pour évoquer les années au cours desquelles le général de Gaulle est éloigné du pouvoir, entre 1946 et 1958. Par la suite, elle a pris un sens plus général pour désigner une période temporaire de difficultés, d'échecs, d'inactivité...
L'expression fait allusion aux quarante années de traversée du désert (de Gaulle est largement battu !) que connurent les Hébreux, selon la Bible, pour atteindre la Terre promise. Elle est un exemple, parmi tant d'autres, des nombreuses locutions qui se réfèrent au texte biblique.

## 5. ceux qui se rallient tardivement à une cause.

Cette expression fait allusion à une parabole[1] de l'Évangile de Matthieu (20,1-16). *Les ouvriers de la onzième heure* sont ceux qui ont commencé leur travail dans la vigne à la fin du jour tandis que les autres sont à la tâche depuis l'aube. Pourtant, le propriétaire de la vigne accordera la même rémunération à tous. Cette parabole, souvent commentée, nous enseigne qu'il y a une place, au royaume des cieux, pour les appelés de la dernière heure : ceux qui, sans foi ni loi, ont fini par entrevoir la lumière...
Loin de sa signification religieuse, cette expression est passée dans la langue commune pour désigner ironiquement ceux qui se rallient tardivement à une cause... au service de leur seul intérêt. Par exemple, *les résistants de la onzième heure* qualifient les Français qui, sentant le vent tourner en 1944, ont opportunément changé leur fusil d'épaule. Dans le roman de Jean Dutourd, *Au bon beurre* (1952), les crémiers Poissonard, enrichis et engraissés durant l'Occupation par les petites affaires du marché noir, illustrent à merveille ces tardifs apôtres de la France libérée :

> « – Les Boches s'en vont, disait-elle. Bon débarras ! J'espère qu'on les tuera tous, ces animaux-là ! On peut bien

---
1. Une parabole est un court récit allégorique sous lequel se cache un enseignement moral ou religieux.

le dire, maintenant : on a souffert, pas vrai, monsieur Poissonard ? Ça nous a-t-il fait du chagrin, à tous les deux, de voir la France comme elle était ! »

## 6. b. Pandore est la première femme de l'humanité dans la mythologie grecque. La *boîte de Pandore*, c'est la jarre qu'elle a ouverte par curiosité, libérant ainsi tous les maux de l'humanité.

Pandore est à la mythologie grecque ce qu'Ève est à la Bible : la justification de la sinistre condition humaine, l'origine de tous nos désastres. Curieuse, trop curieuse, elle ouvrit la jarre qui renfermait les maux du genre humain. Tous s'échappèrent et se dispersèrent dans le monde sauf l'espérance, considérée comme négative, car menant les hommes à se bercer d'illusions. Aujourd'hui, on dit de quelqu'un qu'il a *ouvert la boîte de Pandore* lorsqu'il a, par ses propos ou par ses actes, provoqué une situation délicate ou dangereuse difficilement contrôlable.

> Ex. : *L'opposition estime que le ministre a ouvert la boîte de Pandore en stigmatisant les jeunes de banlieue.*

Rien à voir avec le *pandore* (nom commun), mot désuet pour désigner un gendarme, tout droit sorti d'une chanson populaire du XIX<sup>e</sup> siècle.

> « [...] l'expression "boîte de Pandore" désignait, dans mon enfance, la gendarmerie sise rue du Château, sur le chemin qui menait à la gare, et [...] ces pandores-là ne demandaient qu'à en sortir. »
>
> (Gérard GENETTE, *Bardadrac*)

## 7. échapper à un danger pour tomber dans un autre plus grand encore.

Dans la mythologie grecque, Charybde, monstre féminin, personnifie le tourbillon du détroit de Messine, qui sépare la péninsule italienne de la Sicile. Les navires qui n'étaient pas aspirés par Charybde devaient ensuite éviter d'être dévorés par Scylla, autre monstre féminin tout aussi avenant. La manière dont Ulysse échappa au double péril constitue l'un des épisodes les plus fameux de l'*Odyssée* d'Homère (chant XII).

## 8. des moutons de Thibaut l'Agnelet (allusion littéraire à *La Farce de maître Pathelin*).

Moins connus que les moutons de Panurge, les moutons de Thibaut l'Agnelet sont eux aussi issus d'une œuvre littéraire :

*La Farce de maître Pathelin*, texte anonyme datant du XVe siècle et habile comédie du langage sur l'art de la tromperie. Thibaut l'Agnelet, berger de son état, fait appel à maître Pathelin pour le défendre au tribunal, car il est accusé d'avoir dérobé les moutons du drapier Guillaume, lui-même en bisbille avec Pathelin. Dans une scène burlesque digne des Monthy Python, le juge, qui rêve d'expédier l'affaire pour aller souper, tente désespérément de mettre un peu d'ordre dans une histoire embrouillée : « Allons, revenons à ces moutons ! Que leur est-il arrivé ? » La formule, passée dans la langue commune, est devenue une expression courante.

**9. au crépuscule.**
Lorsque la nuit tombe et que les choses prennent un contour incertain, on peine à distinguer le chien du loup, on est *entre chien et loup*.

> « Le 4 novembre 1912, la récréation de quatre heures, commencée dans le chien et loup, vit plus encore que de coutume se masser deux groupes, l'un des "grands" de la première division [...], l'autre de "moyens" de la seconde division [...]. »
>
> (Henry de MONTHERLANT, *Les Garçons*)

Cette expression ancienne (attestée* au XIIIe siècle) reprend une image déjà exploitée dans les textes de l'Antiquité. Sa force naît de l'opposition entre l'univers rassurant du jour, symbolisé par l'animal domestique, et le monde mystérieux de la nuit, qui appartient à la bête sauvage.

**10. a. *En bonne et due forme*. b. *Vieux comme Hérode*. c. *Fier comme Artaban*. d. *Passer sous les fourches Caudines*.**
**a.** « En bon uniforme » est une altération de la locution *en bonne et due forme*, « conformément aux règles en vigueur ». La confusion est relativement courante et nullement réservée aux « clochards analphabètes » :

> « J'habite une petite piaule, c'est grand comme un placard. J'ai tout le confort sur le palier. Mais j'travaille pas, hein, j'vis de récipients[1]. Les flics m'emmerdent pas, j'ai mes papiers en bon uniforme. »
>
> (COLUCHE, *Le Clochard analphabète*)

---

1. Altération de *vivre d'expédients*, « recourir à des moyens peu honnêtes pour subsister ».

7. Les expressions

**b.** « Vieux comme mes robes » est une altération populaire de l'expression *vieux comme Hérode*, « très vieux, très ancien ». L'identité du Hérode en question est incertaine. Il s'agit peut-être du roi de Judée Hérode Ier le Grand[1] qui, selon l'Évangile de Matthieu (2,16-18), fut l'instigateur du massacre des Innocents (les jeunes enfants de Bethléem peu après la naissance de Jésus).

À NOTER : Hérode le Grand vécut soixante-neuf ans, soit sensiblement moins que Mathusalem, patriarche biblique qui atteignit l'âge respectable de neuf cent soixante-neuf ans. Le vieillard figure lui aussi dans des expressions : *vieux comme Mathusalem*, « très vieux, très ancien » ; *ça date de Mathusalem*, « ça remonte à des temps très anciens ».

**c.** « Fier comme un bar-tabac » est une altération de *fier comme Artaban*, « très fier ». En français, on est fier comme un coq, comme un paon, comme un pou[2]... et comme Artaban. Il s'agit d'une allusion littéraire à un roman historique de La Calprenède[3] intitulé *Cléopâtre*. Un de ses nombreux personnages, Artaban, doit à son caractère orgueilleux de figurer dans une locution française. Certains locuteurs, ignorant tout de cet Artaban, font parfois de regrettables confusions :

> « J'ai un frère, il est intelligent [...]. Ah, il me connaît plus maintenant, il est fier comme s'il avait un bar-tabac, pareil. »
>
> (COLUCHE, *Le Clochard analphabète*)

**d.** « Passer sous les fourches Claudine » est une altération populaire de *passer sous les fourches Caudines*. Les fourches Caudines étaient un passage étroit situé près de la ville de Caudium, en Italie. Les Romains, qui y subirent une cuisante défaite contre les Samnites (321 av. J.-C.), durent passer courbés sous le joug dressé par les vainqueurs[4]. Sévère humiliation à l'origine de la locution figurée *passer sous les fourches Cau-*

---
1. 73-4 av. J.-C.
2. Sur l'origine de *fier comme un pou*, voir *Le français est un jeu*, du même auteur (Librio n° 672).
3. Gautier de Costes, sieur de La Calprenède (1610-1663), publia plusieurs romans héroïques et historiques qui connurent un grand succès au XVIIe siècle.
4. Un joug est un assemblage de trois piques : deux plantées dans le sol et une posée horizontalement sous les deux autres.

*dines*, « subir des conditions humiliantes ». Cette expression connaît une certaine vitalité dans la langue des médias.

>  Ex. : *Une fois de plus, le Premier ministre passe sous les fourches Caudines de l'Élysée* (une fois de plus, le Premier ministre doit s'effacer d'une manière humiliante devant les exigences du chef de l'État).

## 11. dans le langage médical, c'est une douleur vive et nettement localisée.

Le sens originel d'*exquis*, « remarquable en son genre », s'est maintenu dans cette locution qui appartient au langage médical. Une *douleur exquise* est tout à la fois aiguë et localisée en un point précis du corps. Le sens moderne d'*exquis*, « qui produit une impression agréable sur les sens par sa délicatesse », rend cette locution incompréhensible et déconcertante pour l'usager d'aujourd'hui.

À NOTER : l'artiste contemporaine Sophie Calle a intitulé *Douleur exquise* (1984-2003) un assemblage de textes et de photographies consacrés à une rupture amoureuse vécue comme une intense douleur.

# Lexique[1]

**ACCEPTION**
L'acception (et non « acceptation ») d'un mot polysémique*, c'est l'un des sens dans lequel il est employé. Un sens propre, un sens figuré, un sens ancien ou nouveau constituent autant d'acceptions d'un même mot.

**ANCIEN FRANÇAIS**
On considère généralement que l'ancien français (ou français médiéval) va du IX<sup>e</sup> siècle au milieu du XIV<sup>e</sup> siècle, le moyen français de 1350 à 1500 environ. Ces dates sont discutées : le linguiste Claude Hagège considère que l'ancien français prend fin dans la seconde moitié du XIII<sup>e</sup> siècle, lorsque le système de la déclinaison à deux cas, qui caractérise morphologiquement l'ancien français, est sérieusement altéré.

**ANGLICISME**
Un anglicisme est un emprunt à la langue anglaise. On distingue plusieurs sortes d'anglicismes :
– l'anglicisme lexical. Le mot passe de l'anglais au français avec d'éventuelles modifications dans la prononciation ou dans la graphie.
    Ex. : Au Québec, « canceller » est un anglicisme lexical pour *annuler*.
– l'anglicisme sémantique. Un mot anglais donne l'un de ses sens à un mot français de forme voisine. Les anglicismes sémantiques ne sont pas identifiés par la plupart des usagers.
    Ex. : *Opportunité* au sens d'« occasion favorable » est un anglicisme sémantique.
– l'anglicisme syntaxique. C'est le calque d'une construction spécifique à l'anglais.
    Ex. : « Être en charge de » est un calque de l'anglais *to be in charge of*.

---
[1]. Nous reprenons ici, sous une forme légèrement modifiée, le lexique de notre ouvrage *Le mot juste* (Librio n° 772).

IV. LES MOTS SONT UN JEU

**ANTONYME**
Du grec *anti*, « contre », et *onoma*, « nom ».
Des antonymes sont des mots de sens contraire.
> Ex. : *attractif* (« qui attire ») et *répulsif* (« qui repousse ») sont deux antonymes.

**ARCHAÏSME**
Un archaïsme lexical est un mot (ou une locution) employé alors qu'il n'est plus en usage et qu'il n'est plus compris. Certains archaïsmes survivent dans des expressions (voir, par exemple, *peu me chaut*, chap. 4, p. 50) ou refont surface dans des œuvres littéraires, par effet de style.

**ARGOT**
À l'origine, l'argot désigne exclusivement le langage crypté des malfaiteurs. Par extension, on appelle argot le lexique spécifique d'un groupe social ou professionnel (argot militaire, argot des bouchers, argot des grandes écoles, etc.).

**ATTESTÉ**
Un mot est attesté en… (date) lorsqu'on a pu en relever un premier exemple écrit à cette date.
> Ex. : *Réaliser*, au sens anglais de « se rendre compte », est attesté en français en 1858, chez Baudelaire traduisant Edgar Allan Poe.

**BARBARISME**
Faute de langage. Un barbarisme désigne un mot déformé ou inventé.
> Ex. : « Rénumérer » est un barbarisme pour *rémunérer* ; « bravitude » est un barbarisme pour *bravoure*.

*Barbarisme* s'emploie aussi pour désigner une impropriété\*.

**COMPOSITION**
La composition est un procédé de création lexicale. Il consiste à juxtaposer deux éléments au moins pour fabriquer un mot composé : *porte-savon, timbre-poste, chemin de fer*.
On parle de composition savante lorsque deux éléments empruntés au grec ou au latin sont assemblés : *misanthrope, photographie*. Parfois, un élément grec ou latin est associé à un mot français : *bureaucratie, américanophile*.

### DÉRIVATION

La dérivation est un procédé de création lexicale. Il consiste à ajouter à un mot-base un préfixe* ou un suffixe* pour fabriquer un nouveau mot.

Ex. : *en/sable/ment* est formé de la base *sable* encadrée par le préfixe *en-* et le suffixe *-ment*.

### ÉTYMON

(Voir Sens étymologique.)

### ÉTYMOLOGIE

L'étymologie est l'étude de l'origine et de la filiation des mots. On appelle « étymologie d'un mot » cette origine elle-même.

Ex. : L'étymologie latine du mot *thuriféraire* éclaire sa signification en français (voir chap. 5, p. 54, 58-59).

### EXTENSION DE SENS

Il y a extension de sens d'un mot lorsqu'il prend un sens plus large, plus général qu'à l'origine. Si le phénomène inverse se produit, il y a restriction de sens.

Ex. : *Arcane*, qui signifie « opération mystérieuse » dans le vocabulaire de l'alchimie, a pris le sens général de « secret, mystère ».

### FAMILLE DE MOTS

Une famille de mots est constituée de l'ensemble des mots formés sur un même radical (une même base).

Ex. : Chaland → a**chaland**er, a**chaland**age, **chaland**ise.

### GLISSEMENT DE SENS

Il y a glissement de sens d'un mot lorsqu'il change de sens par le passage d'une idée à une autre.

Ex. : Par glissements successifs, le sens du mot *glauque* est passé de « d'un vert bleuâtre » à « sinistre, sordide ».

### HOMONYME

Du grec *homos*, « semblable », et *onoma*, « nom ».
Des homonymes sont des mots semblables par la forme, mais différents par le sens.

Ex. : *Détonner* (« sortir du ton ») et *détoner* (« exploser avec bruit ») sont deux homonymes.

S'ils se prononcent de la même manière, ils sont homophones

(le *son* / ils *sont*). S'ils s'écrivent de la même manière, ils sont homographes (des *fils* de soie / des *fils* indignes).

**HOMONYMIE**
(Voir Homonyme.)

**IMPROPRIÉTÉ**
L'emploi d'un mot dans un sens qu'il n'a pas est une impropriété.
> Ex. : *Ingambe* au sens d'« impotent » est une impropriété (voir le sens de ce mot chap. 6, p. 67-68).

Dans les dictionnaires de langue, l'emploi impropre d'un mot est parfois signalé par les mentions *abusif*, *abusivement*.

**LITTRÉ**
Émile Littré (1801-1881), lexicographe, est l'auteur d'un célèbre *Dictionnaire de la langue française* (1863-1872) généralement nommé « le Littré ». Très riche en exemples littéraires, il sera pendant près d'un siècle le grand dictionnaire de référence du public cultivé.

**LOCUTION**
Une locution est un groupe de mots formant unité du point de vue du sens. On distingue différentes sortes de locutions : locutions adverbiales (*en revanche*), locutions verbales (*savoir gré*), etc. Les locutions figurées sont couramment appelées « expressions ». Elles constituent une manière de s'exprimer à l'aide de figures de rhétorique (comparaison, métaphore, etc.).

**NÉOLOGISME**
Un néologisme est un mot nouveau (ou une locution\* nouvelle), un mot récemment apparu dans la langue. Il permet de désigner une réalité nouvelle ou un concept inédit.
> Ex. : *Courriel* est le néologisme officiellement proposé pour concurrencer *e-mail*.

Dans certains cas, il désigne une réalité déjà connue.
> Ex. : *Hôtesse de caisse* est un néologisme utilisé comme substitut du mot *caissière*.

Un néologisme peut être un emprunt à une langue étrangère ou une création française, quel que soit le procédé utilisé (dérivation*, composition*, siglaison*, etc.).

**NIVEAU DE LANGUE**
Le niveau de langue désigne le registre (familier, soutenu, etc.) auquel tout locuteur se réfère quand il s'exprime. On distingue plusieurs registres qui varient selon les situations de communication :

**registre familier**
Le registre familier est celui de l'intimité (famille, amis, etc.) et de la spontanéité. Il implique un vocabulaire familier, voire grossier, une syntaxe relâchée. Il se réfère au modèle de l'oral.

**registre courant**
Le registre courant est celui de la vie quotidienne et tend à une certaine neutralité. On l'emploie dans des circonstances particulières de la vie sociale, professionnelle (par exemple avec des inconnus, ou des clients, des commerçants…).
Il se caractérise par le respect des règles grammaticales et un vocabulaire supposé connu de tous.

**registre soutenu**
Le registre soutenu (ou « soigné ») est celui des situations « surveillées » (discours, exposés divers, relations avec un supérieur hiérarchique…). Il requiert une attention particulière dans le choix des mots et de la syntaxe, exclut les mots familiers et les incorrections. Le registre soutenu appartient autant à l'oral qu'à l'écrit, même si son modèle est l'écrit.

**registre littéraire**
Le registre littéraire (proche du registre soutenu) se caractérise par une recherche dans le choix des mots et de la syntaxe (richesse du vocabulaire, complexité de la syntaxe). Le registre littéraire est spécifique à l'écrit (romans, essais, presse de qualité, etc.).

**PARONYME**
Du grec *para*, « à côté », et *onoma*, « nom ».
Des paronymes sont des mots de forme voisine mais de sens différent.
    Ex. : *Collision* (« choc entre deux corps ») et *collusion* (« entente secrète ») sont deux paronymes.

On ne parle généralement de paronymes que si les mots sont susceptibles d'être confondus (*éminent / imminent, conjecture / conjoncture*, etc.).

### PLÉONASME
Un pléonasme est la répétition d'une même information dans un groupe de mots.
> Ex. : « monter en haut », « petit nain », « sortir dehors », « tous unanimes », etc.

On distingue généralement le pléonasme admis (celui qui donne plus de force à l'expression) du pléonasme fautif qui ne fait que répéter une information déjà exprimée. Cette distinction est difficile à déterminer ; en fait, le pléonasme semble surtout considéré comme fautif quand il est trop visible.

### PLÉONASTIQUE
(Voir Pléonasme.)

### POLYSÉMIE
(Voir Polysémique.)

### POLYSÉMIQUE
Un mot polysémique a plusieurs sens (ou acceptions\*). Un mot monosémique n'a qu'un seul sens et appartient généralement au vocabulaire technique ou scientifique.
> Ex. : Le mot *temps* est polysémique (sens temporel et sens météorologique), le mot *oto-rhino-laringologiste* est monosémique.

### PRÉFIXE
Un préfixe est un élément linguistique sans existence propre dans la langue. Placé devant un mot-base, il permet la formation d'un nouveau mot.
> Ex. : L'adjonction du préfixe *anté-* à l'adjectif *diluvien* a servi à former *antédiluvien*.

### REGISTRE COURANT
(Voir Niveau de langue.)

### REGISTRE FAMILIER
(Voir Niveau de langue.)

## REGISTRE LITTÉRAIRE
(Voir Niveau de langue.)

## REGISTRE SOUTENU
(Voir Niveau de langue.)

## SENS ÉTYMOLOGIQUE
C'est le sens du mot tel qu'il apparaît dans son *étymon*, c'est-à-dire le mot dont il est lui-même issu.
> Ex. : Le mot *vigueur* a conservé son sens étymologique, *vigor* signifiant en latin « force, énergie ».

## SENS FIGURÉ
Le sens figuré naît du passage d'une image concrète (sens propre) à une relation abstraite (le plus souvent métaphorique).
> Ex. : *Collision*, « choc entre deux corps », a pour sens figuré « conflit, opposition ».

## SENS PREMIER
C'est le sens du mot tel qu'il est d'abord apparu en français, le sens d'origine.
> Ex. : Le sens premier du verbe *pallier*, « dissimuler une chose condamnable sous une belle apparence », est aujourd'hui sorti d'usage.

## SENS PROPRE
C'est le sens premier du mot, considéré comme celui qui s'impose spontanément à l'esprit. Le sens propre s'oppose au sens figuré*.
> Ex. : Au sens propre, l'adjectif *noir* désigne une couleur, au sens figuré quelque chose de sombre, de désespéré (*un film très noir*).

## SIGLAISON
La siglaison est un procédé qui consiste à réduire une suite de mots en ne conservant que les lettres (ou les syllabes) initiales. On obtient ainsi un sigle*.
> Ex. : SNCF est le sigle obtenu par la réduction de Société nationale des chemins de fer français.

## SIGLE
Suite des lettres (ou des syllabes) initiales d'une séquence de mots et formant un mot à part entière.
(Voir Siglaison.)

IV. LES MOTS SONT UN JEU

**SOUTENU**
(Voir Registre soutenu dans Niveau de langue.)

**SUFFIXE**
Un suffixe est un élément linguistique sans existence propre dans la langue. Placé après un mot-base, il permet la formation d'un nouveau mot.
> Ex. : L'adjonction du suffixe *-iste* au mot *voyage* a permis la formation du néologisme\* *voyagiste*.

**SYNONYME**
Du grec, *sun*, « avec », et *onoma*, « nom ».
Des synonymes sont des mots de sens identique ou très voisin. Les synonymes se distinguent toujours par une nuance de sens, un contexte d'utilisation, le niveau de langue\*.
> Ex. : *Bouquin* est un synonyme familier de *livre*.

**TRONCATION**
La troncation est un procédé qui consiste à supprimer la partie antérieure ou postérieure d'un mot. On obtient ainsi un nouveau mot.
> Ex. : *Bus* est obtenu par la réduction de *autobus*, *métro* est obtenu par la réduction de *métropolitain*.

**VIEILLI**
Un mot (ou une locution) vieilli est sorti de l'usage courant, mais il est encore utilisé et surtout compris par une partie des locuteurs.
> Ex. : *Brimborion*, « petit objet de peu de valeur », est un mot vieilli. On dit plutôt aujourd'hui *bibelot*, *babiole*.

Si le mot (ou la locution) est totalement sorti d'usage, il est qualifié de « vieux » (*vx*) par les dictionnaires.

**VIEUX**
(Voir Vieilli.)

# Index des mots et locutions traités dans l'ouvrage

Abstème, 305, 306, 310
Accusé, 295, 299
Achalandage, 302, 337
Achalander, 302, 337
À cor et à cri, 328
Agoraphobe, 264, 270
À l'attention de, 300, 301
À l'envi, 324, 328
À l'intention de, 300, 301
À la venue des coquecigrues, 319
Aller, marcher de pair, 278
Ambassadeur, ambassadrice, 288, 289
Amour, 292, 293, 319
Animadversion, 305, 307, 312
Animalcule, 263, 269
Antédiluvien, 267, 268, 340
Anti-âge, 268
Arachnophobe, 270
Artisan, artisane, 284, 287, 288
Auteur, auteure, 285, 287
Avatar, 276
Avoir l'œil américain, 325
Avoir toute latitude pour, 308
Avoir une mémoire d'éléphant, 282
Avoir une mémoire de lièvre, 275, 282

Bas-bleu, 284, 287
Battre la chamade, 316, 322
Bayer aux corneilles, 328
Bien achalandé, 296

Boîte de Pandore, 325, 326, 331
Booster, 296, 303
Bourreler, 281
Bus, 265

Cacochyme, 316, 320
Ça date de Mathusalem, 333
Calligramme, 309
Calligraphie, 308
Callipédie, 305, 308, 309
Callipyge, 308
Candidat, 294, 295, 296, 302, 329
Capricant, 316, 320
Célébrissime, 263, 269
Censé, 273, 277, 321
Chaland, 302
Challenge, 296, 304
Chamade, 316, 322
Chancelier, chancelière, 285, 290, 291
Chef, 281, 282, 290, 316, 318, 334
Chemisette, 263, 269
Chimère, 319
Ciné, 265
Claustrophobe, 269
Collègue, 274
Compendieusement, 306
Compendieux, 309
Conchyliculture, 264, 270
Confrère, 274, 280
Consœur, 280

343

## IV. LES MOTS SONT UN JEU

Contempteur, 311
Coquecigrue, 315, 319
Coruscant, 315, 318
Coupable, 299, 322
Cousin, 273, 286
Couvent, 273
Couvre-chef, 318
Crier haro sur quelqu'un (ou sur quelque chose), 316, 322

Déduit, 315, 319
Défendeur, défenderesse, 284, 289
Défenseur, défenseure, défenseuse, 284, 285, 287, 289
Déférer, 273, 277, 278
Déferrer, 273, 278
Défiscaliser, 268
Délice, 293
Dénoter, 298
Dépressurisation, 297
Derechef, 315, 318
Désargenté, 274, 279, 280
Détoner, 299, 338
Détonner, 298
Diaphane, 281
Difficultueux, 305, 308
Dispatcher, 296, 303
Dispatching, 303
Disposer, 299
Docteur, docteure, doctoresse 289, 324
Douleur exquise, 327, 334
Dysfonctionnement, 268

Ébaubi, 318
Ébaudi, 318
Ébaudir (s'), 318
Écornifleur, 314, 317
Écornifleux, 317
Écrivaillon, 263, 269, 317

Égrotant, 315, 320
En bonne et due forme, 332
Enjoindre, 297, 298
Enquêteur, enquêteuse, enquêtrice, 289
En robe de chambre, 296, 301, 302
En robe des champs, 296, 301, 302
Entraîneuse, 285, 291
Entre chien et loup, 326, 332
Équanime, 311
Estafette, 284, 286, 287
Être bourrelé de remords, 281

Fauché (comme les blés), 274, 279, 280
Femme-grenouille, 287, 288, 289
Fier comme Artaban, 333
Fortiche, 263, 269
Foudre, 285, 292
Foudre d'éloquence, 292
Foudre de guerre, 292
Fric-frac, 316, 321

Galimatias, 306, 312
Grand œuvre, 285, 292
Grimaud, 314, 317
Grippette, 263, 269
Grisbi, 316, 321
Gros œuvre, 292

Haro, 316, 322, 323
Homme-grenouille, 284, 285, 287, 288, 289
Homoncule, 269
Hors (de) pair, 278
Hôte, hôtesse 273, 276, 277
Hymne, 276, 291
Hypercalorique, 283
Hypocalorique, 283

Index des mots et locutions traités dans l'ouvrage

Il y a péril en la demeure, 285, 292
Impact, 300
Impacter, 303
Impécunieux, 303
Impedimenta, 274, 279, 280
Impétrant, 319, 338
Impotent, 306, 309, 310
Inculpation, 296, 302
Inculpé, 299
Indigent, 299
Info, 274, 279
Ingambe, 265
Insécure, 315, 319, 320
Insolvable, 296, 303
Interlope, 268

Laideron, 313
Latitude, 284, 287
Latitudinaire, 305, 308
Le ban et l'arrière-ban, 276, 277
Les ouvriers de la onzième heure, 328
Les résistants de la onzième heure, 325
Loin de là, 330
Longanime, 305, 308
Louer, 311

Maïeuticien, 301
Maïeutique, 292
Maire, mairesse 292
Matinal, 314, 317
Matineux, 314, 317
Matinier, 314
Matutinal (matutineux), 314, 317
Mellifu, 306, 310
Mellifluent, 310
Mémoire, 273, 275, 282, 295, 298
Mémoires, 273

Mesurette, 269
Mettre quelqu'un en demeure, 295, 299
Ministre (Mme La ou Mme Le), 289, 290
Misandre, 275
Misanthrope, 337
Mise en examen, 299
Misogyne, 275, 283
Monsieur le Conseiller, 300
Monsieur le Président, 295, 300
Monstre, monstresse, 285, 287, 288, 331
Muraille, 263, 269

Ne pas s'en laisser conter, 328
Ne tirez pas sur l'ambulance, 329
Nonobstant, 315, 319

Œuvre, 269, 285, 292, 300, 331
On ne tire pas sur une ambulance, 329
Onu, 271
Opiner du chef, 318
Ordonnance, 284, 286, 287
Orgue, 293
Original, 300
Originel, 300, 334
Orthopédie, 309
Ostensible, 275, 282
Ostentatoire, 275, 282
Otan, 265, 271
Ouvrir la boîte de Pandore, 331
Ovni, 271

Pair, 278
Paire, 273
Pandore [nom commun], 331
Pape, papesse, 285, 291

345

Passer sous les fourches Caudines, 332, 333, 334
Pauvre, 274, 276, 279, 280
Péché originel, 300
Pécune, 280
Pécuniaire, 279, 280
Pécunieux, 280
Pers, 273, 278
Peu me chaut, 302, 336
Philogyne, 275, 283
Phobophobe, 270
Populace, 269
Préfet, préfète, 289
Pressurage, 297
Pressuré, 294, 297
Pressurisation, 297
Pressurisé, 297
Prévenu, 299
Procureur, procureure, procureuse, 284, 285, 291
Professeur, professeure, 279, 282, 284, 285
Pusillanime, 311

Racaille, 263, 269
Récipiendaire, 296, 302
Recrue, 284, 286, 287
Réformette, 269
Regret, 275, 281
Remords, 275, 281
Rétropédalage, 268
Revenons à nos moutons, 326, 332

Sage-femme, homme sage-femme, 285, 291
Sculpteur, sculpteuse, sculptrice, 289
Sécu, 265
Sensé, 273, 277
Sentinelle, 284, 286, 287
Se pressurer le cerveau, 297
Sérendipité, 265, 270

Sida, 271
Solde, 273
Souillon, 284, 287
Stipuler, 299
Suspect, 299, 303, 312
Suspicieux, 296, 303

Tant (peu, beaucoup) s'en faut, 295, 301
Tempérer, 294, 297
Temporiser, 294, 297
Tendron, 284, 287
Thuriféraire, 311, 337
Tomber de Charybde en Scylla, 326
Translucide, 275, 281
Transparent, 275
Traversée du désert, 325, 330

Unanime, 298, 311
Unesco, 271

Vair, 273, 274, 279
Valétudinaire, 316, 320
Ver, 273
Verre, 273, 274, 278, 279
Vers, 273
Vert, 273
Vieux comme Hérode, 332
Vigie, 284, 286
Vinasse, 263, 269
Voir, 273, 277, 331, 333, 336, 337, 338
Voire, 273, 277, 303, 339
Voire même, 277
Votre Honneur, 295, 300
Voyou, voyoute, 284, 287, 288

Xénophile, 283
Xénophobe, 283

Zone de chalandise, 302

# Bibliographie

*Dictionnaire universel*, Antoine Furetière, 1690.
*Dictionnaire de l'Académie française*, éditions de 1694, 1762, 1798, 1835, 1932-1935, 9ᵉ édition en cours.
*Grand Dictionnaire universel du XIXᵉ siècle*, Pierre Larousse, 1866-1876.
*Dictionnaire de la langue française*, Émile Littré, 1863-1872.
*Grand Larousse universel*, 15 vol., Larousse, 1986.
*Le Petit Larousse*, 2010.
*Le Petit Robert*, 2010.
*Dictionnaire étymologique de la langue française*, 6ᵉ édition, Oscar Bloch et W. von Wartburg, PUF, 1975.
*La Puce à l'oreille*, Claude Duneton, Balland, nouvelle édition, 1990.
*Dictionnaire des expressions et locutions*, Alain Rey et Sophie Chantreau, Le Robert, 2ᵉ édition, 1993.
*Le Bon Usage*, 14ᵉ édition, Maurice Grevisse et André Goosse, De Boeck-Duculot, 1993.
*Grammaire française*, Hervé-D. Béchade, PUF, 1994.
*Vocabulaire*, Nathan, coll. « Guides Le Robert & Nathan », 1995.
*Dictionnaire historique de la langue française*, sous la direction d'Alain Rey, Le Robert, 2ᵉ édition, 1998.
*Merci professeur ! Chroniques savoureuses sur la langue française*, Bernard Cerquiglini, Bayard, 2008.
*Dictionnaire de lexicologie française*, Nicole Tournier et Jean Tournier, Ellipses, 2009.

**SUR LA TOILE**
Le Trésor de la langue française informatisé, CNRS.
http://atilf.atilf.fr/tlf.htm
Banque de dépannage linguistique.
www.oqlf.gouv.qc.ca/ressources/bdl.html

*Librio*

992

Composition PCA
Achevé d'imprimer en Italie par Grafica Veneta
en décembre 2010 pour le compte de E.J.L.
87, quai Panhard-et-Levassor, 75013 Paris
Dépôt légal décembre 2010
EAN 9782290029374

*Diffusion France et étranger : Flammarion*